WESTEND

Dushan Wegner

TALKINGPOINTS
ODER
DIE SPRACHE DER MACHT

Mit welchen Tricks Politiker
die öffentliche Meinung steuern.
Ein PR-Profi erklärt,
was Politiker *wirklich* sagen.

WESTEND

Mehr über unsere Autoren und Bücher:
www.westendverlag.de

Die Deutsche Nationalbibliothek verzeichnet diese
Publikation in der Deutschen Nationalbibliografie;
detaillierte bibliografische Daten sind im Internet über
http://dnb.d-nb.de abrufbar.

ISBN 978-3-86489-095-6
© Westend Verlag GmbH, Frankfurt/Main 2015
Umschlaggestaltung: Buchgut, Berlin
Satz: Publikations Atelier, Dreieich
Druck und Bindung: CPI – Clausen & Bosse, Leck
Printed in Germany

Inhalt

»Ich bin berufen, ein Händler von Worten zu sein –
und Worte sind, natürlich, die stärkste Droge der Menschheit.«

Rudyard Kipling

Vorwort

Sie haben bestimmt schon mal gehört, wie ein Politiker sagte: »Wir müssen jetzt alle den Gürtel enger schnallen!« – Und natürlich verstanden Sie sofort, dass »Sparmaßnahmen« anstehen. Doch irgendein Verdacht sagte Ihnen, dass wahrscheinlich diese Maßnahme nicht den Politiker betreffen würde, sondern uns, die Bürger. – So einfache Sprachtricks wie »alle mal den Gürtel enger schnallen«, die haben wir so häufig gehört, dass wir sie schnell sehen können.

Andere Sprachtricks sind schwerer zu entdecken, und um die geht es im Buch »Talkingpoints«. Politiker können steuern (viele machen es bewusst, einige machen es unbewusst), welche Meinung wir Bürger über sie entwickeln. – Einige Beispiele:

- Ex-Kanzler Helmut Schmidt hat es geschafft, über der politischen Debatte zu stehen und doch an ihr beteiligt zu sein. Er ist der »alte weise Mann« der TV-Nation – im Kapitel »Effekt: Weisheit« wird erklärt, wie er das gemacht hat.
- Obwohl ernstzunehmende Wirtschaftswissenschaftler an Wolfgang Schäubles Politik zweifeln,[1] sind sich 65 Prozent der deutschen Wähler einig, dass Schäuble der kompetenteste deutsche Politiker ist[2] – wie er das macht, wird im Kapitel »Effekt: Kompetenz« beschrieben.
- Angela Merkel hat einen einfachen Trick, mit dem sie jeder Debatte ausweichen kann und trotzdem als Gewinnerin dasteht – im Kapitel »Effekt: Reductio ad emotum« wird erklärt, was ihr Geheimnis ist.

Diese »Tricks« nennt man im politischen Jargon »Talkingpoints«. Von überstarker Vereinfachung bis zur strategischen Güte, von Kümmerin bis »alte Werte« können erfolgreich gesetzte Talkingpoints eine Vielzahl an Effekten erzielen, mit denen Politiker unsere Meinung steuern. Die Effekte, die ich Ihnen in diesem Buch anhand von Beispielen erkläre, sind darauf ausgelegt, Sie, den Wähler und Politkonsumenten, dazu zu bringen, einer Person oder Organisation zu folgen und ihr Macht zu geben – sei es durch das Kreuz auf dem Wahlzettel, durch Ihren Geldbeutel oder einfach durch Ihr stilles Einverständnis.

Ich beschäftige mich seit Jahren mit der Analyse und systematischen Erstellung dieser psychologisch wirksamen Formulierungen. Meine erste Begegnung mit der »Politik« hatte ich vor knapp eininhalb Jahrzehnten, als ich – mitten im Bundestagswahlkampf 2002 – einige Tage als Making-Of-Redakteur die Produktion einer TV-Doku über die Geschichte der Bundesrepublik Deutschland anhand der deutschen Kanzler von Adenauer bis Schröder begleitet. Ich schüttelte bei dieser meiner ersten Polit-Begegnung unter anderem die Hände der damaligen CDU-Vorsitzenden Angela Merkel, des Außenministers der Deutschen Einheit, Hans-Dietrich Genscher und einiger anderer Politik-Macher. Wir drehten im Kanzleramt und im Reichstag, sprachen mit Zeitzeugen und einigen jener Männer in gedecktfarbenen Anzügen, die den Berliner Politikbetrieb möglich machen. Mich faszinierte diese nach ganz eigenen Regeln funktionierende Welt sofort.

Natürlich werden viele politische Entscheidungen aus gutem Grund buchstäblich hinter verschlossenen Türen getroffen. Meine Faszination betraf aber einen anderen, sehr speziellen Aspekt: die ungeheure Wirksamkeit politischer Sprache. In einer Mediendemokratie wie Deutschland hängt die Macht unserer Herrscher ganz wesentlich an ihrer Fähigkeit, ihren geballten Machtanspruch in kurze Sprachfetzen zu packen, sei es als 30-Sekunden-Soundbite für die Abendnachrichten oder als Applauszeile in der öffentlich rechtlichen Talkshow. (Wie Redenschreiber gezielt Applauszeilen produzieren, erkläre ich im Kapitel »Hold for applause«.)

Nach meinem Studium der Philosophie (Spezialgebiete Sprachphilosophie und Logik, außerdem Germanistik und Theater-, Film- und Fernsehwissenschaften) habe ich inzwischen für zwei verschiedene politische Parteien gearbeitet und dabei nicht nur gelernt, wie wichtig für uns zeitweilige Exil-Kölner die in Reichweite des Berliner Reichstags gelegenen Kölsch-Kneipen sind. Ich habe in parteinahen

Organisationen und im Auftrag von Parteien intensive Workshops zur politischen Sprache gegeben und Politiker im Erstellen von Talkingpoints gedrillt. Meine Arbeit war immer rückgekoppelt mit der akademischen Forschung zur politischen Sprache und einiges davon begegnet uns in diesem Buch. Nicht zuletzt habe ich über die letzten Jahre systematisch analysiert, wie Politiker aller Parteien unsere Sprache nutzen, um uns gegenüber ihre Macht zu rechtfertigen. Dieses Buch verbindet Praxis, Theorie und meine Erfahrung in der Ausbildung.

Sie können dieses Buch lesen, um zu verstehen, wieso Politiker in Talkshows und Nachrichten so reden, wie sie reden. Aber Vorsicht: Mir haben Workshop-Teilnehmer wieder und wieder bestätigt, dass ich sie »verdorben« habe, weil sie nun Nachrichten mit ganz anderen Ohren hören.

Sie können dieses Buch durcharbeiten, um selbst ein paar Tricks einzustudieren. Wenn Sie lernen möchten, wie man die Mitmenschen allein mit Worten überzeugt, ist dieses Buch wie ein intensives Argumentations-Coaching.

Sie können dieses Buch aber auch lesen – und das ist meine erste Motivation –, weil es einfach faszinierend ist, was man alles mit Sprache machen kann. Unser Denken wird geformt von Worten. Von »Alternativlos« bis zu »Frage zuerst, was du für dein Land tun kannst«, von »Liebe deinen Nächsten wie dich selbst« bis zu »Ausländermaut«, unsere Kultur und damit wir selbst werden von Talkingpoints geformt.

Es bleibt Ihnen überlassen, ob Sie dieses Buch von Anfang bis Ende durchlesen oder ob Sie es zur Hand nehmen, um einen bestimmten Effekt nachzuschlagen. Eines aber kann ich Ihnen schon jetzt versprechen: Nach jedem einzelnen Talkingpoint-Effekt, den ich Ihnen hier erkläre, werden Sie die täglichen Nachrichten und jede einzelne Talkshow aus einer neuen Perspektive sehen.

Ich danke an dieser Stelle allen meinen Lehrern für das, was sie mir geduldig beigebracht haben. Dank gebührt auch meinen Eltern und meiner Gattin Elisabeth Wegner für ihre Unterstützung, ohne euren Support wäre dieses Buch nicht möglich gewesen. Ich danke den vielen Gesprächspartnern diverser politischer Couleur – wir mögen nicht immer derselben Meinung gewesen sein, und doch haben wir gemeinsamen einiges gelernt und die eine oder andere Idee entwickelt. Ganz herzlichen Dank schließlich auch dem Westend-Verlag und meinem Lektor, Max David, für die intensive und angenehme Zusammenarbeit von der ersten Idee bis zur Fertigstellung dieses Buchs.

Ich wünsche Ihnen viel Vergnügen beim Entdecken, Aufdecken und vielleicht auch Selberbauen von Talkingpoints. Ich bin in den Sozialen Medien unterwegs (zum Beispiel auch auf Twitter: @dushanwegner) und bin sehr auf Ihr Feedback gespannt!

Dushan Wegner
Köln im Juli 2015

Waren an der Müritz

Anflug

Um 17:00 Uhr dröhnt im Himmel ein weiß-blauer Hubschrauber der deutschen Luftwaffe – Modell Eurocopter AS532 Cougar, Kennung: 82+03, Stück-Preis: ab 20 Millionen Euro. Urlauber bleiben stehen und schauen himmelwärts, Hand über den Augen und Kopf im Nacken. Das zum VIP-Transporter umgebaute Kampfgerät landet in der Nähe einer Siedlung ostikonischer, wendesanierter Plattenbauten.

Die Maschine steht eine Minute lang mit laufenden Rotorblättern auf der Wiese. Es ist laut, furchtbar laut, aber sonst passiert nichts. Eine Tür an der Maschine öffnet sich und ein Pilot springt aus dem Cockpit. Der Uniformierte geht am Hubschrauber entlang nach hinten und klappt die Passagiertür nach unten. Aus der Tür wird eine Treppe. Eine uniformierte junge Dame und drei hochgewachsene Männer in schwarzen Anzügen steigen aus, dann ein Kofferträger. Die Men-in-Black verteilen sich um den Eingangsbereich des Hubschraubers, immer die Maschine im Rücken und die Wiese im Blick.

Wir sind in Waren, einer mecklenburg-vorpommerischen Heilbad-Stadt, direkt am großen Müritzsee und etwa 70 Kilometer südöstlich von Rostock und Ostsee.

Es ist Freitag, der 16. August des Bundestagswahl-Jahres 2013. Leichte Wolken am Himmel, es ist trocken bei angenehmen 20 Grad. Die Segler und Windsurfer auf dem Müritzsee versuchen, den wenigen Wind in ihre Segel umzulenken. Wir befinden uns auf einer Wiese an der Röberler Chaussee, in Nähe des Volksbades, eines Binnensandstrands.

Endlich steigt jene Frau aus, die an der Spitze des viertstarksten Landes der Erde steht – zumindest wenn wir »Stärke« als Bruttosozialprodukt messen. Jene Frau, der ihre Gegner wie ihre Gefolgsleute eine genial-geschickte Machtpolitik zuschreiben. Jene Frau, die von Friedrich Merz bis Roland Koch mehr Männer auf dem Schlachtfeld blutend zurückließ als Jeanne d'Arc, und das nur in der eigenen Mannschaft, dazu noch die Opfer bei Freunden und Partnern – und die zu sich selbst doch nur kokett anmerkt:»In bestimmter Weise habe ich auch was zu sagen.«[3] – Angela Merkel.

Die Kanzlerin (hellvioletter Blazer), ihr Kofferträger (gebückt aus Angst, geköpft zu werden von den Rotoren des Hubschraubers) und die Personenschützer (schwarze Anzüge) überqueren die Wiese in Richtung der für diesen Moment aufgebauten CDU-Wahlkampf-bühne. Angela Merkel winkt einigen Leggings und Funktionsjacken zu. Polnische Urlauber halten der Kanzlerin zufällig aufgehobene Supermarkt-Prospekte entgegen:»Ainä Autografä?!« – Die schwarzen Anzüge scannen die Umgebung, ihre Köpfe rotieren wie Radarschüsseln am Flughafenturm.

Merkel betritt die Wahlkampfbühne. Alles ist in Himmelblau und warmem Orange gehalten. Das sind die CDU-Farben des Wahlkampfs 2013. (Dieses Farbstyling würde später sogar noch konsequenter werden. Am Kölner Parteitag 2014 trugen gestandene christdemokratische Familienväter feingewebte Krawatten in Einheitsorange.) Von allen Seiten ist die Bühne beklebt mit dem aufwändig entwickelten Slogan»Gemeinsam erfolgreich«.

Die Kanzlerin wird eine Rede halten. In dieser Rede hat sie eine einzige Aufgabe: Fühlbar machen, dass sie»eine von uns« ist, dass sie trotz Bankenrettung, NSA-Skandal und einem Leben in schwarzen Limousinen doch genauso fühlt wie die Ostsee-Urlauber, die einein-halb Meter weiter unten klatschen. Vor allem, muss sie zeigen, dass sie nicht nur in Wahrheit»ein Mensch von der Straße ist«, sondern dass zugleich auch jene»einfachen Menschen« ihr ganz besonders am Herzen liegen.

Sie beginnt zu reden. Sie lärmt nicht, wie mancher Politbayer es tut, sie nölt auch nicht, wie einige grüne Zeigefinger es pflegen. Sie spricht entspannt. Ja, ihr Reden könnte für den Uneingeweihten fast unbeholfen klingen. Merkels Worte scheinen harmlos zu sein, freundlich. Doch sie sind geplant, sie sind psychologisch präzise und auf Wahlwirksamkeit hin optimiert. Wenn Angela Merkel spricht, kombiniert sie ihre politische Erfahrung, die Ergebnisse der täglich für sie erstellten Umfragen und vor allem der Analysen und Wirkungsvorhersagen der Spezialisten in der Klingelhöfer Straße 8, der CDU-Parteizentrale in Berlin, gleich gegenüber des KPMG-Headquarters.

Merkels Worte scheinen manchem politischen Konkurrenten in ihrer Schlichtheit magisch. Mancher Kollege hat schon ausgerufen: Da kann man nichts machen, sie beeindruckt die Menschen mit ihrer einfachen Sprache! Diese einfache Sprache ist in ihrem Mechanismus eben nicht einfach – und schon gar nicht »primitiv«. Merkels Stil ist vertrackt schwer zu kopieren. Merkels Mitbewerber versuchen sich hilflos in merkelscher Einfachheit und wirken doch mangels Struktur bald plump statt einfach. Denn die nur scheinbar schlichte Rhetorik, die manchmal fast stammelnde Suche nach Worten, die teils ungelenken Formulierungen – sie alle sind wie ein Vorhang, der einen präzisen und hocheffektiven psychologischen Mechanismus verhüllt.

Die Analysten im Konrad-Adenauer-Haus, die Marketingprofis der Agentur Blumberry (Inhaber: Lutz Meyer, Ex-SPD-Mitglied und Ex-Büroleiter von »Kampa«-Erfinder Matthias Machnig, welcher zeitweilig auch Gerhard Schröder im Handy-Adressbuch hatte, 2013 aber den CDU-Wahlkampf begleitete) und die Politikjournalisten, die Talkshows und Debatten veranstalten, sie alle lassen die Politiker über Sachthemen wie »Bankenregulierung« oder »Fracking« diskutieren, zu Recht darauf vertrauend, dass schon keiner der »Bürgerinnen und Bürger« hinter den Wortvorhang schauen wollen wird.

Doch genau das wollen wir jetzt tun. – Wir werden den Vorhang aus warmen Worten beiseite ziehen und offenlegen, wie die psychologische Maschinerie arbeitet, wie die Worte der Politiker in unserem Kopf wirken.

Strukturen

Wenn Wahlplakate und politische Versprechen gut gemacht sind und (zumindest in dem Moment) eine Wirkung entfalten, dann haben sie Gefühl und Hoffnungen einer Zeit in wenige, gut merkbare Worte verdichtet.

Betrachten wir einige Claims aus der jüngeren deutschen Politgeschichte:

- »Gemeinsam erfolgreich« (CDU-Slogan unter Angela Merkel, ab 2013)
- »Du bist systemrelevant.« (Slogan der Piraten, 2012/2013)
- »Arbeit muss sich wieder lohnen.« (Slogan der FDP, 2009)
- »Auch Sie ganz persönlich können Konjunkturmotor sein.« (Gerhard Schröder, 2003)
- »Durch eine gemeinsame Anstrengung wird es uns gelingen, Mecklenburg-Vorpommern, Sachsen-Anhalt, Brandenburg, Sachsen und Thüringen schon bald wieder in blühende Landschaften zu verwandeln, in denen es sich zu leben und zu arbeiten lohnt.« (Helmut Kohl, 1990)
- »Mut zu Deutschland« (AfD, EU-Wahlkampf 2014)
- »Nur wenn Sie Martin Schulz wählen, kann ein Deutscher Präsident der EU-Kommision werden.« (SPD, EU-Wahlkampf 2014)

Die Politiker und Parteien hinter diesen Slogans stammen aus unterschiedlichen Lagern, einige sind etabliert, einige schon wieder verblüht, einige kämpfen. Manche dieser Aussagen scheinen ungefähr und verschwommen. Doch täuschen wir uns nicht: Oft sind genau jene Aussagen am effektivsten, die in der Sache und an der Oberfläche auffallend allgemein sind und so unentdeckt psychologisch tief eindringen können. Auch der Inhalt ihrer Aussagen ist unterschiedlich. Mal geht es um das Individuum, mal um den Staat, mal ist es ein Versprechen und mal eine Aufforderung.

> **Zeige mir deine Slogans und ich erkläre dir deine Zeit.**

Interessanter als die inhaltlichen Unterschiede sind die strukturellen Ähnlichkeiten. Es gibt einen Mechanismus, einen »Meta-Apparat«, der all diese Aussagen betreibt. Diesen Apparat wollen wir in diesem Buch nach und nach aufdecken.

Um den Wirkmechanismus dieser Aussagen zu verstehen, brauchen wir etwas theoretisches Know-how. Wie bei wissenschaftlicher Arbeit üblich, werden wir nicht umhin kommen, einige Begriffe zu verwenden, die Sie im Alltag nicht verwenden, oder nicht in diesem exakten Sinn. – Der erste dieser Begriffe ist »Strukturen«.

Sie als Mensch sind eingebunden in verschiedene Strukturen. Ihre Familie, Ihr Land, Ihre Firma und vielleicht auch Ihr Freizeitverein. Der allererste Schritt, effektive politische Sprache zu verstehen, besteht darin, die Strukturen zu verstehen, in die die Zuhörerschaft eingebunden ist.

Politische Sprache ist ein wenig wie Gitarrespielen: die ersten Akkorde lernen Sie noch am ersten Tag. Es braucht aber viele Jahre Training und, seien wir ehrlich, auch etwas Talent, um ein Meister zu werden.

Der erste Akkord, den wir hier lernen wollen, ist also die Idee der »Struktur«. Bereits das reine theoretische Verstehen des Strukturbegriffs ist eine wirksame Waffe. Und wenige beherrschen diese Waffe so effektiv wie Angela Merkel.

Positionierung

Wir alle sind Teil von Strukturen. Manche stützen uns, andere werden durch uns gestützt. Manche Strukturen sind real und greifbar, etwa das Haus, in dem wir leben. Andere Strukturen »existieren« vor allem in unserem Kopf, wie etwa die Geschichte eines romantischen Films. Manche Strukturen sind real und emotional gleichzeitig, wie etwa die eigene Familie. Wenn ich Ihre Strukturen verstehe und weiß, welche davon Ihnen wichtig sind, dann kenne ich den Stock und die Karotte, mit denen ich mein Ziel zu Ihrem Ziel mache. Das persönliche Ziel des demokratischen Politikers ist immer die nächste Wahl. Dieses Ziel will er zu Ihrem Ziel machen.

Die ersten Minuten der Rede Angela Merkels in Waren an der Müritz sind ein emotionales Flächenbombardement. Eine moderne Claudia Roth, mit weniger Drama, deshalb subkutan und also wirkungsvoller.

Angela Merkel begrüßt so geduldig wie höflich die politischen Lokalmatadore: »Lieber Eckart Rehberg, lieber Lorenz Caffier, lieber Vincent Kokert, liebe Kollegen aus dem Landtag, lieber Oberbürgermeister von Neu-Brandenburg, lieber Axel Müller als hoffentlich zukünftiger Oberbürgermeister von Waren, lieber Norbert Kuhn (den sehe ich heute schon zum zweiten Mal, aber doppelt hält besser)...« – Klar, das scheint eine selbstverständliche Begrüßung zu sein, doch halten wir fest: Merkel hat in 28 Sekunden sieben Mal das Wort »Liebe« untergebracht, also einmal alle vier Sekunden. Nicht nur hat die Ansprache mit »lieber« etwas Kindliches an sich (Alternativen wären: Sehr geehrte, verehrte, geschätzte, meine), die wiederholte Verwendung von »lieber« enthält auch schlicht das noch immer denkbar positivst geladene Megawort »Liebe«. Ich bin Angela und ich bringe euch Liebe.

Ein Politiker will sein Ziel zu unserem Ziel machen. Er will, dass seine Strukturen uns relevant werden, und als Motivation zeigt er uns, wie relevant unsere Strukturen ihm sind. Auch im Alltag »rechnen« wir immer wieder, welche Strukturen wohl dem Gegenüber besonders relevant sind, wir nennen diese »intuitive« Erfassung relevanter Strukturen auch »Empathie«. Daniel Goleman, Autor des Bestsellers »EQ – Emotionale Intelligenz«, und andere Psychologen unterscheiden zwischen der sofort gefühlten (»affective«) und der zunächst nachvollzogenen (»cognitive«) Empathie. Es ist uns etwa angeboren, mit zu leiden, wenn wir ein weinendes Baby sehen – dabei hilft das »Kindchenschema«, was mich dazu »zwingt«, Mitgefühl gegenüber Wesen mit großen Augen zu empfinden. Ich kann mir erarbeiten, wie mein Nachbar sich fühlt, wenn er gerade seinen Job verlassen hat, auch wenn mir diese Art von Gefühl bestimmt nicht via Evolution »angeboren« wurde.

Die systematische Analyse relevanter Strukturen »überspringt« die intuitive Empathie und sagt die Ergebnisse des emphatischen Prozesses voraus. Dabei ist sie oft schneller und zuverlässiger. Zwischen globalen Krisen und innenpolitischem Dauerstress hat kein Spitzenpolitiker die Zeit oder die reale Möglichkeit, sich auch noch in meinen Kleinkram »hineinzufühlen« – wir würden das auch nicht wirklich wünschen. Ich will, dass der Politiker versteht, dass ich gerne Auto fahre (sprich: dass Autofahren mir eine relevante Struktur ist), und dann eben Straßen baut – und es ist mehr als okay, dass Angela Merkel, seit sie Bundeskanzlerin ist, nicht mehr selbst am Steuer saß[4]. Einen Menschen zu »verstehen« bedeutet zumindest in Politik und Wahlkampf zu wissen, was ihm relevant ist.

Politiker müssen die uns relevanten Strukturen verstehen, weil sie nur so ihre eigenen Strukturen im Gegenzug uns Wählern relevant machen können. Wenn ein Politiker offensichtlich nicht weiß, was uns wichtig ist, sagen wir: »Der interessiert sich nicht für mich, warum sollte ich mich für ihn interessieren?!« So wie wir uns bei einem Werbegeschenk verpflichtet fühlen könnten, im Gegenzug etwas zu kaufen, ist es auch ein reziprokes Tauschgeschäft, die Strukturen des Gegenübers relevant zu finden: Wenn dir wichtig ist, was mir wichtig ist, dann ist auch mir wichtig, was dir wichtig ist. Die Strukturen des anderen relevant zu finden ist also in gewissem Sinne ein höchst eigennütziges Verhalten, denn Relevanz-Gegenseitigkeit ist der sicherste Weg, dem Gegenüber die eigenen Strukturen relevant zu machen. Man könnte den Wahlkampf mit einem Flirt vergleichen, wo wir dem Gegenüber aufzählen, was wir alles an ihm schön und attraktiv finden und, vor allem, wie lieb uns seine Familie ist. Wenn ich als Politiker Ihnen glaubhaft mache, dass die Ihnen relevanten Strukturen (Ihre Familie, Ihr Land et cetera.) eben auch mir relevant sind, fühlen Sie (mindestens unbewusst) einen fast schon moralischen Druck, meine Strukturen im Gegenzug ebenfalls wichtig zu finden.

Merkel setzt fort: »… aber vor allem Sie, liebe Bürgerinnen und Bürger hier aus der Region, und auch liebe Urlauber, die Sie noch hier sind«.

Das emotionale Bombardement kann bald beginnen, es fehlen aber noch das Ziel und der Angriffswinkel.

»Ich freu' mich, dass wir heute Nachmittag die Gelegenheit haben, nochmal darüber zu sprechen, was denn am 22. September passiert.«

Diese Aussage klingt harmlos, ist sie aber nicht. In mütterlichem Ton nimmt Merkel die Perspektive des unparteiischen Beobachters ein, als ob da etwas »passieren« würde, was in der Sache mit ihr höchstens mittelbar zu tun hat. Die Kanzlerin verbündet sich perspektivisch mit den Zuhörern, um »mit« ihnen darüber zu »sprechen«, was am Wahltag »passiert«.

Nicht nur die Perspektive ist etwas schräg, der verwendete Ausdruck »mit Ihnen sprechen« ist schlicht falsch: Merkel ist eben im Luftwaffenhelikopter buchstäblich vom Himmel herabgestiegen und steht nun von Bodyguards beschützt eineinhalb Meter über den Zuschauern auf der großen Bühne. Sie spricht in Mikrofone, die über tausende Watt starke Lautsprecher verstärkt werden. Nach ihrer Wahlkampfrede wird sie einige Hände schütteln und samt Bodyguards wieder in den Himmel verschwinden. – »Mit Ihnen sprechen« ist etwas anderes als »zu Ihnen sprechen«, und damit hier sachlich so falsch wie wirkungsvoll.

»Wir stehen hier oben und Eckart Rehberg hat gebeten, dass Sie, vielleicht, wenn Sie das wollen, mich unterstützen.«

Wozu Zeit verlieren? Merkel sagt gleich, was sie will. Sie tut es an dieser Stelle scheinbar holprig, scheinbar unbeholfen. Doch diese Ansage ist im Inhalt unmissverständlich und präzise: Ich möchte mittelfristig, dass meine Strukturen auch Ihnen wichtig werden.

Das positionierende Vorgeplänkel endet abrupt, wenn auch vom Publikum unbemerkt. Der Rhythmus ist gesetzt, die Zuhörer schwingen mit.

»Und ich bitte die, die hier wohnen, dass Sie Eckart Rehberg in diesem Wahlkreis als Direktkandidaten unterstützen.«

Die Ziele sind markiert, die Bomber im Anflug.

Bombardement

Der B52-Bomber der US-Luftwaffe befindet sich über seinem Zielobjekt. Beim Öffnen der Bombenschächte machen die Klappen ein knarrendes Geräusch. – Das Pendant zum Knarren des sich öffnenden Waffenlagers ist dieser Satz in Merkels Rede:

»Aber das ist eigentlich nicht das, was am 22. September das Allerwichtigste ist.«

Um »Fight Club« zu zitieren: »It's called a changeover. The movie goes on, and nobody in the audience has any idea.«

Merkel hat sich mit dem Publikum verbrüdert. Sie hat – so gespielt zögerlich wie ungespielt verklausuliert – zugestanden, dass es ihr ums Gewähltwerden geht. Und dann: Eigentlich geht es um etwas ganz anderes!

Man nennt es Changeover. Die Rede geht weiter, und niemand im Publikum weiß, was als Nächstes passiert.

»Das Allerwichtigste am 22. September ist, dass jeder Einzelne von Ihnen, sofern er, (hier fällt Merkel gerade noch rechtzeitig das Gendering ein) oder sie, älter als 18 Jahre ist, die Möglichkeit hat, am 22. September etwas zu entscheiden.«

Natürlich entscheidet jeder Mensch jeden Tag die vielen kleinen Dinge und gelegentlich auch die großen Dinge. Doch diese sind wohl in einer anderen Kategorie als die Entscheidungen, über die hier gesprochen wird.

»Und zwar etwas zu entscheiden, und das können Sie nur alle vier Jahre, wie es mit *Ihrem* persönlichen Leben weitergeht.«

Eine Politiker-Standardwendung lautet: »Es geht nicht um mich, es geht um Sie, liebe Wählerinnen und Wähler!« – Merkel floskelt die Formulierung neu, gibt demselben Inhalt eine neue Worthülle. Wer mir hilft, hat in Wahrheit sich selbst geholfen. Niemand kommt zu Wohlstand denn durch mich. Die höfliche Autokanonisierung.

Man sollte sich auch auf der Zunge zergehen lassen, dass Merkel tatsächlich impliziert, das Wahlkreuz sei die einzige Möglichkeit, den Lauf des eigenen Lebens zu bestimmen, und auch das nur alle vier Jahre. Meint Merkel das wirklich? Wohl nicht. Stört die Zuhörer die inhaltliche Schräge? Ebenfalls nicht. Es funktioniert auf emotionaler Ebene.

»Denn mit Ihrem Kreuz bei dieser oder jener Partei entscheiden Sie ja darüber, wie eine zukünftige Regierung zusammengesetzt ist, und deshalb möchte ich mit Ihnen darüber sprechen, welches Angebot wir Ihnen machen, und Sie können dann entscheiden, ob dieses Angebot gut für Ihr persönliches Leben ist.«

Man erwartet, dass Merkel der erklärungsbedürftigen Behauptung auch tatsächlich eine Erklärung nachschiebt. Doch das Funktionale ist hier ein Erklärungsrumpf. Wenn der emotional wirksame Eckstein gesetzt ist, braucht es nur ein Minimum an Begründung. Es ist wie Zuckerbonbons, die als Rationalisierung die zugesetzten künstlichen Vitamine oder die Abwesenheit von Fett angeben. Genau betrachtet hat Merkel ja auch nur versprochen, dass es später eine Begründung geben wird, noch hat sie nicht geliefert. (Und sie wird es auch nicht tun, ihre »Begründungen« sind weitere emotionale Positionierungen.) Es bleibt dem Wähler also überlassen, die rationale Begründung des emotionalen Anspruchs in den eigenen Gedanken zu ergänzen, was 34,1 Prozent dann auch getan haben.

»Und nun sind die Menschen, und das will ich gleich zu Beginn sagen, ja alle ganz verschieden. Das erleben wir ja jeden Tag. Jüngere, Ältere, Männer, Frauen, Nord, Süd. Aber auch jeder Einzelne hat Stärken und Schwächen …«

Das Werben ist hier nicht unähnlich dem Werben eines jungen Mannes um seine Flamme. Zuerst macht man deutlich, dass einem die verschiedenen Strukturen der Angebeteten wichtig sind – deine Augen, dein Intellekt, deine total nette Mutter. – Hat man das Liebeswerben erfolgreich eröffnet und minimal glaubhaft gemacht, dass die dem Gegenüber wichtigen Strukturen auch einem selbst super relevant sind, dann gilt es, den nächsten Schritt zu tun und auch die eigenen Strukturen dem Gegenüber schmackhaft zu machen.

»...und wenn Sie über die CDU nachdenken, dann sage ich Ihnen: Wir sind eine Partei, und ich sag das auch ganz persönlich, die sich freut, dass die Menschen unterschiedlich sind.«

Man beachte, wie schnell die Kanzlerin zurück beim vorherigen Schema ist. Sie hat nur ganz kurz die eigene Struktur (sprich: die zu wählende Partei, vertreten durch sie selbst) erwähnt. Schnell ist sie wieder zurück bei der Aufzählung der Strukturen des Publikums, die ihr und ihrer Partei »auch ganz persönlich« wichtig sind.

»Wir arbeiten nicht politisch daran, dass wir Sie möglichst alle gleich machen. Der eine kann toll mit anderen Menschen umgehen, der andere kann besser rechnen. Der dritte ist 'n Techniker. Der vierte, der hat tolle sportliche Fähigkeiten. Jeder von uns hat Stärken und Schwächen.«

Was beliebig wirkt, ist in Wahrheit hoch präzise: Merkel listet die den verschiedenen Menschen wichtigsten Strukturen, nämlich die Menschen in ihrer Verschiedenheit selbst. Was dem Uneingeweihten wie politische Gummisprache scheinen mag, kommt hinter den Sprachkulissen selbst für Profis erstaunlich schnell auf den Punkt: Du bist mir total wichtig, ich finde dich gut, so wie du bist, lass uns Wahlen machen.

»Und ich möchte gerne, dass es uns gelingt, dass wir möglichst viel von unseren Stärken noch stärker machen, damit wir dann als Land stark sind.«

Hier wendet Merkel eine Technik an, die wir in diesem Buch im Teil »Effekt: Güte« analysieren. Vorab sei gesagt, dass durch diese rhetorische Technik der Sprecher sich selbst als »gut« im ethischen Sinne erscheinen lässt, doch dazu Näheres später.

»Und dass wir die Chance haben und die Kraft haben, denen, die schwächer sind, auch wirklich Hilfe zu leisten.«

Merkel hat sich hier als »gut« positioniert, um dann den Wähler als solchen in die Pflicht zu nehmen, gemeinsam für ein höheres Gutes einzustehen. Im Abschnitt »Effekt: Flügel verleihen« gehen wir näher auf diese Technik ein.

Von Hallo bis Gandhi braucht Angela Merkel genau drei Minuten. Eben war die Kanzlerin noch im Luftwaffenhelikopter aus dem Himmel gestiegen, nicht nur ihre Kritiker sehen in ihr einen der geschicktesten Macht-Taktierer des Planeten, doch in diesem Moment strahlt sie einfach nur Güte aus. Diese konzentrierte, nachhaltige Fokussierung auf einen nützlichen Effekt, das ist die Macht von Talkingpoints. Jede öffentliche Handlung eines Politikers kann in uns Politikzuschauern theoretisch eine Vielzahl von emotionalen Reaktionen hervorrufen. Talkingpoints, also psychologisch geplante Trigger-Formulierungen, steuern unsere emotionale Reaktion. Wir bleiben natürlich freie Menschen, insofern wir selbst es waren, die diese Reaktion haben, doch unsere Reaktion wird planbar. Wer als Politiker die emotionale Reaktion des Publikums planen will, setzt Talkingpoints ein.

Im Alltag hören wir, was Menschen sagen, und reagieren dann darauf. Manchmal fragen wir uns auch, wieso wir auf eine bestimmte Weise reagiert haben. In diesem Buch wollen wir aber anders herum vorgehen. Wir betrachten wünschenswerte Reaktionen – wir nennen sie »Effekte« – und untersuchen dann, welche Art von Formulierung diesen Effekt auslöst. Zwischendurch werden wir auch immer wieder Exkurse unternehmen, etwa zur Geschichte der Talkingpoints von Sigmund Freud bis Frank Luntz, oder auch zum Verhältnis von Spin-Doktor, Talkingpoint-Entwickler und klassischem Lobbyist.

Der erste Effekt, den wir betrachten, ist die »Güte«. In einer Zeit von komplexen Weltkrisen und allgemeinem Kuschelbedürfnis ist kaum ein Effekt so wertvoll wie die »Güte«. Unabhängig von tatsächlichen Erfolgen und Ergebnissen, wer »Güte« ausstrahlt, der weckt in uns das Bedürfnis, von ihm – oder ihr – regiert zu werden. Betrachten wir also, wie der Effekt »Güte« funktioniert!

Effekt: Güte

Regel

Wenn ein Mensch nur von sich selbst spricht, von seinen eigenen Zielen und Wünschen, dann wirkt er schnell kalt und wenig »gütig«. Wir wollen, dass unsere Mächtigen »gütig« sind! Wenn jemand die ganz großen Systeme, etwa »die Menschheit«, stützen möchte, oder wenn ihm ein schwaches und eigentlich fremdes System, etwa »arme Waisenkinder«, wichtig zu sein scheint, so schreiben wir diesem Menschen »Güte« zu. Es ist für das Weiterbestehen der Menschheit wichtig, dass ihre Häuptlinge glaubhaft eine gewisse »Güte« ausstrahlen, deshalb folgen wir den »Gütigen« so viel lieber.

Beispiel

Der Tod des Spanischen Großinquisitors Torquemada lag gerade 28 Jahre zurück und die Geburt Galileo Galileis noch 38 Jahre in der Zukunft. In Italien tobten die italienischen Kriege zwischen dem Habsburger Karl V. und dem französischen König, Franz I. Im Jahr 1526 wechselte die Stadt Venedig auf die Seite der Franzosen. Es war Krieg und Krieg braucht Waffen. Venedig brauchte Waffen. Venedig bestellte, unter anderem, 185 Läufe für Vorderlader, dem Urtyp aller heutigen Feuerwaffen, beim Büchsenmacher Bartolomeo Beretta. Das war, verzeihen Sie das Wortspiel, der Startschuss für die erste Rüstungsfirma der Welt und der Anfang der modernen Waffenindustrie.

Die halbautomatische Beretta M1934, mit der im Jahr 1934 die italienische Armee als Standardpistole ausgestattet wurde, war tendenziell eine Selbstverteidigungswaffe. Die 9 x 17 mm Corto-Patronen sind nicht so stark wie die heutige NATO-Standardpatrone, die 9 x 19 mm Parabellum. (Übrigens: 1999, unter einer rot-grünen Regierung, mit einem rot-grün dominierten Bundesrat und unter der Leitung eines erst grünen, dann roten Otto Schily, erarbeitete die Innenministerkonferenz einen neuen, grünen Ansatz zur 9 mm Parabellum-Patrone, nämlich die »Patrone 9 x 19 mm, schadstoffreduziert«.)

Am 28. Januar 1948, so wird berichtet, sagte Gandhi: »Wenn ich durch die Kugel eines Verrückten sterben sollte, muss ich es lächelnd tun. Es darf in mir keinen Ärger geben. Gott muss in meinem Herzen und auf meinen Lippen sein.«

Zwei Tage später, am 30. Januar 1948, lud Naturam Godse sieben 9 mm Corto-Patronen in seine gebraucht erworbene Beretta M1934. Schon einmal hatten er und seine Mitverschwörer erfolglos versucht, diesen »Mahatma« zu töten. Diesmal aber sollte es klappen, diesmal sollte der, dem sie vorwarfen, als »Islam-Versteher« gefährlich für Indien zu sein, endgültig beseitigt werden.

Am Nachmittag des 30. Januar 1948 hielt Gandhi öffentlich seine Abendgebete. Um 17:17 Uhr drängelte sich Godse durch die Menge. Eine der Begleiterinnen Gandhis, die den 78-Jährigen beim Gehen stützte, wollte Godse noch beiseiteschieben mit den Worten: Bruder, Babu (Hindi für »Vater«) ist bereits zu spät. – Godse hob die Beretta und feuerte aus nächster Nähe 3 Kugeln in Gandhis Brust.

Gandhis letzte Worte sollen gewesen sein, und ob es ganz stimmt, macht hier keinen Unterschied: »Ram, Ram.« Ram ist jener hinduistische Gott, der auch als Brahma, also die allumfassende Weltenseele, verehrt wird.

> Wer das Zusammenleben der Menschen ändern will, ist automatisch Politiker, also muss er die Werkzeuge der Politik beherrschen.

Gandhi war immer ein Politiker gewesen. Gegen Ende seines Lebens war seine schärfste politische Waffe der eigene Hungerstreik. Erst zwei Wochen vor seinem Tod begann Gandhi ein neues Fasten, mit dem er diesmal die Hindus und Muslime in Delhi zum Frieden zwingen wollte.

Was aber war Gandhis Machthebel? Gandhis Waffe war die »Güte«. – Was wie ein ätherisches Wohlfühlkonzept klingt, ist ein handfestes politisches Druckmittel. »Güte« bedeutet, dass einem nicht nur die eigenen unmittelbar naheliegenden Strukturen am Herzen liegen, sondern die ganz großen Strukturen, die Menschheit, Moral und, wenn man so will, die »Weltenseele«.

Gandhi war kein »Heiliger«. Er war in seiner Jugend, wenn man entsprechenden Berichten Glauben schenkt, erst sexsüchtig, um dann später, ohne Einverständnis seiner Frau, zu beschließen, ganz auf Sex zu verzichten, und in seinen letzten Jahren verbrachte er aus irgendwelchen Gründen die Nächte neben nackten Jugendlichen. Er empfahl den Juden, statt sich zu verteidigen und einen eigenen Staat zu gründen, als »Zeichen« lieber kollektiven Selbstmord zu begehen. Gandhi war kein Heiliger im Sinne einer makellosen Weltabgeschiedenheit. Gandhis Machtlegitimation war sein Charisma, sein Charisma aber stammte aus dem Willen, den Effekt »Güte« zu seinem Hauptwerkzeug zu machen.

So funktioniert es

Selbst der brutalste Despot wird irgendwann öffentlich Kinder herzen und die Armen speisen, denn auch der hinterhältigste Schlingel ist auf Effektivität bedacht, und die Machtlegitimation durch Güte ist so effektiv wie unverzichtbar.

Während ich mir selbst eine Armbanduhr mit dem Preis meines Wochengehalts gönne, erwarte ich vom Mächtigen, dass seine eigene Uhr mindestens so viel gekostet hat wie das, was ich letztes Jahr an Steuern an ihn gezahlt habe.

Wir erwarten von den Mächtigen, dass sie die Maximalausgabe unserer eigenen Eigenschaften sind.

Wir verlangen vom Mächtigen ein Übermaß an allem – und wir gehen davon aus, dass sie es auch so betreiben. Wenn die Abgeordneten des Bundestags jährlich nach ihren Nebeneinkünften sortiert werden, dann sind wir beeindruckt von den satt sechsstelligen Nebeneinnahmen einiger Christdemokraten und doch etwas enttäuscht von der solidarischen Null bei den Nebeneinnahmen der meisten Sozialisten.

Unsere eigene Güte mag klein sein, doch vom Großen erwarten wir große Güte. Der Große muss gut sein. Doch der Große darf nicht gestresst sein. Wir haben akzeptiert, dass er als Preis für die Güte auch seine dunklen Seiten und seine Triebe auslebt, um nicht durch Frust in der Arbeitsfähigkeit gehemmt zu sein. Auf dem Höhepunkt des Lewinsky-Skandals, als sich der US-Präsident Bill Clinton vor der Nation für seine Affäre mit einer Praktikantin rechtfertigen musste, hatte er die besten »job approval ratings« (Umfragewerte zur Bewertung seiner Amtsführung) seiner Karriere[5]. Wir akzeptieren, dass ein Herrscher unter anderem Stress steht als der Beherrschte. Wenn ein Spitzenpolitiker gerade einen Lauf hat und auf dem Weg ist, das halbe Dutzend Ehen vollzumachen, so ist man dann doch wohlwollender, als wenn der Nachbar Kasupke sein Leben ähnlich organisierte.

Es ist ein Deal: Wir akzeptieren zähneknirschend (und dann doch bewundernd), wenn der »Herrscher« die Maximalausgabe unserer schlechten Seiten ist – doch immer nur deshalb, weil er eben auch die Maximalausgabe unserer guten Seiten ist. Die wichtigste der zu maximierenden positiven Eigenschaften ist »Güte«. Wir geben den Mächtigen Macht, weil sie gütig sein sollen.

Reine Güte, die ein Politiker sich selbst zuschreibt, kann zum Beispiel so klingen: »Meine Lebensaufgabe in den letzten 33 Jahren war es, die Freundschaft der ganzen Menschheit durch Freundschaft mit den Menschen zu gewinnen, unabhängig von Rasse, Hautfarbe oder Religion.«[6]

Der Effekt der wahrgenommenen Güte entsteht, wenn mir das Wohl von Strukturen am Herzen liegt, die für mich nicht unmittelbar

Güte ist die Legitimation der Macht.

praktisch relevant sind. Es gibt Menschen, die stecken Menschen in Schubladen, und es gibt Menschen, die das nicht tun. Die Schubladendenker aber könnten die Menschen in drei Güte-Schubladen aufteilen:

Die erste Schublade ist voll mit guten, anständigen Menschen, die fein abgestuft jene Strukturen unterstützen, die für sie tatsächlich relevant sind. Sie geben fast alles für die eigenen Kinder und die nächsten Verwandten, sie sind hilfsbereit gegenüber Freunden und Nachbarn, und sie sind ehrenwerte, sich in Maßen einbringende Mitglieder der Gesellschaft. Wenn ihnen Not begegnet, sind sie gerne bereit, nach Möglichkeit auszuhelfen, und im Übrigen legen sie Wert darauf, keinen Schaden, zumindest nicht bewusst, anzurichten.

In der zweiten Schubladen lümmeln sich die »bösen« Menschen. Das sind die, die zu ihren eigenen Kindern weniger als aufopferungsvoll sind, die ihre Mitmenschen bestehlen und sich nie für die Gesellschaft einsetzen.

In der dritten Schubladen stapeln wir die gütigen Menschen. Den gütigen Menschen liegen die großen Strukturen am Herzen. Ein anständiger Mensch kümmert sich um das Wohl der eigenen Familie und vielleicht auch um das Wohl der Familien von Menschen, die er persönlich kennt. Ein gütiger Mensch dagegen sorgt sich um das Wohl von Familien, die er nie kennengelernt hat.

Natürlich ist das nur eine grobe Einteilung, die Realität ist, wie immer, komplexer. Es gibt allerlei interessante Mischformen. Ein Politiker etwa kann Güte ausstrahlen, indem er sich aus den praktischen Entscheidungen zurückzieht und die Umsetzung im Detail den Fachangestellten überlässt. Der Mächtige muss (nur) seine Sprache so gestalten, dass das Volk ihm Güte zuschreibt. Die Umsetzung obliegt seinen Arbeitern.

Politiker in einer Demokratie haben zudem den merkwürdigen Vorteil, dass sie diese Güte nicht wirklich realisieren müssen, auch nicht durch die Beamten. Solange es die Wählerschaft nicht praktisch benachteiligt, kann man sich erstaunlich oft und erstaunlich lange damit herausreden, dass man zwar gütig sein wollte, aber die Umstände es eben nicht zuließen.

> Güte bedeutet, die Strukturen, in die wir alle eingebunden sind, zu verstehen und sie dann mit aller Kraft zu stützen.

Für Politiker, die nicht mehr im Amt sind, ist es natürlich einfacher, »Güte« auszustrahlen. Auch ist es einfacher für ältere Politiker, »Güte« glaubhaft zu machen, weil sie ja über die Anfangsphase ihrer Familienbildung und Karriere hinaus sind und man ihnen deshalb eher abnimmt, nicht primär private Interessen zu verfolgen.

Güte ist eine Haltung. Güte braucht nicht den Erfolg oder auch nur die logische Plausibilität der Forderungen, um ihren Träger als wahrhaft gütig erscheinen zu lassen.

Wenn Sie also die Güte in sich wecken wollen, machen Sie sich zunächst bewusst, welche Strukturen wir alle dauerhaft gemeinsam haben: Wir sind alle Teil der Menschheit, unser aller Fortbestehen ist von Kindern abhängig, Gesellschaft fällt auseinander ohne ein Minimum an Herzenswärme über familiäre, ideologische und soziale Grenzen hinweg – all dies sind klassische Mega-Strukturen. Wenn Sie unser Eingebundensein in diese Mega-Strukturen nicht nur selbst verstehen, sondern auch anderen Menschen erklären können, sind Sie bereit für den notwendigen nächsten Schritt: Überzeugen Sie sich selbst, dass es Teil Ihrer genuinen Persönlichkeit ist, sich ganz für den Erhalt dieser Mega-Strukturen hinzugeben – und dann überzeugen Sie andere, es Ihnen gleichzutun.

Warnung

Das eine große Güte-Fettnäpfchen, in das Politiker gerne stapfen, ist, ihre Güte-Intention mit eigenem Erleben zu begründen. Wenn Andrea Nahles (monatliches Grundeinkommen 14 638 Euro[7]) sich um alleinerziehende Mütter sorgt, ist das ehrenwert und auch gütig. Doch wenn sie ihr eigenes Leben mit dem Leben von »üblichen« Alleinerziehenden vergleicht, ist das weltfremd und damit eben nicht gütig.

Ein Klassiker des missachteten Es-geht-nicht-um-mich war eine Äußerung des British-Petroleum-Chefs Tony Hayward, nachdem die Explosion der Ölbohrplattform Deepwater Horizon die Golfküste der USA schwer verschmutzt hatte: »Es tut uns leid um die riesigen Zerrüttungen, die in ihren Leben verursacht wurden. Es gibt niemanden, der mehr als ich möchte, dass es vorbei ist. Ich will mein Leben zurück.«[8]

»Güte«, die den Sprecher selbst einschließt, ist bestenfalls Gruppenegoismus. Als der Kanzlerkandidat Peer Steinbrück im Vorwahlkampf 2012 im Interview sagte, die Kanzlerin verdiene vergleichsweise zu wenig (und die Öffentlichkeit hörte, Politiker allgemein und Steinbrück im Speziellen müssten noch mehr Geld bekommen,[9] schlug ihm Unverständnis entgegen. Geschickter stellte es etwa Angela Merkel an, als sie im Jahr 2008 geplante Politiker-Lohnerhöhungen verteidigte. Statt sich in Gerechtigkeitsargumenten zu verlaufen, griff Merkel auf ein bewährtes Talkingpoint-Werkzeug zurück, das wir im Kapitel »Effekt: Reductio ad emotum« beschreiben. Sie verweigerte sich der moralischen Debatte und reduzierte dasselbe Thema auf Emotion: »Natürlich weiß ich, dass Diätenerhöhungen nicht populär sind, wenn sich viele Menschen Sorgen zum Beispiel um hohe Preise machen.«[10] Wenn der Gegenstand von Gerechtigkeit, Güte, Fairness et cetera auch Sie selbst sind, müssen Sie sich ausnahmslos zurückhalten, egal wie sehr Ihnen die Ungerechtigkeit in eigener Sache auf der Seele brennt. Setzen Sie Güte nur dann als Effekt sein, wenn Sie sich selbst aus der Gleichung herausnehmen (können). Es gibt Effekte, die können auch spielerisch und halbernst eingesetzt werden, etwa der ganze Komplex »Vereinfachung«. Der Effekt »Güte« muss dagegen so echt sein, dass auch Sie selbst kaum noch von »Effekt« reden.

Effekt: Weisheit

Regel

Wir möchten von »weisen« Frauen oder Männern regiert werden.
»Weise« ist, wer über den Dingen schwebt und doch all die vielen Zusammenhänge versteht (kausal, geschichtlich, kulturell, sozial, wissenschaftlich et cetera). Weisheit braucht einen gewissen Abstand, so
wie der Feldherr auf dem Berg mehr von den großen Linien der
Schlacht weiß als der Soldat, der im Tal sein Schwert schwingt. Umso
mehr bewundern wir jene, die das Tagesgeschäft bewältigen und
doch irgendwie die klare Übersicht aus Flughöhe haben.

Beispiel

Man sagt, dass eine Katzenleiche, wenn sie aus dem Fenster geworfen wird und auf dem Gehweg aufschlägt, ein Mal in die Luft titscht,
bevor sie für immer liegenbleibt. Die Angelsachsen nennen das den
»Dead Cat Jump«.

Im Jahr 1944, als Polen und »Das Reich« und der ganze Scheißkrieg
längst – so glaubten die Alliierten – für die deutsche Seite verloren waren, sammelte Hitler seinen Mut und die Alten, Kranken und Allzu-
Jungen aus dem noch lebenden, deutschen und männlichen Rest-Volk,
kombinierte sie mit den erfahrenen Winterkämpfern von der Ostfront
und bereitete einen heimlichen Durchbruch vor, der über die Ardennen durch Belgien zum Militärhafen Antwerpen vorstoßen sollte.

Hitler gab diesem letzten Aufgebot den Codenamen »Die Wacht
vom Rhein«. Der Name sollte möglichst defensiv klingen, für den
Fall, dass die Alliierten vorab davon erführen.

In den Orten um Bastogne in Belgien, also am Frontverlauf, hatten die Alliierten vor allem Anfänger und Kriegsmüde stationiert. Man wurde nach Bastogne verlegt, um sich auszuruhen, um sich zu erholen. Hitler wusste das. – Die Alliierten wussten aber nicht, dass Hitler in unterirdischen Fabriken nach wie vor Waffen, Munition und Panzer produzierte. Und sie wussten auch nicht, dass Hitler eine frisch bewaffnete Armee losschicken würde, um bei Schnee und Eiseskälte die vermeintliche »Geisterfront« zu überrennen – sogar, als der Angriff bereits lief und die ersten Soldaten in den Ardennen gefallen waren, brauchte es einen ganzen Tag, die alliierte Generalität zu überzeugen, dass passierte, was passierte. (Der US-Verteidigungsminister Donald Rumsfeld sollte Jahrzehnte später für gefährliche Wissensasymmetrien dieser Art den treffenden Begriff »unknown unknowns« prägen.)

Die Ardennenoffensive war Hitlers »Dead Cat Jump«. Die Mächte des Guten hatten geglaubt, dass diese Katze tot sei, aber die Katze tat noch einen letzten Sprung – über die belgischen Ardennen.

Als es den alliierten Offizieren endlich gelang, die Generäle Eisenhower und Montgomery von ihren Empfängen und vom Golfplatz in die harte Kriegsrealität zurückzuzerren, mussten diese erst Urlaubspläne absagen und dann mangelhaft ausgerüstete, ausgelaugte und demotivierte GIs gegen die Deutschen schicken. Es war eine Material- und Vernichtungsschlacht wie das Mittelspiel beim Hobbyschach, wo es als Strategie durchgeht, möglichst viele gegnerische Figuren vom Brett zu schmeißen.

Eine dieser Figuren war der Flakoffizier Helmut Heinrich Waldemar Schmidt.

Helmut Schmidt wollte das System stützen, in das er eingebunden war. Er wollte es stützen, weil er sich als Deutscher fühlte und dies nun einmal das real existierende Deutschland war. Selbst als das System ihm klarmachte, dass es ihn verachtete, und zwar nicht wegen seiner Handlungen, sondern wegen irgendeiner angeblichen metaphysischen Verunreinigung seines Blutes, selbst dann wollte er das System noch stützen. – So lange, bis er endlich weise wurde.

In einem geradezu spektakulären Interview beschreibt Schmidt es so: »Jetzt werde ich Ihnen was sagen: Die dramatischste Sache, die ich erlebt habe, war gegen Ende des Krieges. Ich war inzwischen Oberleutnant und Batteriechef. Wir waren im Rückzug aus der Ardennen-Offensive begriffen. Wenn wir ein Flugzeug abgeschossen hatten, mussten wir sofort raus aus unserer Stellung, weil sie dann von der amerikanischen Artillerie in Schutt und Asche gelegt wurde. Ich hatte schon ein paar Soldaten verloren, da kriegte einer eine Artilleriegranate ab, die ihm im Unterleib explodierte. Der Mann schrie schrecklich, und die Sanitäter, die wir hatten, trauten sich nicht an ihn heran. Ich war der Vorgesetzte, also habe ich das gemacht. Ich habe den Mann verbunden, und wir haben ihn noch bis zum Hauptverbandsplatz geschafft, aber da ist er dann am selben Tag noch gestorben.«[11] Dann und auf diese Art wurde Helmut Schmidt weise.

Schmidts Wunsch, das ihn beherbergende System zu stützen, ein systemrelevanter Mensch zu sein, ging nach dem Krieg weiter – nur eben jetzt bezogen auf die SPD und die Bundesrepublik Deutschland.

Helmut Schmidt war nicht der allererfolgreichste der deutschen Kanzler. – Die Schmidtsche Arbeitsmarktpolitik stand unter seinem eigenen Motto »fünf Prozent Inflation sind mir lieber als fünf Prozent Arbeitslose« – und wie nicht nur konservative Beobachter später feststellten: Am Ende hatten wir beides. Die Regierung Schmidt zerbrach am von ihm eingeleiteten NATO-Doppelbeschluss, also an der von Schmidt (und später Helmut Kohl) durchgesetzten Aufstellung von Atomsprengköpfen auch im nicht kommunistischen Europa. Schmidt setzte diesen Schritt gegen den Mehrheitswillen der Bevölkerung und gegen seine eigene Partei durch. Schmidt: Ich bin »nicht ein Anhänger von Volksabstimmung. […] Ein bisschen besser ist es schon, wenn die Funktionäre und gewählten Delegierten entscheiden, statt der Mitglieder.«[12]

Schmidt erlaubt sich ganz konsequenzlos Meinungsfrechheiten, für welche andere Regulärbürger von der Klippe der Unsagbarkeit geworfen würden – etwa dies: »Mit einer demokratischen Gesellschaft ist das Konzept von Multikulti schwer vereinbar.«[13]

Doch wenige würden Schmidts universalgültige Weisheit und Schmidts auf magische Weise außermoralische Moralautorität in Zweifel ziehen. Helmut Schmidt ist unbezweifelbar weise.

Einen Einblick in Schmidts Weisheit bekommen wir etwa in seinem Interview mit Giovanni di Lorenzo. Schmidt gibt ein Schulbuchbeispiel für Weisheit: »Aufstände und Revolutionen gab es schon lange vor Christi Geburt. Schon vor Konfuzius. Davor seit den alten

Persern und den alten Ägyptern. Es hat sie immer gegeben, und es wird sie auch in Zukunft geben.«[14] So weit, so weise, doch gleich im nächsten Satz zeigt Schmidt, dass er nicht nur weise ist, sondern eben auch gütig: »Deswegen ist die Orientierung am Frieden viel wichtiger als die Orientierung am Recht, das sich ständig verändert.« – Das ist Weisheit und Güte, von der manch altjugendlicher Weltverbesserer noch lernen kann: Wenn ich gütig sein will, wenn ich Frieden bringen will, muss ich zuerst die großen Zusammenhänge kennen und verstehen. Vor der Güte kommt die Weisheit.

Weil Schmidt weise ist, sind wir als Öffentlichkeit bereit, für ihn die üblichen Regeln aufzuheben. So wie ein Adler frei über den Wäldern und Feldern schwebt und es ihn wenig kümmert, ob die Menschen unten Zäune und Grenzen aufgestellt haben, so scheint Helmut Schmidt frei zu sein von unseren kleinlichen Alltagsregeln. Wenn der kettenrauchende Schmidt zum Interview ins TV-Studio rollt, werden die Rauchmelder ausgeschaltet und der asthmatische Kameramann nach Hause geschickt.

Schmidt ist ein Weiser. Umso frevelhafter ist es natürlich, wenn Ungläubige wie Jost Kaiser sagen: »Schmidt redet zuweilen Unsinn und wird trotzdem bejubelt.«[15]

So funktioniert es

Die alten weisen Männer und die hohen allwissenden Götter – was sie eint, ist das Wissen um das Netz, das gesponnen ist von der Summe der Dinge in dieser Welt.

»Everything is connected« erkannten die Hippies im LSD-Rausch – die Philosophen nennen es kühl »das holistische Weltbild«. Alles ist mit allem verbunden, so weit, dass man sagen könnte: Kein Ding existiert allein, es ist immer nur eine Schnittstelle, eine Ausstülpung des großen aus Möglichkeiten gewebten Raum-Zeit-Tuchs.

Das Wissen um diese Zusammenhänge – und dann auch die Kenntnis einiger davon in Kombination mit einem ausreichenden »inneren Abstand«, das nennen wir »Weisheit«. Wir sagen »Das ist ein weiser Mensch!«, wenn einer diese Zusammenhänge kennt und sich doch nicht mitreißen lässt.

Jeder Mensch kennt Wikipedia, aber niemand kennt Wikipedia auswendig. Nie war es scheinbar einfacher, »weise« zu sein. Wenn Sie fast so weise wie Helmut Schmidt sein wollen, lesen Sie nicht nur die einschlägigen Einträge zum Thema, sondern verfolgen Sie auch die abgehenden Links. Schauen Sie Videos zum Thema an. Und wenn Sie das alles konsumiert haben, fängt die Weisheitsarbeit erst richtig an: Wenn es irgendwie geht, sprechen Sie mit Zeitzeugen (was schwer wird, wenn Ihre Weisheit die mongolischen Steppenkriege umfassen will). Tun Sie, was sonst nur gestresste Eltern beim Endlich-mal-Zeit-für-die-Kinder-Wochenende tun: Besuchen Sie die von Ihren Steuergeldern gepflegten historischen Stätten und Geschichtsmuseen.

Wenn Sie vielleicht als Politiker über den Komfort wissenschaftlicher Mitarbeiter verfügen, lassen Sie sich nicht nur Anträge und Anfragen erklären, setzen Sie sich mit Ihrem Referenten bei einem Kaffee hin und lassen Sie sich historische und globale Zusammenhänge erklären.

Kommt es zu einem öffentlichen Streitgespräch – in einer Talkshow etwa – und Ihr Gegner hat alle Sachargumente auf seiner Seite, kann der Weise den Hitzigen sich leerreden lassen, so wie ein erfahrener Boxer wartet, bis der

Weisheit hat immer Standpunkt und Perspektive.

junge Heißsporn sich müdegefuchtelt hat. – Dann, wenn der Zahlenfuchs erste Ermüdungszeichen zeigt, lehnen Sie sich zurück, ziehen an Ihrer (gedachten) Zigarette, schütteln den Kopf und brummeln ganz hanseatisch: »Das sehen Sie alles viel zu klein, da müssen Sie das größere Bild betrachten!«

Warnung

Wir trauen Weisheit eher den alten, welt- und weitgereisten Seelen zu, weil sie ihr Wissen um die Zusammenhänge selbst erforscht haben. Weisheit braucht Welt. Doch Weisheit ist nie beliebig.

Anfänger im Weisheitsgeschäft machen gelegentlich den Fehler, dass ihre Weisheit »perspektivlos« erscheint. Wer die Welt bereist hat, der hat auch immer eine, seine individuelle, Sicht auf die Welt und ihre Vernetzungen.

Weisheit ohne eigene Perspektive lässt schnell den unweisen Effekt des »Wikipedia-Auswendiglerners« entstehen. Unser Eindruck von Weisheit beinhaltet mindestens unbewusst, dass der Weise die Erkenntnisse über die großen Zusammenhänge »selbst« gewonnen hat. Wer weise über die Zusammenhänge in China spricht, sollte das Land bereist und die Leute kennengelernt haben.

Was aber, wenn Sie keine eigene Perspektive haben, wenn Sie vom Chinesischen nur wissen, dass Sie es lieber ohne Glutamat hätten? – Hier ist eine Idee, die ich noch nicht getestet habe, die aber ganz bestimmt funktioniert: Wenn Sie über China reden wollen, rufen Sie bei der Pekinger Auskunft an (Englisch: +86-100-26890114, Mandarin: +86-114). Anschließend können Sie in einer Talkshow bedeutungsschwer verkünden: »Habe eben noch mit Peking telefoniert. Die Stimmung ist gespannt, aber stabil.«

Ihr Wissen darf nicht wahllos zusammengeklickt sein wie das Referat eines Proseminar-Studenten. Suchen Sie sich einen Standpunkt, von dem aus Sie die Welt deuten, und von diesem Standpunkt aus erklären Sie uns die großen Zusammenhänge. – Kurz: Wenn Sie über den Dingen stehen wollen, wenn Sie Grabenkriegen und Zankereien lieber aus dem Weg gehen: werden Sie weise.

Effekt: Echtheit

Regel

Menschen wollen von Menschen geführt werden, nicht von Robotern. Ja, es ist nett, wenn der Politiker seine Entscheidungen zu begründen weiß. Doch wichtiger als alle rationalen Begründungen und technischen Winkelzüge, die wir oft ohnehin nicht in ihrer Gesamtheit verstehen, ist uns, zu sehen, dass die Mächtigen eben auch Menschen sind. Ein kluger Politiker wird also von Zeit zu Zeit den Vorhang zurückziehen und einen (natürlich vorbereiteten) Blick auf sein Innenleben freigeben.

Beispiel

Die Großen sind uns dann am nächsten, wenn sie leiden. Denken wir an Jesus, der den Katholiken nicht deshalb nah ist, weil er in ihrem Glauben Gott ist, sondern weil er gelitten hat wie kaum ein Mensch – woran auch jedes Kruzifix erinnert, sei es der geschundene Leib des Cruzifix Dolorosus, der in der Kirche St. Maria im Kapitol in Köln hängt, oder der scheinbar friedlich am Kreuz Entschlafene, wie er in bayerischen Gerichtssälen über die Verhandlung von Verkehrsdelikten und Steuersachen wacht.

Vor einem Jahrhundert schrieb Gottfried Benn in seinen Morgue-Gedichten von fiesen Krankheiten an unerwähnbaren Stellen. Heute labt sich die Fernsehnation am Dschungelcamp, wo angeblich prominente Prominente tatsächlich eklige Würmer fressen. Sie leiden (mit Arztaufsicht), wir johlen (ohne Arztaufsicht).

Willy Brandt wurde 1969 Kanzler der Bundesrepublik Deutschland. Zuvor war er, bis 1966, Regierender Bürgermeister von Westberlin.

Brandt war also ein Vorgänger des späteren Politikers Klaus Wowereit. – Wowereit und Brandt teilen aber neben dem Bürgermeister-von-Berlin-Sein noch eine weitere wichtige Eigenschaft: Beide waren in ihrer Zeit ähnlich beliebt aufgrund ihres gefühlvollen Wesens. Beide wurden von ihren Wählern als »emotional« und »menschlich« wahrgenommen.

Willy Brandt war der wohl gefühlsvollste unter den deutschen Kanzlern – bis heute jedenfalls. (Aufgrund der modernen Dauerbeobachtung durch Handykameras kann jeder Lapsus schnell zu einem YouTube-Shitstorm führen. Politiker sind also eher gehemmt, sich öffentlich verwundbar zu zeigen, da die kleinste verwundbare Stelle via socialmedialer Großprojektion zum viralen Drama werden kann. Wir können demnach davon ausgehen, dass es auch auf absehbare Zeit keinen gefühlvolleren, also verwundbareren, Kanzler geben wird.)

Der Fall Willy Brandt ist auch deshalb besonders interessant, weil man vermuten kann, dass seine öffentlichen Gefühle immer auch private Gefühle waren. Willys öffentliches Leiden war echt, Willys öffentliche Freude war echt.

Man darf zugleich nicht denken, dass Brandts öffentliche Persona und seine private Persona deckungsgleich gewesen wären. Es gab ja den privaten, versteckten Brandt. Gerade gegen Ende seiner Kanzlerzeit wurde Brandts Verletzbarkeit den Deutschen, beinahe peinlich intim, auf den Titelseiten und Fernsehgeräten vorgeführt.

Das berühmte Mandolinen-Foto, auf dem Brandt mit lässiger Zigarette im Mundwinkel eine Mandoline spielt, war ganz »spontan«, halb »echt«, doch nicht wirklich »zufällig«[16]: »Spontan« bedeutet ja, dass der Darsteller selbst es nicht für diesen Fall geplant hat – das stimmt, laut dem Fotografen Henning von Borstell wurde Brandt die Mandoline in die Hand gedrückt. »Echt« bedeutet, dass es dem Darsteller nicht zuwider war, dass es in Kongruenz mit seinen Gefühlen geschah – auch das stimmt, teilweise: Brandt wollte tatsächlich ein paar Akkorde ausprobieren, doch Brandt war recht unmusikalisch und eine Vertiefung in die Musik, wie das Bild suggeriert, ist anzweifelbar. Und »zufällig« bedeutet, dass das Team des Darstellers es nicht geplant hat – und das hat es eben doch, das Bild ist zumindest kurzfristig geplant.

»Spontan«, »echt« und »zufällig« sind drei unterschiedliche Zustände, die der Talkingpoint-Profi zu trennen weiß.

Eine Politikerhandlung kann »spontan« sein, ohne »echt« oder »zufällig« zu sein. Man denke etwa an den Politiker, der das Baby in den Arm nimmt und ihm sehr kamerawirksam gut zuredet, insgeheim aber hofft, möglichst schnell das Blag wieder los zu sein. Das ist nicht »normal«, normale Menschen nehmen nicht plötzlich Babys aus der Masse in den Arm und herzen sie, deswegen kann es wohl kaum »echt« sein. Auch hat der Politiker diese Handlung wahrscheinlich geübt, die Handlung wurde vorbereitet und einstudiert. Also ist sie nicht zufällig.

Eine Handlung kann »echt« sein, ohne »spontan« oder »zufällig« zu sein. Ein Politiker kann etwa die Kinderstation im Krankenhaus besuchen, dort Kindern aus Kinderbüchern vorlesen, und dieses Event tatsächlich genießen. Seine Freude, etwas Gutes zu tun und den Kindern ihren Alltag etwas abwechslungsreicher zu gestalten, in diesem Moment ist echt, das spüren alle Beteiligten, und die Presse nimmt es unter Umständen sympathisierend auf. (Wir sehen: die Echtheit ist weit wichtiger als Spontanität und Zufälligkeit.)

Eine Handlung kann »zufällig« sein, ohne »echt« oder »spontan« zu sein. Das sind beispielsweise all jene Übersprungshandlungen, die passieren, wenn Politiker überfordert sind von Situationen und schlicht die falsche Schublade aus dem Rhetoriktraining aufmachen. Diese Eisbergmomente sind in Sachen Talkingpoints nicht die spannendsten.

Der unbedarfte Politikzuschauer fordert gelegentlich »mehr Spontanität«. Doch ist etwas »echt«, nur weil es unvorbereitet ist? Und ist eine Handlung »unecht«, weil sie vorbereitet wurde? Wenn ich »spontan« einen Kollegen grüße, dem ich lieber den Giftbecher als die Grußhand reichen möchte, und wenn ich dann doch so freundlich wie ein Stück Käsekuchen bin, dann mag das spontan und zugleich das Gegenteil von echt sein. Und wenn ich durch schlaflose Nächte hindurch am Liebesschwur für den Angebeteten feile, um dann, mit zittriger Stimme wegen der Aufregung und mit Kopfweh wegen des Schlafmangels, meine Liebe zu gestehen, war es weniger echt, weil es vorbereitet war?

Im winterlichen Mantel sollte Willy Brandt 1970 am »Ehrenmal der Helden des Ghettos« in der Hauptstadt der Polen einen Kranz niederlegen. Ganz im Ritus richtete Brandt bedächtig noch die Schleife des

Kranzes ein wenig. Dann passierte die Überraschung. Brandt fiel auf die Knie. Eine Demutsgeste. Eine Bitte um Vergebung. Ein Talkingpoint ohne Worte. – Journalisten, diese meckernde Klasse – positiv zu sein bringt einen ja gleich in PR-Verdacht – sie diskutierten, ob Brandts Kniefall spontan oder geplant war. Doch die, die dies diskutierten, sie begriffen nicht, dass die eigentliche Frage doch wäre, ob er »echt« war.

Die Dreiteilung zwischen »spontan«, »zufällig« und »echt« zu beachten hilft uns, in Retrospektive den Politiker Willy Brandt einzuordnen. Brandt wurde vorgeworfen, sein Kniefall sei nicht »spontan«, sondern »geplant« gewesen. Doch, wenn wir tatsächlich Ehrlichkeit und Menschlichkeit in der Politik wollen, dann ist doch die einzig relevante Frage eben, ob er »echt« war, ob er »von Herzen kam«.

Ein Politiker produziert in jeder wachen Minute neue Inhalte, die fast allesamt irgendwie als Nachrichten positioniert werden könnten. Es lässt sich also aus den Äußerungen der Politiker fast jede gefühlte Stimmung triggern – man muss nur richtig auswählen.

In US-Wahlkämpfen werden in »Attack-Ads« negativ triggernde Äußerungen des Konkurrenten zusammengeschnitten, um dem Mitbewerber böse Absicht nachzuweisen, und der Politiker, der um diese Gefahr weiß, wird kaum mehr etwas »spontan« oder »zufällig« äußern. In der Hitze der politischen Schlacht kann schnell etwas herausrutschen, das aus dem Kontext gerissen etwas ganz anderes bedeutet, als wahlkampfnützlich wäre, also eigentlich gemeint war.

Die Piraten waren tatsächlich nicht nur ausnahmsweise »spontan« und auch schon mal »zufällig«. Ihre Erfolgssträhne endete nach kurzer Zeit. Ein erfolgreicher Politiker jedoch wird niemals »zufällig« und nur selten »spontan« sein – aber »echt«, also die Kongruenz von Innerstem und Äußerem – »echt« kann erfolgreich sein.

So funktioniert es

»Ich liebe dich für deinen Charme und deine warmherzige Persönlichkeit,« sagt die junge, aufstrebende Vollbusige zum reichen, alten Silberrücken – und dasselbe sagt der Alte zu ihr. Stimmt es denn? Man könnte sagen, sie massieren sich nicht nur gegenseitig, sie massieren auch die Wahrheit. Ähnlich ist mitunter die Beziehung zwischen Wähler und Gewähltem.

»Ich werde mich für nichts als deine Sache einsetzen«, sagt der Kandidat zum Wähler. – Der Wähler sagt zum Kandidaten: »Ich werde dein Programm abwägen und nach Sachargumenten entscheiden.« Beides ist nicht hundertprozentig wahr, kann es gar nicht sein.

Für den modernen Politiker gehen die Wünsche, die Welt zu verändern und sich beruflich zu verwirklichen, Hand in Hand. Natürlich geht der Kandidat auch in die Politik, um Karriere zu machen. (Wobei moderne Politiker das auch ehrlich zugeben – insofern haben vielleicht sogar die Politiker den Wählern in Sachen Ehrlichkeit etwas voraus.)

Der Wähler aber lügt sich selbst an, wenn und weil er glaubt, es ginge ihm selbst ausschließlich um Sachfragen. Es ist zum Beispiel ein Leichtes, zu belegen, dass SPD-Wähler sich für das CDU-Programm begeistern können und CDU-Wähler für das SPD-Programm, so man nur das richtige Märkchen draufklebt.

Alle politische Arbeit, alles Mühen und Ringen des Dauerwahlkampfs – in der Demokratie haben sie einen einzigen Fokalpunkt: den Moment, wenn der Wähler in der Wahlkabine allein ist, allein mit sich und Gott und dem Wahlzettel. – In der Wahlkabine, in diesen allesentscheidenden Sekunden, da sagt der Bauch der Hand, wo der Verstand das Kreuz machen soll.

»Echt« ist ein Mensch, bei dem die Überzeugungen zur Realität passen und die Äußerungen zu den Überzeugungen.

Dieses ominöse »Bauchgefühl« hat einen großen Vorteil gegenüber Sachargumenten (welche ohnehin nicht wirklich ziehen). Sachargumente können durch eine neue Nachrichtenlage über Nacht obsolet sein.[17]

Sachargumente sind instabil, die innere Verdrahtung der Wählerseele ist dagegen berechenbar. Einer dieser berechenbaren Aspekte ist der Effekt »Echtheit«. Wir wirken »echt« auf unser Gegenüber, wenn dieses sich sicher ist, dass unsere Äußerungen, unsere Überzeugung und unsere Weltwahrnehmung kongruent sind. Wer sich anders äußert, als er überzeugt ist, der ist »unecht«, auf Neudeutsch nennt man ihn einen »Faker«. Wessen Überzeugung nicht mit seiner Wahrnehmung übereinstimmt, der ist, je nach Erfolg, politischer Ausrichtung und Kontostand, wahlweise visionär, politisch korrekt oder tendenziell gemütskrank. Um den Effekt »Echtheit« zu erzeugen, müssen Sie »nebenbei« plausibel machen, dass Ihre Äußerungen zu Ihren Überzeugungen und diese zu der von Ihnen wahrgenommenen Realität passen:

- Vermeiden Sie Äußerungen, die implizieren, dass bei Ihnen Gesagtes, Überzeugung und Realitätswahrnehmung inkongruent sind.
- Setzen Sie unerwartete Marker, die das Publikum glauben lassen, dass bei Ihnen Äußerung, Überzeugung und Realitätswahrnehmung kongruent sind.

Der Anti-Echtheitsalarm schrillt bei Formulierungen wie: »Wenn ich dürfte, wie ich wollte«, »man kann nicht alles laut sagen« oder »in der Sache haben Sie ja recht«. – Wenn Sie als Politiker ein einziges Mal sagen, ein anderer habe »in der Sache recht«, Sie selbst unterlägen aber »Sachzwängen«, wird alles Folgende, was Sie sagen, unter dem Vorbehalt der Unechtheit stehen.

Der »Echtheit«-Effekt muss nicht nur auf die Vermeidung von Anti-Echtheitstriggern achten, er muss natürlich auch einige gezielte »Echtheitsmarker« setzen.

Ein »Echtheitsmarker« ist eine scheinbar überflüssige Information, bei der das Publikum gar nicht anders kann, als davon auszugehen, dass sie wahr und »echt« sein muss. (Motto: »Wieso sollte der/die darin lügen?«) Wenn der Echtheitsmarker als solcher akzeptiert ist, ist wahrscheinlicher, dass auch sonstige Aussagen des Politikers als »echt« akzeptiert werden.

Klassische Echtheitsmarker sind natürlich Hobbys und Haushaltsarbeiten (etwa Pflaumenkuchen backen, Modelleisenbahnen bauen), aber auch persönliche »Schwächen«, vor allem solche, die wahrscheinlich vom Publikum geteilt werden.

Warnung

Man könnte die These stark machen, dass Peer Steinbrücks Kanzlerkandidatur 2013 ganz wesentlich an ungeschickt gesetzten Echtheitsmarkern scheiterte. So wirksam »Echtheit« als Effekt ist, sie setzt nicht die Notwendigkeit der übrigen Effekte außer Kraft. Echtheit allein macht noch keinen Kanzler.

Echtheitsmarker dürfen nicht einen kulturellen Graben zwischen dem Sprecher und dem Publikum aufreißen. Das ist nicht unbedingt eine Frage des Geldes, sondern tatsächlich der »Kultur«.

Als Peer Steinbrück seine Ablehnung gegenüber »Pinot Grigio unter 5 Euro«[18] bezeugte, da war das »echt«, aber soziokulturell ein Desaster, denn nicht wenige Wähler klassifizieren den 2,50 -Spanier als legitime Feierabendfreundschaft. Das wichtigste Caveat beim Echtheitseffekt ist jedoch: Echtheitsmarker dürfen nie die Eignung für das Amt fraglich machen.

Die Mehrheit der US-Amerikaner unter 24 Jahren kann auf einer Weltkarte nicht zeigen, wo Irak liegt, so das Ergebnis einer Umfrage, die im Jahr 2006 durch die Presse ging[19]. Man fühlt sich erinnert an jenes Bonmot: »Der Krieg ist Gottes Weg, uns Geographie zu lehren.« Doch könnten Sie spontan auf einer unmarkierten Karte zeigen, wo die Republik Mazedonien liegt? – Im Jahr 2001 wurden deutsche Soldaten zur Operation »Essential Harvest« nach Mazedonien verlegt, um dort die Waffen der albanischen Rebellen sicherzustellen. Praktisch zeitgleich erschienen im Magazin »Bunte« eher heitere Bilder des damaligen Verteidigungsministers, des 53-jährigen Rudolf Scharping, wie er mit seiner damaligen Freundin (und heutigen Ehefrau) im Pool einer Villa auf Mallorca badete. Die Öffentlichkeit war ein wenig irritiert, die Soldaten waren es sehr. Scharpings Fehler: Die vorgeführte »Echtheit« muss zu Amt und Situation passen. Scharpings Badebilder wurden von seinen Gegnern als mangelnder Ernst im Angesicht des anstehenden Militäreinsatzes kritisiert.

Die besten Echtheitsmarker widersprechen nicht nur nicht der Eignung zum Amt – sie stärken sie eher noch. Helmut Schmidt pflegte auch als Kanzler gelegentlich seine Segelleidenschaft, was nicht nur für einen amtierenden Kanzler einmalig ist und gerade auch dadurch sehr »echt« war. Schmidts Segeln (er nahm schon mal besuchende Staatsgäste mit auf sein Boot) belegte auch seine Verankerung als Hamburger und stellte zugleich seine Teamfähigkeit unter Beweis.

Vergessen wir nicht: Sinn und Aufgabe von Talkingpoints ist es, Menschen zu überzeugen, Ihnen Macht zu übertragen. Wählen Sie also Echtheitsmarker, die sowohl »echt« wirken (vielleicht weil sie wirklich echt sind?) und Sie gleichzeitig als Führungspersönlichkeit etablieren.

Exkurs: Pressefreiheit

Shitstorms und Pressefreiheit

Potsdam, Gast- und Namensgeber jener Konferenz, die 1945 das im Krieg unterlegene Deutschland neu ordnete, war 2010 auch Spielort für den »Deutschlandtag«, den Parteitag der CDU-Jugendorganisation Junge Union (Höchstalter bei Eintritt sind 35 Jahre).

Während aus Sicht der Jungen Union andere Parteitage vielleicht eigentlich ein schwereres Gewicht haben (etwa später 2012, als man ein neues Grundsatzprogramm beschloss), fand doch der »Deutschlandtag« 2010 weit mehr Beachtung als üblich. Der Grund: Es wurde berichtet, dass Merkel 2010 in Potsdam »Multikulti« für »gescheitert« erklärt habe.

Der digitale Pulsmesser deutscher Politik, Spiegel Online, titelte: »Merkel erklärt Multikulti für gescheitert«[20] – Es stimmt, dass die Bundeskanzlerin die Worte »Multikulti« und »gescheitert« in einem Satz benutzte. Was sowohl von Linken, die sich darüber aufregten, also auch von jenen, die zu laut applaudierten, ignoriert wurde, war die Tatsache, dass Angela Merkel in selber Rede ausbuchstabierte, wofür sie das vorwissenschaftliche Wort »Multikulti« verwendete: »Natürlich war der Ansatz, jetzt machen wir hier mal Multikulti und leben so nebeneinander her und freuen uns übereinander, dieser Ansatz ist gescheitert.«[21]

Merkel sagte, wenn man die ganze Rede betrachtet, 2010 in Potsdam nicht, dass Menschen unterschiedlicher Kulturen aus Prinzip nicht miteinander leben könnten oder sollten. Niemand hat die Absicht, das Deutschland-Omelette wieder in Ei und Butter aufzutrennen und das Ei zurück in die Henne zu schieben. Gescheitert ist nicht die Möglichkeit des Zusammenlebens von Menschen unterschiedlicher kultureller Herkunft – gescheitert ist die Blauäugigkeit, dass dies anstrengungsfrei und von selbst geschehen wird. Ja, man könnte Merkel hier eventuell einen Bruch der »politischen Korrektheit« zuschreiben, wenn man mit »politischer Korrektheit« die Verpflichtung zur Nicht-Nennung von Problemen meint, weil die Benennung der Probleme das Weltbild Einzelner ankratzen könnte. Merkel sagt nicht, dass das Problem unlösbar ist – sie sagt, dass es nicht durch Ignorieren gelöst werden wird. Das ist ein Unterschied, doch wenn man ihn berücksichtigen würde, gäbe es keine Schlagzeile – und keine Schlagzeile zu haben bedeutet für den Journalisten, seien wir ehrlich, an dem Tag seiner Redaktion kein Geld eingebracht zu haben.

Dieselben Journalisten, die beklagen, dass Politiker in vorbereiteten Stanzen reden, sind die Ersten, die bei einer missglückten Formulierung die Wunde nachziehen. Und via Facebook und Twitter kann potentiell jeder Normalbürger einen virtuellen Entrüstungssturm entfachen, den berüchtigten »Shitstorm«, der bei ausreichender Größe auch in die Leitmedien überschwappen kann. Wie bei den Papierkollegen erlebt man auch bei den Shitstormern eine innere Zerrissenheit – sie hassen die vorformulierten, risikobegrenzten Sätze der Politprofis und lechzen zugleich nach skandalisierbaren, weil schlecht gesetzten Sprachfetzen.

Zum Opfer skandalisierbarer Sprachfetzen wurde auch ein ehemaliger deutscher Wirtschaftsminister. Rainer Brüderle war im Januar 2012 von der Stern-Redakteurin Laura Himmelreich nachts an der Bar auf sein angeblich fortgeschrittenes Alter angesprochen worden, und er machte als Antwort, statt sich zu verteidigen, ihr ein rustikal deutbares Kompliment. Dieses fand keine weitere Resonanz – bis es über ein Jahr später via Stern-Magazin plötzlich zum bundesdeutschen Thema wurde.

Brüderle war Spitzenkandidat der FDP bei der Bundestagswahl 2013 und für den Einzug in den Bundestag fehlten dann 0,2 Prozentpunkte. Politische Siege und Niederlagen sind immer multikausal, haben mehr als nur eine Ursache, aber geholfen hat dieser »Shitstorm« nicht.

Es wird seither besonders für neue, noch in der Szene unbekannte Journalisten nicht mehr so einfach sein, in nächtlichen Bar-Runden bei gelöster Stimmung an Informationen zu gelangen. Ein guter Journalist sollte nicht zum Freund seines Gegenstands werden, aber auch nicht zum Feind.

Pressefreiheit ist nicht nur die Freiheit, zu schreiben, was man will, sondern besonders im politischen Bereich, auch die Freiheit, an Informationen über politische Entscheidungsprozesse zu gelangen. Wenn Politiker fürchten müssen, dass ihnen Fallen gestellt werden, dass ihnen und ihrer Partei ernster Schaden zugefügt wird, durch potentielle Skandalisierung jeder einzelnen Schwäche, dann werden sie sich ein Stück weit zurückziehen und nur noch die Informationen herausgeben, die sie auch wirklich herausgeben müssen.

Effekt: Vereinfachung

Regel

Wenn Politiker sich mit einem Problem beschäftigen, kann man davon ausgehen, dass es kompliziert ist – sonst hätte man es nicht bis nach oben durchgereicht. Politiker müssen immer »vereinfachen«, um über ihre Aufgaben und Ziele reden zu können. Wenn einem Politiker nicht passt, wie ein anderer Politiker die Probleme und möglichen Lösungen vereinfacht, wirft er dem vereinfachenden Kollegen »Populismus« vor. Doch der Populismusvorwurf ist oft nur der Vorwurf, erfolgreicher zu sein als man selbst. Von Jesus bis Möllemann, von Gandhi bis Wowereit, erfolgreiche öffentliche Redner haben sich schon immer der Vereinfachung bedient.

Über Politik zu reden, bedeutet immer, Dinge zu vereinfachen – sonst versteht ja keiner, was Sie sagen wollen.

Beispiele

Alleinige Wahrheit

Der wichtigste Anspruch des Vereinfachers, von dem sich alle anderen ableiten, ist eben der, in einem Meer von Beliebigkeit als Einziger die rettende Insel der endgültigen Wahrheit zu sehen und anzusteuern.

Die Wahrheit zu sehen ist zunächst einmal wertfrei – auch wenn der Populismusvorwurf oft (ab-)wertend verwendet wird. Wie wir aber noch sehen werden, braucht es gelegentlich auch eine Schippe selbstbewusste Vereinfachung, um das Denken und, vor allem, das Fühlen der Menschen in neue Richtungen zu lenken.

Kaum ein Individuum prägt etwa bis heute das Denken und Fühlen der Europäer, wo auch immer sie leben, so stark wie Jesus. Im Johannes-Evangelium sagt dieser: »Ich bin der Weg, die Wahrheit und das Leben.«[22] Und: »Ich bin dazu geboren und dazu in die Welt gekommen, dass ich für die Wahrheit Zeugnis ablege.«[23]

War Jesus ein Populist? Nicht, wenn wir die negative Konnotation des Wortes meinen. Jesus hat vereinfachende Formulierungen gewählt. Seien wir aber meinungsmutig! Jesus hat darauf bestanden, dass er nicht eine »mögliche« Wahrheit hat (neben vielleicht der Wahrheit des Judentums oder der Wahrheit des Buddhismus), sondern dass er »die« Wahrheit habe, ja, sogar dass er die Wahrheit »ist«.

Es schwingt eine gewisse generelle Unterstellung gegenüber Andersdenkenden mit, denn wenn ich »die« Wahrheit habe, was hat der, der mir widerspricht? Bertolt Brecht lässt in »Galileo Galilei« sagen: »Wer die Wahrheit nicht weiß, der ist bloß ein Dummkopf. Aber wer sie weiß, und sie eine Lüge nennt, der ist ein Verbrecher!« – Dieser Satz wird von Links- wie Rechtspopulisten gleich gern zitiert, darin immer implizierend, dass man selbst natürlich im Besitz der Wahrheit sei und, wer diese ablehne, ein Verbrecher ist.

Hans-Olaf Henkel (Ex-Chef IBM Deutschland und derzeit EU-Abgeordneter) sagt über Martin Schulz (SPD, Ex-Buchhändler), einen der mächtigsten Politiker der EU: »Die ›Europa-Rede‹ von EU-Parlamentspräsident Martin Schulz war ein Vortrag voller Halbwahrheiten und Widersprüchlichkeiten. Dabei braucht es am Rednerpult endlich jemanden, der sich traut, die ganze Wahrheit zu sagen.«[24] – Wir müssen nicht extra erwähnen, dass Henkel sich und seine Wirtschaftsexperten (zu dem Zeitpunkt) als diejenigen wenigen sieht, welche sich trauen. Als Henkel in sein Amt als EU-Abgeordneter gewählt wurde, ließ seine Partei »Mut zur Wahrheit« plakatieren, also im Grunde den prototypischen Anspruch der Vereinfacher.

Das Problem des Lügenvorwurfs ist, dass er jede Debatte abbricht. (Das hat er übrigens mit dem vielkritisierten Adjektiv »alternativlos« gemeinsam.) Wenn Sie sich in deutschen Parlamenten schnell eine Rüge einhandeln wollen, werfen Sie Ihren Gegnern vor, dass sie »lügen«. Sie können aber auch, ganz ohne Rüge, die höfliche Umschreibung wählen: »Zur Wahrheit gehört auch…« – Man hat angedeutet, dass der Debattengegner irgendwie diagonal zur Wahrheit steht, und doch bleibt die Sprache »parlamentarisch«.

Tabubruch

Im Kapitel »Effekt: Tabubruch« beschäftigen wir uns mit der Positionierung »gegen den Mainstream« und dem Ansprechen »unbequemer Wahrheiten«. Deshalb hier nur ein kurzes, aber besonders schönes Beispiel!

Am 10. Juni 2001 steht Wowereit vor seinem Parteitag in Berlin und sagt die berühmten Worte: »Ich bin schwul – und das ist auch gut so.«

Jetzt mögen einige ethisch Bewegte sagen: Moment, wie kann man diesen moralisch einwandfreien, wichtigen Satz »populistisch« nennen! Deshalb zur Erinnerung: Vereinfachung als solche ist wertfrei.

»Ich bin schwul und das ist auch gut so« war ein äußerst populärer Tabubruch. Wowis berühmter Satz zeigt, dass ein Talkingpoint zugleich vereinfachend und moralisch unbestritten positiv sein kann.

Heute, knapp eineinhalb Jahrzehnte nach Wowis berühmtestem Spruch, ist in Deutschland die sogenannte »Homo-Ehe« noch immer nicht der »Hetero-Ehe« rechtlich ganz gleichgestellt. Immerhin haben jüngst die Iren via Referendum die Gleichstellung gleichgeschlechtlicher Lebenspartnerschaften beschlossen. Deutschland hat, Stand 2015, noch ein Stück Weg vor sich.

Sprecher der schweigenden Mehrheit

Auf Seite neun seines Schlüsselwerks »Klartext«[25] sagt Möllemann: »Das muss anders werden. Dafür will ich kämpfen. Die Zahl der Mitstreiter ist groß. Nie ist mir das klarer gewesen als jetzt. Das Schauspiel, das Regierung und Opposition vor und nach der Bundestagswahl 2002 zum Besten gaben, haben Millionen von Bundesbürgern als langweilig, kläglich, als unverfroren und verlogen zugleich empfunden. Immer mehr Menschen haben davon die Nase voll.« – Die schweigende Mehrheit hat die »Nase« voll, die schweigende Mehrheit sind seine »Mitstreiter«, für die er »kämpfen« will. Der Vereinfacher weiß oft die »schweigende Mehrheit« hinter sich. (Ob der Vereinfacher tatsächlich die Mehrheit hinter sich hatte, wird bekanntlich am

Wahltag abgerechnet, doch es ist gar nicht entscheidend, dass es stimmt. Stark vereinfachende Parteien kommen ja gelegentlich »wie aus dem Nichts« und werden auch von den Politkommentatoren an der Fünf-Prozent-Hürde gemessen, nicht an der 50-Prozent-Hürde einer tatsächlichen Mehrheit.)

Die »schweigende Mehrheit« heißt bei Jesus »Sünder«. Haben die Schriftgelehrten sich selbst als weitgehend sündenfrei angesehen (was realistischerweise ja nur dann möglich ist, wenn man selbst auf kurzem Dienstweg festlegen kann, was die aktuellen Gottesgebote sind), so waren »die einfachen Menschen«, die das Leben der Priester finanzierten und doch keine Stimme bei der Gesetzgebung hatten, natürlich die Sünder. – Jesus sagt: »Denn ich bin gekommen, um die Sünder zu rufen, nicht die Gerechten.«[26]

Jesus verteidigte die normalen, ehrlichen Menschen gegen die Selbstgerechtigkeit der etablierten religiösen Mächte, Möllemann verteidigt den »normalen« Menschen gegen die Sattheit der etablierten Mächte, die Linke verteidigt die ehrlichen Menschen gegen Menschen »mit Millionärshintergrund«[27], die Rechtspopulisten aller Zeiten verteidigen die einfachen Eingeborenen (also die »räumlich Etablierten«) gegen die ebenso einfachen, aber räumlich nicht etablierten Menschen. (Einem fällt die Pointe des Komikers Louis C.K. ein, sinngemäß: »Natürlich stehlen Ausländer deinen Job, aber wenn jemand ohne Beziehungen, Geld und Sprachkenntnisse deinen Job klauen kann, liegt es vielleicht auch an dir...«)

Als Abwehr dieser populistischen »schweigende Mehrheit«-Behauptung versucht man in Deutschland derzeit auch mit Umfragen gegenzusteuern. Wenn man belegt, dass mehr als 50 Prozent der Menschen es anders sehen, kann der Populist nicht mehr behaupten, für die »schweigende Mehrheit« zu sprechen.

Gesunder Menschenverstand

Wenn Prozesse plötzlich vereinfacht werden, löst das immer wieder einen emotionalen Kick aus. Die Amerikaner nennen es die »refreshing simplicity«. Es fühlt sich herzerwärmend gut an, wenn komplexe Problembeschreibungen und die Notwendigkeit langwieriger Analyse durch den schnellen Rückgriff auf vorhandene Überzeugungen abgekürzt werden, hormonell ist es vergleichbar mit dem Durchdrücken des Gaspedals in einem schnellen Auto. Das Auto übersetzt die Kraft unseres Fußes mit unglaublichem Hebel in die Kraft des Motors. So hebelt auch die »erfrischende Einfachheit« die Kraft unseres Gehirns gefühlt auf ein Vielfaches.

Im Hollywood-Film »Limitless«[28] probiert der von Bradley Cooper gespielte Eddie Mora eine Droge namens »NZT«, die seine Gehirnleistung vervielfacht. Mit der Hilfe von NZT kann Eddie Mora über Nacht neue Sprachen lernen, Bücher schreiben oder Börsenkurse vorhersagen. Ohne die Droge aber ist er noch immer sein altes, unkonzentriertes Selbst. – Genau so kann auch die radikale Vereinfachung wie eine Droge wirken. Plötzlich haben wir das Gefühl, Dinge zu verstehen, die wir ein Leben lang nicht verstehen konnten. Vereinfachung ist wie ein sanfter, freundlicher Rausch. Wer Menschen bewegen möchte, aus freien Stücken für ein gemeinsames Ziel zu arbeiten, muss ihnen zuvor das erhabene Gefühl der Einfachheit schenken.

»Die religiösen Schriften und die Gesetzbücher aller Zeiten haben sich stets einfacher Behauptungen bedient«[29], heißt es im nicht unumstrittenen Klassiker »Psychologie der Massen«. Erfahrene Redner spüren, wenn das Publikum von Sachverhalten überfordert ist, weil viele Dinge nun einmal nicht einfach nach Ursache und Wirkung, sondern als im Netzwerk verknüpft zu beschreiben sind. Wenn die Komplexität des Gesagten das Publikum einzuschläfern droht, wechseln erfahrene Redner zu eingliedrigen Aussagen und eindeutigen Bekenntnissen. Die Einheitswährung der »erfrischenden Vereinfachung« ist der »gesunde Menschenverstand«.

Der Rausch der Masse ist immer auch der Rausch der plötzlichen Einfachheit.

Jesus sagt in der Bergpredigt: »Selig, die da geistig arm sind, denn ihrer ist das Himmelreich.«[30] Und Bernd Lucke sagt es so: »AfD bleibt die Partei des gesunden Menschenverstands«[31]. Wer die Herzen der Menschen bewegen will, auf dass sie ihm nachfolgen, braucht immer Mut, auch den Mut zur Einfachheit.

Den Umbruch versprechen

Die Realität ist kompliziert, anstrengend und mühsam. Echte Fortschritte passieren evolutionär, also in unerträglich vielen, unerträglich kleinen Schritten, oft deren drei vor und zwei zurück. – Wenn

Populismus die in der Sache nur mit zugekniffenen Augen gerechtfertigte Vereinfachung ist, dann ist die Revolution immer populistisch – und es wundert wenig, dass sich jeder Populist als Revolutionär ansieht.

Wir Wähler dürsten danach, dass man uns eine bessere Zukunft anstelle der anstrengenden derzeitigen Mühsal verspricht. Wenn die Gegenwart eine Last ist, glauben wir gern, wenn jemand verspricht, dass unsere Last sich in Luft auflösen kann, wenn wir nur ihm erst die Macht übertragen. (Und wir sind so richtig sauer, wenn ein Politiker uns zu erinnern wagt, dass die Qualität der eigenen Zukunft auch ganz entscheidend von der eigenen Anstrengung abhängt.)

Jesus ruft in der Vision des Johannes von seinem himmlischen Thron: »Siehe, ich mache alles neu!«[32] Was für ein schönes Versprechen. Bis es allerdings so weit ist, hat die Kirche ein Interims-Motto mit etwas anderem Zungenschlag ausgegeben: »Ora et labora« – »bete und arbeite«.

Möllemann sagt: »Deutschland braucht eine neue Politik. Und wenn es erforderlich ist, auch eine neue Partei. Aber eine, die nicht wieder so wird wie die anderen. Also eine ganz neue Art von Partei.«[33]

Das Utopia ex Machina, eine magisch eintretende bessere Zukunft, ist ein sehr ungenaues Versprechen. Die Dinge »werden« nicht besser – wir können die Dinge nur besser machen. Es ist nicht immer populär, aber so viel ehrlicher, wenn man uns sagte, dass, wer ein anderes, besseres, erfüllenderes Leben möchte, zuerst sein eigenes Denken ändern muss. Sein Denken zu ändern kann angsteinflößend sein, anders zu denken als die Zeitgenossen ist unbequem bis gefährlich. Es mag ein Standardtopos sein, und doch ist es nicht unwahrer festzustellen, dass Probleme nie durch das Denken gelöst werden, durch welches sie entstanden sind. Um es mit Steve Jobs zu sagen, mutig auf die Adverbialform verzichtend: »Think different!«[34]

Wir gegen die anderen

Populistische Talkingpoints wollen sowohl die Erklärung der Faktenlage als auch die vorgeschlagene Reaktion bis an die Grenzen der Logik vereinfachen. Die einfachste Erklärung jeder politischen Großwetterlage ist, dass es sich nicht um komplexe, überschneidende und multivariante Interessenslagen handelt, sondern um ein einfaches »Wir-gegen-die-anderen«.

Neigt ein Populist auch noch zum Rassismus, so interpretiert er das »wir gegen die« als »unser Stamm gegen deren Stamm«. Wenn der Populist sehr viel auf die eigene Sozialisierung und Bildung hält, wird er »unsere Kultur gegen deren Kultur« proklamieren. Wenn der Mensch einen gewissen Wohlstand erreicht hat und dies mit einem nichteingestandenen Mangel an Empathie kombiniert, wird er diesen großen Kampf als »wir, die Guten« gegen »die Bösen« interpretieren.

> **Das simple »Wir-gegen-Die« macht Weltpolitik verständlich, auch wenn schon viele Striche den Bierdeckel zieren.**

Wie alle Vereinfachungstechniken ist auch das Wir-gegen-die nicht automatisch böse. Es mag gefährlich sein, es mag problematisch sein, und doch kann es auch in Retrospektive richtig sein. Wenn etwa eine Nation eine andere Nation angreift, dann hat die angegriffene Nation keine andere Wahl als sich gegen »die anderen« zu wehren. In der Bundesrepublik Deutschland hat es sich bewährt, bei aufkeimenden nationalistischen Bewegungen immer als »Wir Tolerante« gegen »Die Intoleranten« in Stellung zu gehen. Keine Toleranz der Intoleranz. Selbst Jesus bezieht eindeutig Stellung: »Wer nicht für mich ist, der ist gegen mich.«[35]

Nach dem 11. September 2001 fasste George W. Bush, bekennender Christ und damals US-Präsident, die angsteinflößende politische Weltlage in so mutigen wie einfachen Worten zusammen: »Entweder du bist mit uns oder du bist mit den Terroristen.«[36] (An dieser Stelle notiert das Redeprotokoll des Weißen Hauses: »(Applause)« – siehe hierzu die Methode »Wir gegen die« im Kapitel »Hold for applause«.)

Fremde

Als Armeen noch nicht die Demokratie, sondern die Monarchie in fremde Länder brachten, brachten die Spanier die spanische Monarchie den Azteken. Fast wäre es den Protomexikanern gelungen, die Eindringlinge wieder auszuweisen – hätten nicht die von den Spaniern eingeschleppten Pocken fast die Hälfte der indigenen Bevölkerung dahingerafft, samt dem König (sie hatten ja bereits eine Monarchie, aber die falsche). – Aus rein biologischer Sicht ist es keine völlig dumme Sache, mindestens große Vorsicht vor dem »Fremden« walten zu lassen. Natürlich braucht jede Gruppe die regelmäßige Auffrischung der eigenen Gene (und Ideen!) von »außen«. Doch selbst wenn das Neue nur Gutes bringt, es stört den bisherigen Trott und ist damit anstregend. Und manchmal bringt das Neue eben auch Probleme mit, darunter vielleicht auch Probleme, die wir bislang nicht kannten. Probleme aber, deren Lösung wir noch nicht kennen, wecken – selbst wenn sie sich später als trivial herausstellen sollten – im ersten Moment angeborene Ängste.

Man muss ja nicht gleich so aggressiv vorgehen wie die in selbstgewählter Isolation lebenden Ureinwohner der North Sentinel Island (einer Insel im Indischen Ozean), die jeden Fremden mit lebensgefährlichen Pfeilen fortjagen – ein deutsches Leitmedium schreibt dazu: »Mit ihrem Mangel an Gastfreundschaft haben die Sentinelesen in den vergangenen Jahren ihre eigene Existenz gesichert.«[37] – Oder wie jene Unbekannten, die in Meißen[38] oder im bayerischen Reichertshofen[39] in Bau befindliche Asylbewerberheime anzündeten. Im Gegenteil! Die nur gesprochene Abgrenzung vom Fremden ist oft diskutabel, wo die praktische Umsetzung desselben die moralische Entrüstung oder zumindest ein »So war das doch nicht gemeint!« weckt. Tatsächliche Brandstiftung ist ein Fall für die Staatsanwaltschaft, (vorsichtige) geistige Brandstiftung ist meist nur ein verhallender Vorwurf von oppositionellen Politikern und Journalisten[40].

> **Der machtstrebende Vereinfacher weiß, die in uns allen schlummernde Angst vor dem Fremden für seine Macht zu nutzen.**

Gandhi soll, wohl in einem Ausrutscher, über die Schwarzen in Südafrika gesagt haben: »Kaffirs sind grundsätzlich unzivilisiert – die Verurteilten noch mehr. Sie sind lästig, sehr schmutzig und leben fast wie die Tiere.«[41]

Jesus sagt: »Ich bin nicht gesandt denn nur zu den verlorenen Schafen des Hauses Israel. [...] Es ist nicht fein, dass man den Kindern ihr Brot nehme und es vor die Hunde werfe.«[42]

Auch in Deutschland lässt sich diese Angst vor dem Fremden instrumentalisieren. Es ist gesellschaftlich überlebensentscheidend, dass man einen guten Draht zu wichtigen Kommentatoren hat, sonst werden diese schnell geschichtlich problematische Vergleiche ziehen.

(Der Bayerische Rundfunk hat keine Sondersendung zum Zungenschlag der »Ausländer-Maut« produziert.) Alternativ kann man die vereinfachende Angst vor dem Fremden so platzieren, dass die Vergleiche schlicht egal sind.

Fast ein Lehrbuchbeispiel für den effektiven Einsatz der Angst vor dem Fremden ist jener Slogan, den die deutsche SPD wenige Tage vor der Europawahl 2014 deutschlandweit plakatierte: »Nur wenn Sie Martin Schulz und die SPD wählen, kann ein Deutscher Präsident der EU-Komission werden.« – Die Aussage war moralisch grenzwertig und in der Sache auch mit Wohlwollen nur halb wahr. (Die WELT schrieb darüber: »Von dieser Botschaft stimmt sehr wenig, denn wer am Ende jene Präsidenten-Entscheidung trifft, ist ungewiss.«[43]) – Doch der laute Protest der »Internetgemeinde« und der leise Protest der Leitmedien hatte zwischen dem Erscheinen der Plakate und der entscheidenden Wahl gar keine Gelegenheit, so richtig in Fahrt zu kommen. Zum ersten Mal seit 20 Jahren konnte die SPD dann bei der Europawahl neue Stimmen dazugewinnen. Kommissionspräsident wurde Schulz dennoch nicht.

> Wer keine Gegner hat, muss sich fragen lassen, wofür er eigentlich steht.

Kampf

Auch Binsenwahrheiten sind ja Wahrheiten. Eine solche Binsenwahrheit ist, dass manche Menschen dem Kampf zugeneigt sind. In der modernen, dann doch recht verweichlichten Gesellschaft, da mag die Lust auf den Vernichtungskampf ersatzweise befriedigt werden mit Actionfilmen, Fußball-Großereignissen und Demonstrationen, diese je nach politischer Ausrichtung gegen Atomkraftwerke oder gegen Asylsuchende – die Lust am Kampf und der mindestens symbolischen Vernichtung des Gegners bleibt.

Der als Botschafter universaler Liebe bekannte Jesus sagt in einer Passage, die man eher selten auf Kirchentagen rezitiert hört: »Ihr sollt nicht wähnen, dass ich gekommen sei, Frieden zu senden auf die Erde. Ich bin nicht gekommen, Frieden zu senden, sondern das Schwert.«[44]

Fast schon bekannter ist der Aufruf Jürgen Möllemanns: »Steht auf! Lasst euch dieses Spiel nicht mehr gefallen! Schließt euch zusammen und zeigt den Politikern die rote Karte!«[45]

Und dann jenes so populäre wie populistische Zitat, dass je nach Quelle von Bertolt Brecht oder Rosa Luxemburg oder noch ganz anderen Leuten stammt: »Wer kämpft, kann verlieren. Wer nicht kämpft, hat schon verloren.« – Diese Postkartenweisheit ist populistisch – sie ist auch ziemlich falsch: Fangen wir damit an, dass es in der Sache 180 Grad unrichtig ist: Sun Tzu lehrt uns, dass der beste Sieg eben jener ist, den man ohne Kampf erringt. (Siehe auch: »Exkurs: Sun Tzu – Die Kunst des Krieges«) Und die Geschichte des 20. und des noch jungen 21. Jahrhunderts lehrt nicht nur die Historiker, dass es gerade in Zeiten asymmetrischer Konflikte eher die Regel als die Ausnahme war, dass eine gewonnene Schlacht doch nur Teil eines verlorenen Krieges ist.

Die da oben

Es ist gut und sinnvoll, den Mächtigen auf die Finger zu schauen. Es ist sogar gesellschaftlich nützlich, zu kontrollieren, ob jene, die sich von uns Sonderrechte abverlangt haben, um uns im Gegenzug zu ordnen und zu schützen, auch ihren Teil des Machtgeschäfts einhalten. – Wenn aber diese Wachsamkeit mutiert zum universalen Korruptionsverdacht gegen »die da oben«, wird aus der nützlichen Vorsicht eine destruktive Universalskepsis.

Eine kurze Begriffsanalyse zu »die da oben«: »Die da oben« sind keine einheitliche, homogene Gruppe. Man muss zuerst zwischen geerbter Macht und erworbener Macht unterscheiden. Es macht einen Riesenunterschied, ob man wie zu Guttenberg oder britische Prinzen mit dem Zugang zur Macht geboren ist – oder ob man sich durch die zähe stille Hölle der zehntausend Ortsverbandssitzungen emporgelocht hat. Vor allem aber muss man, trotz aller Bedenken, unterscheiden zwischen demokratisch legitimierter Macht – und aller anderen. Jeder deutsche Politiker, mit dem ich je gesprochen habe, von den Waschmaschinen-Verkäufern im Ortsverband bis zu den Waschmaschinen-Bewohnern in Berlin[46], in allen ihren Köpfen tickt unerbittlich immer das Was-sagen-meine-Wähler-dazu.

Für Jesus sind es die sogenannten »Pharisäer« (Theologen und Legislative in Personalunion), welche er »die da oben« nennt – immerhin ist er spezifisch. Die Pharisäer »sagen's zwar, tun's aber nicht. Sie binden schwere und unerträgliche Bürden und legen diese den Menschen auf die Schultern; aber sie selbst wollen keinen Finger dafür krümmen.«[47]

Für Möllemann sind »die da oben« die Medien und die Politik im Verbund. In »Klartext« fragt er: »Sind die Unverschämtheit und die Verantwortungslosigkeit weiter Teile der Medien eigentlich die Folgen von Feigheit und Hinterhältigkeit der Politik? Oder ist es umgekehrt?«[48]

Für einen allzu eifrigen Vereinfacher kann das merkwürdige Verhalten der Macht- und Meinungselite aus wohl nur ihm bekannten Gründen nicht an der Komplexität der Sache selbst liegen. Es kann nur von diffuser Korruption oder zumindest schlimmer Heuchelei getrieben sein, dass »die da oben« Dinge tun, die man nicht sofort ganz ohne Detailstudium versteht. – Warnung: Doof ist nur, wenn man sich dabei erwischen lässt, dann doch »einer von denen« zu sein. Man denkt hier an Gregor Gysi, der sich vom staatlichen Chauffeur in der A8-Limousine (Preis je nach Ausstattung zwischen 75 000 und 100 000 Euro) zur Anti-Atomkraft-Demonstration fahren lässt, dort auf einen Protest-Trecker umsteigt und männlich-markant für die Presse posiert[49], oder an Sahra Wagenknecht, die schon mal ihre Angestellten losschickt, um Fotos auf der Kamera einer Freundin zu löschen, auf denen man die populäre Antikapitalistin einen Hummer essend gesehen haben soll[50].

> Es ist noch kein Politiker nicht gewählt worden, weil er öffentliches Misstrauen gegenüber der eigenen Kaste pflegte.

Wer einer von »denen da oben« ist und alle Genüsse des Lebens »derer da oben« mitnehmen möchte, muss ein gewisses Talent zur Zweigleisigkeit besitzen – und, vor allem, diskrete Freunde sein Eigen nennen.

Klage über Sittenverlust

Ein Vereinfacher lässt die Menschen selten so sein, wie sie sind. Ein Vereinfacher muss anstürmen gegen schlechte Sitten und immer neue moralische Normen einführen. Doch damit das Volk versteht, dass es eine neue Moral will, muss der Vereinfacher zuerst das allgemeine Unwohlsein ob der gegenwärtigen sittlichen Verderbnis aufnehmen und verstärken.

Ein Witz unter Schriftstellern geht so: »Das Buch ist fertig, jetzt fehlt noch das Thema.« Ähnlich ist es bei der gebündelten Empörung über Sittenverlust. Oft ist eine allgemeine Empörungsstimmung in der Luft, sie braucht aber einen Boxsack, an dem sich die Empörten ein paar Tage oder Wochen lang abarbeiten können.

Jesus empörte sich, dass die Geldgeschäfte aus Sicherheitsgründen im bestgesicherten Bezirk der Stadt, dem Tempelbezirk, gemacht wurden: »Mein Haus soll ein Bethaus heißen; ihr aber habt eine Mördergrube daraus gemacht.«[51] (Was würden wir eigentlich heute davon halten, wenn jemand aus moralischer Entrüstung über die Praktiken der Banker die Inneneinrichtung einer Bankfiliale demolierte?)

Wenn sich Empörung angestaut hat, öffnen Sie ihr ein Ventil und richten Sie es auf den Gegner.

In der Dreigroschenoper lässt Brecht das Duo Macheath und Spelunken-Jenny klagen, und zwar über Politik als Konsequenz des Menschlichen, wo eine Erststellung der Moral angebracht wäre: »Erst kommt das Fressen, dann die Moral!«

Der »Sittenverfall« als politischer Vorwurf findet sich auch heute in der öffentlichen Debatte – als Schulbuchbeispiel einige Passagen aus einer Pressemeldung des Linken Ulrich Maurer[52]: »Die Kette des Sittenverfalls in der Republik ist endlos. [...] Im Lande jagt ein Aufschrei über das skandalöse Fehlverhalten Einzelner den nächsten. [...] Reichtum schlägt auf die Moral. Zwei Drittel der Menschen glauben, dass es nicht mehr gerecht zugeht im Lande. [...] Die Glaubwürdigkeit der Demokratie ist in Gefahr.«

Es ist einfacher, über den allgemeinen wie den speziellen Sittenverfall zu klagen, wenn man selbst nie in die Verlegenheit kommen wird, via Kompromissen und Interessensausgleich all die Forderungen in Gesetze gießen zu müssen, und wenn man seinen Schnabel alle Morgen neu nach dem Wind wachsen lassen kann, weil man ohnehin nie gesellschaftlich durchsetzen müssen wird, was man im moralischen Bierzelt zu fordern brauchen meinte.

Es sind eher die Seitenstürmer der politischen Debatte, die über mangelnde öffentliche Moral klagen – und seltsamerweise auffallend oft solche, bei denen an irgendeinem Punkt das »zeigt ein Finger auf den Gegner, zeigen drei Finger auf einen selbst«-Prinzip greift.

Als Beispiel sei hier ein Fußballfunktionär erwähnt, der gern über den allgemeinen moralischen Abstieg klagte – zu Recht. Das Verhältnis des superpopulären Fußballmanagers Ulrich Hoeneß zur Politik ist so freundschaftlich, dass die Bundeskanzlerin ihm nach seiner Verurteilung öffentlich dankte, dass er das Urteil auch annahm[53], eine Ehre, die dieser Rechtsstaat nicht allen Verurteilten gewährt. Dieser Ulrich Hoeneß ließ seine Anwälte noch während des erfrischend konzisen Prozesses über den »Sittenverfall«[54] der deutschen Justiz klagen.

Die Klage über den »Sittenverfall« war lange Zeit, in Europa zumindest, die Domäne der Religion. Es war beinahe unterhaltsam, falls man sich erinnert, als der medienpräsente Kardinal Meisner im Jahr 2010 über den Menschen als »Triebbündel«[55] predigte, um Europa einen allgemeinen »Sittenverfall« zu bescheinigen, wetternd gegen monogeschlechtliche, »eheähnliche« Gemeinschaften, worauf Volker Beck (wie der Kardinal ebenfalls ein Kölner) ihm an den Kopf schmiss, ein »Hass-Prediger« zu sein, was wiederum dem Meisner, der sich eher als Nächstenliebe-Prediger sieht, sauer wie verdorbener Messwein aufstieß, was in der Dynamik dieser Differenz dazu führte, dass der Meisner den Beck und auch der Beck den Meisner verklagte. – Ich bin ja der Meinung, dass die Fortsetzung der Debatte mit gerichtlichen Mitteln dann doch ein Verfall der Debattensitten ist.

Moralische Verschärfung

Politik ist, mindestens gefühlt, auch für die Durchsetzung einer gewissen Moralität (oder: Sittlichkeit) zuständig. Viele Menschen meinen, daran zu leiden, dass in einer konsequent liberalen Gesellschaft die Ambiguität moralischer Bewertung der gewünschte Standardfall ist. Wenn Sie nach einer rigideren Moral und engeren Gesetzen rufen, wird das von vielen überraschenderweise nicht als Beschwernis, sondern als wohltuende Vereinfachung empfunden.

Moralische Rigidität spart uns die Mühe des Selberdenkens.

Jesus etwa sagt: »Ihr habt gehört, dass zu den Alten gesagt ist: ›Du sollst nicht ehebrechen.‹ Ich aber sage euch: Wer ein Weib ansieht, ihrer zu begehren, der hat schon mit ihr die Ehe gebrochen in seinem Herzen.«[56] Das ist eine drastische Verschärfung der bis dahin geltenden moralischen Standards. Jesus nimmt das gesamte unscharfe Drama von Flirts und Missverständnissen vom Tisch. Eine rigide, immer schärfer werdende Moral macht das Leben vielleicht aus einer gewissen Perspektive langweiliger, sinnesärmer, aber eben auch »einfacher«.

Gandhi macht unmissverständlich klar, dass, wenn es nach ihm ginge, er für ein Verbot des Alkohols indienweit wäre, also die Prohibition – die Durchsetzung eines Alkoholverbots unter Hunderten Millionen von Menschen hätte einen unvorstellbaren Polizeistaat bedeutet.

Die Forderung nach Verschärfung von Moral und Gesetz muss nicht immer Sinn machen, um erfolgreich zu sein, sie kann sogar – zumindest auf den ersten Blick – der praktischen Logik widersprechen. Im Januar 2015 etwa verübten islamistische Terroristen zwei brutale Anschläge in Paris. Als Begründung gaben die Täter an, dass sie in ihren ethischen Gefühlen verletzt worden seien. Die westlichen Medien und Meinungsführer nannten es einen »Anschlag auf die westliche Freiheit«. Die bayerische CSU reagierte auf eine Weise, die nur in der Sache unlogisch schien, doch in der Emotion durchaus stimmig war: Obgleich Terroristen, wie die in Frankreich, immer mehr ohne digitale Spuren operieren, indem sie mit Boten, persönlichen Treffen und Zetteln arbeiten, forderte die CSU eine Verschärfung der Überwachung aller Deutschen (»Vorratsdatenspeicherung«) und, ja, ernsthaft, die Verschärfung der Strafen für Vergehen nach dem §166 des deutschen Strafgesetzbuches, des sogenannten »Blasphemieparagraphen«.

Härtere Strafen

Wer für vereinfachende Argumentation empfänglich ist, der ist – entgegen manchem Vorurteil – dadurch nicht bereits »blöde«. Es ist ja kein Widerspruch, intelligent und moralisch standsicher zugleich zu sein.

Er, oder: sie, weiß: »Wenn wir eine strengere Moral durchsetzen wollen, müssen wir härtere Strafen einführen.«

Jesus verlangt höhere Strafen bei mangelnder Höflichkeit: »Ihr habt gehört, dass zu den Alten gesagt ist: ›Du sollst nicht töten‹; wer aber tötet, der soll des Gerichts schuldig sein. Ich aber sage euch: Wer mit seinem Bruder zürnt, der ist des Gerichts schuldig; wer aber zu seinem Bruder sagt: Du Nichtsnutz!, der ist des Hohen Rats schuldig; wer aber sagt: Du Narr!, der ist des höllischen Feuers schuldig.«[57]

Während ich dies schreibe, werden vor dem 6. Strafsenat des Münchner Oberlandesgerichts die sogenannten »NSU-Morde« aufgearbeitet. Der deutsche Justizminister Heiko Maas (SPD) reagierte bereits auf seine Art und »will Straftaten mit fremdenfeindlichen Motiven in Zukunft härter bestrafen«[58]. – In anderen Nachrichten hört man vom Menschenhandel und von damit verbundenen professionellen Bettel-Netzwerken – der Justizminister fordert deshalb »höhere Strafen für Menschenhandel«. – Einem Prominenten wird vorgeworfen, illegale Pornographie via Internet bestellt zu haben. Die Reaktion des deutschen Justizministers: Er fordert härtere Strafen...[59] – als ob es ein Straflimit gäbe, ab dem Menschen plötzlich nicht mehr ihren verbotenen Neigungen nachgeben würden (»bei 4 Jahren durchschnittlichem Strafmaß riskiere ich es, aber bei 5 Jahren ist das für mich nun wirklich Tabu«).

Simple Lösung

Der Vereinfacher kann, implizit oder explizit, behaupten, dass es eine einfache und doch viel besser funktionierende Lösung ohne nennenswerte Nachteile gibt, welche von »denen da oben« aus unklaren Gründen ignoriert oder sogar bekämpft wird.

Der verführerische Duft der Einfachheit kann selbst einem trockenen Thema wie der Steuererklärung ganz neuen Charme verleihen. Das bewies der christdemokratische Wirtschaftspolitiker Friedrich Merz, als er seine »Bierdeckel-Steuererklärung« erfand: ein Einkommensteuermodell, so einfach, dass es sich »auf einem Bierdeckel« errechnen lässt.

Die Forderung nach einer Hauruck-Vereinfachung des Steuersystems impliziert, dass es zuerst Unwille ist, der die Politik davon abhält, das Steuerrecht mit der Machete zu lichten. Dabei sind die meisten Ausnahmen und Sonderregelungen motiviert vom demokratischen Willen des Staates, zumindest auf finanziellem Weg etwas Gerechtigkeit herzustellen und gesellschaftlich wünschenswerte Initiative(n) zu unterstützen. – Das alles ficht Sie als in der Wolle gefärbten Vereinfacher nicht an. Sollen doch die grauen Langweiler vorsichtige Korrekturen am Status quo im Rahmen des Möglichen verlangen, Sie sind (natürlich nur metaphorisch) mit der Machete unterwegs.

Versprechen

Eine Vereinfachungstechnik, die alle echten Visionäre beherrschen, ist »das große, simple Versprechen«. Das eine, große Versprechen muss so simpel, so strahlend sein, dass es sich auf einen einzigen Begriff reduzieren lässt.

Die offensichtlichste Schwierigkeit des Effekts »großes Versprechen« ist natürlich der zu realisierende Erfolg. Auch zweitausend Jahre später ist nicht wirklich klar, was genau Jesus meinte mit »das Himmelreich ist schon da«. In Deutschlands Osten blühen tatsächlich die Landschaften – allerdings auch dort, wo mancher lieber Industrie und Arbeitsplätze hätte. Nur der »Nord-Euro« von Bernd Lucke könnte in irgendeiner Mutation spannende Realität werden, allerdings weniger durch die Anstrengung des Professors Lucke, als vielmehr etwa durch die spieltheoretischen Versuche des (parteilosen) griechischen Finanzministers Professor Varoufakis, der an die Macht gekommen war durch wirklich, wirklich große Versprechen jener Partei, die deutsche Medien bislang nur »Syriza« nennen, was aber die Abkürzung für den griechischen Ausdruck »Koalition der Radikalen Linken« ist, ja: »radikal«. – Das alles sind aber Luxusprobleme. Wie man seine Versprechen einlösen wird, darüber macht sich der echte Vereinfacher vorab genauso wenig Sorgen wie der Lottospieler über die Versteuerung des noch zu gewinnenden Jackpots.

> Jesus versprach »das Himmelreich«, Helmut Kohl versprach »Blühende Landschaften« und der Bernd Lucke immerhin den »Nord-Euro«.

Personenkult

Wir Menschen sind veranlagt, strahlenden Führungspersönlichkeiten zu folgen. Wer die Gesellschaft verändern will, wird auch einen Kult um die eigene Person machen müssen.

- Jesus sagt: »Wer mich sieht, sieht den Vater.«[60] »Niemand kommt zum Vater denn durch mich.«[61]
- Gandhi sagt: »My life is my message.«[62]
- Merkel sagt: »Sie kennen mich.«[63]

Dieser Kult muss nicht flamboyant sein – siehe Merkel, aber er kann – siehe Berlusconi.

Dieser Kult muss nicht offen aggressiv sein – siehe Gandhi, aber er kann – siehe George W. Bush, in männlichkeitsbetonendem Fliegerdress auf Flugzeugträger landend.

Man kann die Gesellschaft nicht anonym verändern, anonym kann man nur hilflos wütende Kommentare unter Online-Artikel tippen, hoffend, dass der moderierende Zeitungspraktikant sie nicht löscht. Die Welt lässt sich nur mit offenem Visier zum Guten drehen. Keine Botschaft ohne Botschafter.

Sorgen Sie mit allen Ihnen zur Verfügung stehenden Tricks und Kniffen dafür, dass die Menschen jeden Tag über Sie nachdenken, dass sie Ihr Leben fast schon interessanter als das eigene Leben finden. (Und sei es wie der CDU-Generalsekretär Peter Tauber, der via Twitter die deutsche Nation über sein tägliches Jogging informiert hält.[64])

Jede Vereinfachung braucht einen Vereinfacher, der sie ausspricht. Die Vereinfachung braucht eine strahlende Heldin, die an der Spitze der besorgten Bürger gegen die Komplexität in den Krieg zieht, wie einst Jeanne d'Arc gegen die Engländer. Seien Sie die Heldin der Vereinfachung! (Aber übertreiben Sie es nicht. Jeanne d'Arc fand mit nur 19 Jahren am 30. Mai 1431 auf einem Scheiterhaufen ihr irdisches Ende.)

So funktioniert es

Alle diese vereinfachenden Techniken, so verschieden sie dem ersten Augenschein nach sein mögen, sie bedienen immer denselben psychologischen Mechanismus: die evolutionsrelevante Sehnsucht nach Einfachheit in der Entscheidung.

Stellen wir uns kurz vor, wir wären noch Cro-Magnons, wären auf der Jagd und plötzlich rollte eine Bisonherde auf uns zu. Ein Cousin sagt uns »Hmm, da müssen wir nachdenken und Möglichkeiten abwägen«, ein andrer brüllt: »Wir müssen jetzt handeln!« Welchem glauben wir? – Sagen wir mal so: Jener Cro-Magnon-Stamm, der nicht genetisch veranlagt war, sofort dem Vereinfacher zu glauben, hat es nicht bis heute geschafft. Die Bisonherde hat die Grübler niedergewalzt. Übrig bleiben die erfolgreichen Vereinfacher, also wir.

Der nicht unumstrittene Gustave Le Bon spitzt zu: »Meistens sind die Führer keine Denker, sondern Männer der Tat. Sie haben wenig Scharfblick und könnten auch nicht anders sein, da der Scharfblick im Allgemeinen zu Zweifel und Untätigkeit führt.«[65] Was der latent misanthrope Le Bon skizziert, ist vielleicht weniger Zustandsbeschreibung als vielmehr Erwartungshaltung: Selbst der scharfblickendste Denker im Amt wird das Volk erfolgreicher mit Schwert und Gebrüll als mit Fußnoten und Gemurmel anführen können.

Bei Pumuckl heißt es, »was sich reimt, ist wahr«, in der menschlichen Psyche heißt es, »was einfach ist, ist wahr«.

Am Wahlsonntag gehen wir ganz feierlich in die Grundschule mit den Wahlkabinen aus Sperrholz, doch kaum haben wir Stimmzettel und Stift in der Hand, sind wir wieder ganz Cro-Magnon. Wer einfache, kognitiv mühelos zugängliche Erklärungen und Lösungen vorschlägt, der fühlt sich wie eine »ehrlich Haut« an – unabhängig davon, ob die Forderungen in allen Aspekten mit der Faktenlage korrespondieren.

Warnung 1: Populismus-Angst

Eine allgemein akzeptierte Definition des Begriffs »Populismus« könnte lauten: »Die unzulässige Vereinfachung von Problemfeldern verbunden mit dem Einfordern radikaler Pseudolösungen, derart, dass statt einer wirtschaftlich wie gesellschaftlich funktionierenden echten Lösung tatsächlich zuerst auf den Applaus der aktivierbaren Masse gezielt wird.«

Das Problem dieser moralisch geladenen Erklärung ist, dass sie eine logische Lücke hat: sie sagt nicht, was das Wort »zulässig« hier genau bedeutet und was im Kontrast »unzulässig« wäre. Sie verschiebt die Erklärungsaufgabe und ersetzt den zu definierenden Begriff mit einem neuen, ebenso wolkigen Begriff. Ohne das Adjektiv »unzulässig« funktioniert die Definition aber nicht – denn was sollte an einer »zulässigen« und zugleich populären Erklärung falsch sein?

Politische Probleme sind immer komplex. Eine Frage, die einfach zu beantworten ist, ist keine politische Frage. Jede politische Frage muss und wird in der öffentlichen Debatte immer vereinfacht dargestellt werden. Politische Auseinandersetzung, zumal wenn sie öffentlich ist, muss ihren Gegenstand also immer vereinfachen, muss auf den Punkt bringen, um überhaupt stattfinden zu können.

Eine Meta-Populismus-Debatte ist immer eine Debatte um Zulässigkeit, also eine moralische Debatte. Da jedes öffentliche politische

Statement eine Vereinfachung darstellt, ist jedes politische Statement, dass aus irgendwelchen Gründen in der Wahlbevölkerung beliebt ist, potentiell »populistisch«.

Während unerfahrene und schüchterne Politiker den Populismusvorwurf scheuen, ist sein völliges Ausbleiben oft das größere Problem. Wenn keiner Ihrer politischen Vorstöße vom politischen Gegner als »populistisch« bewertet werden kann, bedeutet dies entweder, dass Sie a) sich vollständig im bereits vorhandenen Werte- und Meinungskanon bewegen und damit politisch überflüssig sind, oder b) dass Ihre Forderungen für den Normalbürger unverständlich sind.

Wer in der Welt etwas verändern will, unabhängig vom moralischen Wert dieser Veränderung, der muss ein Stück weit »populistisch« sein. Jesus war nach dieser Perspektive ein »Populist« – seine Forderungen waren extrem simplifizierend und zugleich teilweise außerhalb des damals (oder heute) geltenden Wertekodexes. Auf dem anderen Ende der moralischen Skala finden wir ebenfalls Vereinfacher. Wenn Sie etwas Neues zu sagen haben und es Anklang findet, wird man Sie höchstwahrscheinlich einen Populisten schimpfen. Das ist notwendiger Teil des Deals.

Populismus kann die Welt besser machen und die Arroganz der herrschenden Klasse ein wenig stutzen. Die Populismusexpertin Karin Priester bescheinigt den angehenden Populisten, dass es ihr Auftrag ist, »politische Sklerosierung aufzubrechen, die Kartellisierung der ›politischen Klasse‹ infrage zu stellen und apathische, passive Bevölkerungsschichten politisch zu aktivieren«[66]. (»Sklerosierung« ist übrigens die Verhärtung von Organen.) – Also, auf in den Kampf, die politische Verhärtung aufzubrechen! (Nur verwenden Sie bei Ihrer ersten Kampfrede auf der Populistendemo besser keine Viersilben-Wörter wie »Sklerosierung«, Sie würden weniger Verständnis finden als eine transsexuelle Genderforscherin auf dem CSU-Parteitag.)

Warnung 2: Populismus-Professor-Zange

Wenn Ihnen »Populismus« vorgeworfen wird, können Sie sich nur schwer in der Sache verteidigen. Natürlich machen Sie sich zumindest der Vereinfachung schuldig, einer Vereinfachung, die mit Sicherheit auch wichtige Aspekte weglässt.

Die einzige im Ansatz wirksame Taktik gegen den Populismusvorwurf (wenn man überhaupt dagegen vorgehen will) ist, was man im Englischen »to muddy the water« nennt. Wenn Sie ahnen, dass der Populismusvorwurf kommt, kommen Sie ihm zuvor, machen Sie ihn zuerst! Alternativ können Sie einfließen lassen, dass der Gegner der eigentliche Populist ist. Wenn alle irgendwie populistisch sind, ist niemand populistisch.

Ein Lehrbuchbeispiel der Populismusvorwurf-Abwehr lieferte, nach einer überraschenden Elfmetervorlage seitens der Moderatorin, die Sprecherin einer Partei, die in der Berichterstattung der seriösen Medien oft das Adjektiv »rechtspopulistisch« vorangestellt bekam, Frauke Petry. – In der Maybrit-Illner-Talkshow vom 11.12.2014 findet folgender denkwürdiger Austausch statt:

Illner: »Frau Petry, würden Sie zu dem schönen Satz ›wer, betrügt, fliegt‹ uneingeteilt [sic!] ›ja‹ sagen?«

Petry: »Na, wer hat den denn gesagt, das war nicht die AfD, das war die CSU.«

Illner: »Hätten Sie ihn erfinden können?«

Petry: »Nein, der ist mir nicht differenziert genug.«

Zack! – Die öffentlich-rechtliche Moderatorin hatte, gewollt oder nicht, der Vertreterin der damals quasi offiziell als (rechts-)populistisch einsortierten Partei AfD den Ball auf den Elfmeterpunkt gelegt. Petry konnte ohne Anlauf dieses Malus ins Tor der zu dem Zeitpunkt (mit-)regierenden Partei CSU knallen: Wenn eine etablierte Partei noch stärker vereinfacht als man selbst, so ist man unter den Vereinfachern zumindest nicht der schlimmste. Wo der ehemalige Chef und Gründer ihrer Partei, Prof. Dr. Bernd Lucke, sich schon mal genötigt sah, ungerechte Gesprächsführung zu beklagen, führte Petry ihre Mitbewerber ein wenig vor. Sieben Monate später sollte sie zu seiner Nachfolgerin gewählt werden.

Das Komplementär zum Populismusvorwurf ist der Vorwurf, »Theoretiker« zu sein. Es war der SPD-Kanzler Gerhard Schröder, der den Ehrentitel »Professor« de facto zum politischen Schimpfwort machte und damit zumindest bei jenen Sozialdemokraten, die der klassischen Bildung eher kritisch gegenüberstehen, ausreichend Applaus einfuhr. – Die damalige Kanzlerinnenkandidatin Angela Merkel hatte 2005 den Verfassungs- und Steuerrechtler Professor Paul Kirchhof in ihr Schattenkabinett berufen. Schröder aber schoss sich auf »diesen Finanzprofessor da« ein. Der »Kanzler in Kashmir«[67], für den schon mal ein Schneider des Labels »Brioni« von Rom nach Hannover flog[68], warf dem dreifachen Familienvater Kirchhof vor, von der »Lebenswirklichkeit einfacher Menschen«[69] keine Ahnung zu haben. Schröder gebührt die Ehre, in der Politikdebatte mit »der Professor« das Äquivalent zum wenig hilfreichen Wort »Streber« geschaffen zu haben, mit welchem auf dem Schulhof die faulen Kinder die fleißigen Kinder beschimpfen.

Wenn Publizisten eine Kampagne gegen ihre politischen Gegner orchestrieren, können sie den politischen Emporkömmling in die »Populist-Professor-Zange« nehmen. Zuletzt gerieten Ökonomie-Professor Bernd Lucke und der Ex-BDI-Chef Hans-Olaf Henkel in die Populist-Professor-Zange: Wenn sie einfache Erklärungen gaben, wurden sie »Populisten« genannt. Wenn sie aber ihre Forderungen erklären wollten, wurden sie »Professoren«, »Theoretiker« und »Tabellenritter« genannt.

Die Populist-Professoren-Zange ist unausweichlich, wenn man Forderungen stellt, die sich gegen die (gelegentlich unvorhersehbare) Regierungslinie richtet. Ohne sie uns automatisch zu eigen zu machen denken wir an eine These von Helmut Schmidt: »Wenn man ganz genau hinschaut, dann sieht man, dass die politischen Journalisten eigentlich mehr zur politischen Klasse gehören und weniger zum Journalismus.«[70]

Wer das System angreift und damit Erfolg zu haben droht (sprich: »populär« ist), muss damit rechnen, dass das System zurückschlägt – oder natürlich die neuen Positionen kurzerhand vereinnahmt, wie etwa Merkel den Ausstieg aus der Atomenergie den Grünen vom Tisch nahm. Das ist keine »Verschwörungstheorie«, sondern simple Realität jedes Systems, das irgendeine geschichtliche Stabilität aufrechterhalten möchte. Sie sollten schon deshalb in Ihrem Auftritt nicht ausschließlich auf populistische Anti-Establishment-Effekte aufbauen. (Dieses Buch schlägt ja genug andere vor, etwa Weisheit, Güte oder Kompetenz.)

Um den Effekt »Populismus« als Talkingpoint erfolgreich einzusetzen, bedarf es einer Rechenaufgabe: Seien Sie »populistisch« (einfache Erklärungen, klare Feindbilder, simple Lösungen) genau dann, wenn Ihrer Einschätzung nach der populäre Machtgewinn die Schäden durch Verteidigungsangriffe links- und rechtskonservativer Journalisten aufwiegt. Vor allem aber vergessen Sie nicht, dass Vereinfachung nur ein Werkzeug zu einem höheren Ziel ist. Wenn Sie das Talent zum Vereinfacher haben, können Sie es ja auch zu etwas Gutem nutzen.

Reflektierendes Intermezzo: Das Currywurst-Problem

Der Populismus bezieht seine Kraft (auch) vom Kontrast. Populismus kann nur dort seine ganze Durchschlagskraft entfalten, wo sich die Menschen nach einer Abwechslung zur anstrengenden Komplexität des politischen und gesellschaftlichen Alltags sehnen.

Wir können Populismus mit einer Currywurst vergleichen. Ein Mensch, der jeden Tag ein kompliziertes Fünf-Gänge-Menü essen »muss«, wird sich irgendwann einfach nur nach einer Currywurst mit Fritten (und einem Bier) sehnen. So ähnlich ist es mit Vereinfachung. Wenn alles, was wir von Gesellschaft und Politik erfahren, immer nur elend kompliziert ist, sehnen wir uns nach Endlich-erklärt-es-mal-jemand-ganz-einfach. Wir sehnen uns nach ehrlichen, einfachen Produkten, nach den »handgeblasenen grünen Glastellern mit den kleinen Bläschen und Unvollkommenheiten, ein paar Sandkörnern, die beweisen, dass sie kunstvoll gefertigt wurden von den ehrlichen, einfachen, hart arbeitenden Eingeboren von wo-auch-immer«[71].

Dieser »Endlich-erklärt-es-mal-jemand-ganz-einfach«-Effekt des Populismus braucht für seine Wirksamkeit den Nicht-Populismus, also die tägliche, ermüdende Komplexität. Es funktioniert nur nicht andersherum. Wer vor allem die Komplexität kennt, sehnt sich (mindestens heimlich und von Zeit zu Zeit) nach der Einfachheit – wer aber nur die Einfachheit kennt, sehnt sich nur im seltensten Fall nach Komplexität (er mag sich nach »tieferem Verstehen« sehnen, was in der Durchführung zu Komplexität führen könnte, aber da ist die Motivation eben eine andere).

Selbst wenn der Mensch vor lauter Currywurst krank ist und ihm beim Gedanken daran heißkalt wird – wer nur Currywurst kennt, der wird nicht plötzlich seine Vorliebe für Fugu entdecken. Wer nur Currywurst kennt, wer nichts als gefühlsbetonte, simplifizierende Freund-Feind-Denke kennt, wird nicht plötzlich seine Begeisterung für monatelange, institutionell begleitete dialektische Debatten entdecken..

Wer nichts als Currywurst kennt, den können Sie auch nur auf gleicher sensorischer Intensitätsebene von dieser Vorliebe weglocken, also zum Beispiel von Currywurst zu Pizza oder zu Hamburger mit Fritten. – Das ist vielleicht der Punkt, an dem die »externe Demokratisierung« mancher Diktatur scheitert: Wer nur die Holzhammersimplizität einer handelsüblichen, oft **Populismus ist ein politischer Geschmacksverstärker.** religiös durchzogenen Diktatur-Propaganda kennt, kann mit den (aus gutem Grund) komplizierten, wenig metaphysischen Prozessen einer Demokratie wenig anfangen. – Geben Sie einem Menschen, der ohne eigenes Verschulden nichts als Billighamburger mit ganz viel Senf und Ketchup kennt, ein Stück handmassiertes, marmoriertes Kobe-Filet, und er wird daraus doch wieder einen Billighamburger mit Senf und Ketchup braten. Geben Sie einem Volk, das nichts als Unterdrückung und Diktatur kennt, eine eigene Demokratie zum Selbstbetreiben, und es wird bald die nächste, wahrscheinlich brutalere Diktatur über sich bringen.

Wenn Sie Populismus in Ihren politischen Hackbraten mischen, scheint alles für den Moment intensiver zu schmecken. Doch wenn die Menschen sich erst einmal daran gewöhnt haben, schmeckt ihnen nichts anderes mehr, selbst wenn das, was sie nun gewohnt sind, ihnen schlimme Kopfschmerzen macht.

Effekt: Mit der Herde sprechen

Regel

Auch in einer individualisierten Welt wird der kluge Leithammel gelegentlich »zur Herde als Herde« sprechen. Wir Einzelmenschen könnten Widerworte geben und eine eigene, mehr oder weniger durchdachte Meinung haben. Aber jemand, der sich als Mitglied einer Gruppe sieht, wird sich in seine von der Gruppe zugedachte Rolle fügen. Wenn ausreichend viele aus der Herde dem Leithammel folgen, weil die Herde es nun mal tut, folgt eben die ganze Herde dem Leithammel und bestätigen so den Leithammel in seiner Rolle.

Beispiel

Jeffrey Kuhlman, genauer: *Captain* Jeffrey Kuhlman, war von 2009 bis 2011 der Leibarzt des US-Präsidenten Barack Obama. Am 5.11.2010 gab Kuhlman die erste offizielle Verlautbarung zum Gesundheitszustand des neuen US-Präsidenten heraus.[72] Sein Fazit: Obama muss endlich mit dem Rauchen aufhören, er muss Tabletten gegen die Sehnenentzündung in seinem linken Knie einnehmen, und, vor allem, er muss endlich etwas gegen seinen Cholesterinspiegel tun, der für einen 48-Jährigen einfach zu hoch ist. Wie kam aber Obama dazu, dass er sich mit der Nation als Zuschauer von einem Arzt vorhalten lassen musste, dass sein Cholesterinspiegel zu hoch sei?

Es hatte mit 17 Minuten am 27. Juli 2004 zu tun.[73]

Es begann damit erst mal so, wie auch der Tag von unsereins beginnen mag, dann würde aber alles ganz anders als normal – doch der Reihe nach. Am Dienstag, den 27. Juli 2004, wurde Barack Hussein Obama um genau 6 Uhr geweckt. Am Vortag hatte er noch bis in die Nacht an seiner Rede gefeilt. Er hatte stundenlang wieder und wieder seine Rede geübt, in der er seine persönliche Geschichte mit der des amerikanischen Volkes verweben wollte.

Auch wenn man heute Obama zuerst als den Präsidenten sieht, der George W. Bush beerbte und als Wahlkämpfer etwa in Berlin ca. 200 000 Deutsche zusammenkommen ließ, so ging es am 27. Juli 2004 noch nicht um ihn. Es ging um den damaligen Präsidentschaftsbewerber der Demokraten, John Kerry. Am Ende scheiterte Kerry dann doch an Fox News und den Republikanern, doch die Rede Obamas war dessen Einführung auf der ganz großen Bühne.

Obama, der später zum König der Teleprompter wachsen würde, musste sich 2004 erst noch mit den für ihn neuen Geräten anfreunden. Schaut man sich die Videos heute an, sieht man, wie er zwischen den drei Teleprompter-Screens springt. Später am Tag würde er den Demokraten und damit ganz Amerika erklären müssen, dass »Barack« übersetzt »gesegnet« bedeutet. Aber, first thing first, erst einmal gab es ein ausgiebiges Frühstück, ein präsidiales Frühstück für einen Noch-Senator. Und das Obama-Frühstück enthielt damals noch vier Eier.

Neben den Anklängen ans Pastorale, neben der Tellerwäsche-zum-Senator-Legende und neben der für den jungen Obama typischen Inspiration gibt es noch einen weiteren, wichtigen Aspekt, den wir hier beleuchten wollen: dass und wie Obama »zur Herde« spricht.

Obama adressiert am 27. Juli 2004 (und auch sonst) nur sehr selten das Individuum. Wie Jesus zu seinen »Kindern« spricht Obama zu seiner »Herde«. Er spricht von Gefühlen und Motivation und Zielen, die kein Individuum, sondern eben nur eine Herde haben kann.

Zuerst spricht Obama von sich und seiner eigenen Herkunft. Sein Vater war als kenianischer Austauschstudent in die USA gekommen. Während des Studium traf er seine Frau, welche, so Obama, »auf der anderen Seite der Welt geboren war, nämlich in Kansas«. Ihr Vater arbeitete während der Depression auf Ölbohrinseln und Farmen, schrieb sich nach Pearl Harbor in die Armee ein, wo er unter George S. Patton diente. Daheim arbeitet Obamas Großmutter am Fließband in der Herstellung von Kriegsflugzeugen. Und so wie seine Großeltern einen großen Traum für ihre Kinder hatten, so teilten auch Obamas Eltern den festen Glauben an die Möglichkeiten der amerikanischen Nation. Deshalb gaben sie ihm den Namen »Barack«, was »gesegnet« bedeutet, überzeugt, dass in einem toleranten Amerika der Name kein Hindernis auf dem Weg zum Erfolg ist. In keinem anderen Land der Erde wäre eine solche Geschichte wie die von Barack Obama möglich gewesen. (Zwei Dinge sind hier besonders interessant: Erstens geht Barack schon hier in Vorwärtsverteidigung hinsichtlich seines ausländischen Namens. Zweitens verbindet auf brillante Weise eine klassisch konstruierte Applauszeile, die das Publikum zwingt, sich selbst zu applaudieren – »in keinem anderen Land« – mit dem Applaus an ihn, den Kämpfer aus einfachsten Verhältnisse. Indem die Menschen sich selbst applaudieren, jubeln sie auch der Lebensgeschichte des Barack Obama zu.)

Als Obama schließlich seine eigene Erzählung abschließt und sich ans Publikum richtet, verwendet er nicht die zweite Person, sagt nicht »you«. Obama wechselt schnell vom »Ich« zum »Wir«[74], welches dann eine Wahlperiode später zu seinem Markenzeichen »Yes we can« wurde.

- – -

OBAMA: Ich stehe hier in dem Wissen, dass meine Geschichte Teil der größeren amerikanischen Geschichte ist, dass ich all jenen, die vor mir kamen, etwas schuldig bin, dass in keinem anderen Land der Erde meine Geschichte überhaupt möglich ist.

(APPLAUS)

OBAMA: Heute Abend versammeln wir uns, um die Großartigkeit unserer Nation zu bestätigen, nicht aufgrund der Höhe unserer Wolkenkratzer, nicht aufgrund der Macht unseres Militärs oder aufgrund der Größe unserer Wirtschaft; unser Stolz basiert auf einer simplen Prämisse, zusammengefasst in einer Erklärung, die vor mehr als zweihundert Jahren abgegeben wurde: Wir halten diese Wahrheiten für offensichtlich, dass alle Menschen gleich geschaffen sind …

- – -

Obama hätte von der Beschreibung der eigenen Person zur direkten Ansprache der einzelnen Mitglieder des Publikums übergehen können. Es ist ja ein Klassiker, die sprichwörtliche »alleinerziehende Krankenschwester«, den »hart arbeitenden Farmer«, den »sein Leben riskierenden Feuerwehrmann« stellvertretend für den einzelnen Jedermann anzusprechen. Er hätte von den Sorgen und Nöten, von den Hoffnungen und »Aspirations« (berühmtes US-Politwort) der Einzelnen sprechen können – alles richtig und bewährt –, aber das ist nicht, was Obama hier tut. Nein. Obama will hier »zur Herde reden.«

Mark Shields, zu den Demokraten neigender Wahlkampfexperte stellt fest,[75] dass Obama aus Reagans »Geht es Ihnen heute besser (als vor vier Jahren)?« ein »Geht es UNS besser?« gemacht hatte.

Es ist die Rede, ohne die er nie die Chance bekommen hätte, vom Präsidentenarzt den Cholesterinspiegel vorgehalten zu bekommen. Und Obama entscheidet sich, erst sich als eine neue Generation von Leitwolf vorzustellen, und dann direkt »zur Herde zu sprechen«.

Obama sagt »heute Abend versammeln wir uns, um die Großartigkeit unserer Nation zu bestätigen« – das ist etwas, das ein Individuum gar nicht tun »kann«. Er spricht von »unseren Wolkenkratzern« – und mit »unseren« meint er wieder die Masse, die Herde, das Volk (wenn auch die vereinzelten Milliardäre im Publikum ein logisch mögliches Publikum wären).

Erst als er die »Ansprache der Herde als Herde« etabliert hat, kommt das Individuum ins Spiel: »We hold these truths to be self-evident, that all men are created equal…« – er zitiert die Unabhängigkeitserklärung der Vereinigten Staaten, also die Erklärung, mit der sich die dreizehn nordamerikanischen britischen Kolonien am 4. Juli 1776 vom Mutterland Großbritannien unabhängig erklärten und ein neues »Wir«, eine neue eigene Herde begründeten.

Für Obama ist es die »Herde«, die »Gemeinschaft«, die die Freiheit und praktischen Würde des Individuums zu garantieren hat: »Wir sind hier, um unsere Werte und Verpflichtungen neu zu bestätigen, um sie abzugleichen mit der harten Realität und festzustellen, wie gut wir dastehen.«[76] – »Werte« machen nur Sinn, wenn sie von der ganzen Herde geteilt werden, also muss sich die Herde in der Gesamtheit daran messen lassen.

Natürlich hat Obama später und an anderer Stelle auch zum »Individuum« gesprochen, noch in selber Rede spricht er von den »Menschen, die ich in kleinen Dörfern und großen Städten und in Restaurants und Bürokomplexen treffe«. Obamas Markenzeichen bleibt aber die Motivationsrede an die Herde: »Yes we can!« (Man vergleiche die rhetorische Bruchlandung »I built it« der Republikaner 2012, die irgendwie so tun wollten, als wären Unternehmen nicht von Straßen, Strom und staatlicher Infrastruktur abhängig.)

Obama wurde, zu Beginn zumindest, vor allem von seinen Kritikern neidvoll als »Messias« bezeichnet. Nun, so wie der Messias der Christen seine Anhänger als Schafe sah, die gerettet und zur Herde zurückgeführt werden müssen, so spricht auch Obama, nachdem er sein »ich bin, der ich bin« dargelegt hat, nicht zum Individuum, sondern zur Herde. Und, ganz ehrlich, möchte man nicht ein wenig Teil dieser hoffnungsvollen Gruppe sein? Möchte man nicht, für einen Moment zumindest, nicht auch diese gemeinsame Hoffnung und Euphorie teilen können?

So funktioniert es

Individualismus ist eine Erfindung der Renaissance. Über zigtausend Jahre hinweg durften nur die Mächtigen und die Verrückten einen Satz mit »Ich will« beginnen.

Natürlich bin ich Mensch ein Individuum, es wäre ja peinlich, wenn dem anders wäre. Doch immer nur sich abgrenzen zu wollen ist anstrengend. Ich brauche meine Herde, nicht nur für materielle Unterstützung und Schutz, ich brauche meine Herde auch, um immer wieder die Außenlinien meines Selbstbilds nachzuziehen – oder auch, um vorübergehend auf diese Außenlininen zu verzichten. Der Mensch, und das ist eine so wahre wie wirksame Binse, ist ein Herdentier. Der Mensch »fühlt« wie ein Herdentier, und er »denkt« wie ein Herdentier – also muss der kluge Mächtige den Mut besitzen, zur rechten Zeit auch zur Herde zu sprechen.

Ein Mensch, vor allem der zivilisierte und damit gut zu steuernde Mensch, stellt sich einem ja auch (etwa bei einer Stehparty) bereits mit einer doppelten Selbstzuordnung vor: »Müller, Ministerialdirektor«, also Sippe und Funktion innerhalb der Herde.

Natürlich sagen Sie dem Menschen nicht explizit, dass er ein Herdentier ist, das wäre unmodern, Sie sagen das Gegenteil! – Zählen Sie die Mechanismen auf, über die der Mensch in die Herde eingebunden ist, und behaupten Sie einfach, dies sei Zeichen seiner Individualität. Wenn der Mensch jeden Samstag mit 40 000 anderen Menschen in ein Stadion geht, um Millionäre beim Ballspielen anzufeuern, sagen Sie, dieses Herdenverhalten mache »individuell«. Wenn er sich zuverlässig das neueste Elektronikgerät holt, kaum dass chinesische Fingerchen es verlötet haben, nennen Sie ihn einen individuellen »Trendsetter« und »Early Adopter«. Wenn Sie als Regierungspartei via Parteiapparat und kommunalen Verwaltungen zur Demonstration gegen die außerparlamentarische Opposition aufrufen, dann nennen Sie das nicht Mitläufertum, sondern »Zivilcourage«. Um Monty Pythons Brian zu zitieren: »Ihr seid doch alles Individuen! Und ihr seid alle völlig verschieden!«

Es ist kein Zufall, dass Barack Obama sich stilistisch bei den charismatischen Predigern der schwarzen Baptistengemeinden bediente und zugleich als ein politischer »Rockstar« empfunden wurde. Im Gottesdienst verliert der Mensch seine gefühlte Außengrenze und geht in der Herde auf (wenn der Gottesdienst gut gemacht ist, sonst bleiben die Kirchenbänke eben sonntags leer), im Rockkonzert ist es gleich, das Publikum geht im gemeinsamen Erleben auf. Das In-der-Herde-Sein **In allen Kulturkreisen folgt der Mensch gern der Masse, aber nur im Westen schämt er sich dafür.** nimmt dem Menschen nicht die Pflichten des Individuums ab, aber macht seine Last eine Zeit lang leichter. Sprechen Sie also den Menschen als Herdentier an, während Sie behaupten, das Gegenteil zu tun.

Warnung

Wer zur Herde reden will, muss blöken können, wie die Herde blökt. In den Jahren 2010 bis 2013 beobachteten die Deutschen den Rückhaltsverlust einer Partei, die den größten Teil ihrer Existenz an deutschen Regierungen beteiligt gewesen war – und plötzlich keinen Fuß mehr auf den Boden bekam, obgleich sie gerade mitregierte, einige Minister und den Vizekanzler stellte: die FDP unter Westerwelle und später Rösler. Die häufigste Doppelbegründung für die Krise der Liberalen ist, dass man a) in den Koalitionsverhandlungen 2009 auf das Finanzministerium verzichtete und b) dass man nicht die versprochene Steuerreform durchsetzen konnte.

Man könnte das Argument setzen, dass diese Doppelbegründung ein idealisiertes Bild des Wählers voraussetzt, der mit einer Checkliste in der Wahlkabine steht und im Sinne einer Versprechensbuchhaltung vergleicht, was alles erfüllt und was nicht erfüllt wurde, und dann über den Politiker den Daumen hebt oder senkt wie der römische Imperator über den im Staub blutenden Gladiator.

Vielleicht war der wahre Grund für die »Parlamentspause« der FDP zuerst der Verlust der Fähigkeit, »zur Herde zu sprechen«. Die wahrgenommene emotionale Scheidung vom Volk brauchte dann seitens des Volkes eine »Begründung«, und da boten sich solche Teilfakten wie die (auch zum Beispiel von den bayerischen Grünen geforderte) Senkung der Mehrwertsteuer für Hotel- und Campingplatzbesitzer samt der berühmten Spende im Nachlauf an. (Kein Leitmedium regt sich auf, wenn CDU/CSU sich für die deutsche Autoindustrie einsetzen und zugleich von dieser mit Spenden unterstützt werden.) – Der Wähler ist hier ein wenig wie der verliebte oder nicht-mehr-verliebte Liebhaber: wenn er will, sucht er einen Grund – diese Grübchen … und wenn er nicht will, dann auch – dieses unerträgliche Lachen!

Die Schwierigkeit der FDP, in dieser gern als »alte FDP« bezeichneten Phase mit der »Herde« zu kommunizieren, kulminiert in einer Klischee-Formulierung, die eigentlich kein Redenschreiber durchlassen darf. Wenn die Alten danach suchen, wie »die jungen Leute« so ticken, setzen sie gelegentlich in der Kommunikation auf das einzige Jugendwort, dessen sie sich erinnern: »cool«. – So auch Philipp Rösler.

Beim Parteitag im März 2013 proklamierte er: »Ich bin hier nicht geboren, aber ich fühle mich immer wieder zu Hause. Deutschland ist das coolste Land der Welt.« – Der Ansatz ist ja gar nicht schlecht: Die Relevanz der gemeinsam einbettenden Megastruktur »Heimatland« betonen, etwas »guter Patriotismus« eben. Doch die Verwendung von »cool« in diesem Kontext kann gelesen werden als nur die Darstellung eines Jugendverstehers – und diese Feststellung beantwortet auch noch nicht die Frage, wer im Publikum des Parteitages überhaupt der Adressat dieser Retro-Jugendsprache sein sollte.

Wenn Sie zur Herde sprechen, achten Sie darauf, dass Sie auch tatsächlich die Sprache der Herde beherrschen, was natürlich einfacher ist, wenn man noch ein Teil von ihr ist. Wenn Sie Ihr Leben in Limousinen und Konferenzräumen fristen, kommen Sie mal »an die frische Luft«, und bis dahin lassen Sie sich beraten (von Leuten, die »echtes« Leben kennen) – vor allem aber testen Sie, um Himmels willen, testen Sie!

Exkurs: Essen in der Politik

Von Wölfen und Pizzarunden

Die Hierarchie des Wolfsrudels ist Ergebnis ständiger halbsymbolischer Kämpfe und ist an zwei Verhaltensweisen ablesbar: die Körperhaltung und die Rangordnung beim Fressen.

Der Alphawolf trägt Kopf und Schwanz hoch. Beim Fressen darf er zuerst ran, bekommt so das größte, saftigste Stück – und alle sollen es sehen. Der Omegawolf, der narbenübersäte Boxsack unter den Wölfen, an dem das Rudel immer wieder seine Aggressionen auslässt, geht gebückt, hat buchstäblich den Schwanz eingezogen.

Der Alphawolf ist nicht immer der schlaueste, nur eben der stärkste Wolf. Der Omegawolf aber muss schlau sein, sonst gibt es Saures. Manchmal gelingt es dem Omegawolf sogar, ein großes gutes Stück Fleisch aus dem vom Rudel erlegten Tier zu reißen. Doch, weil er schlau ist, zieht er sich mit seiner eigenen Beute schnell zurück. Der Wolfsclan braucht die Hierarchie, um zu überleben, und dazu gehören eben auch die Sonderrechte der Alphatiere beim Fressen.

In Köln gibt es ein Museum für die römisch-germanische Geschichte der Stadt. In diesem Museum, im Keller, ist ein 75 Quadratmeter großes Mosaik aus dem Jahr 230 nach Christus, also ziemlich alt, aus einem römischen Speisezimmer, und es zeigt eine Szene rund um den Weingott Dionysos.

Es ist natürlich streng verboten, dieses Mosaik zu betreten. Wenn gelegentlich ein Baby sein Fläschchen darauf fallen lässt, schimpft der Wärter erst, holt dann eine lange Holzstange mit einem Haken am Ende und holt damit das Fläschchen heraus.

Im Jahr 1999 war der Alphawolf der freien Welt, US-Präsident Bill Clinton, zu Gast beim Kölner Weltwirtschaftsgipfel. Zum Glück der

Köche würde Clinton erst zehn Jahre später den Übergang zu veganer Kost starten, was es einfacher machte, ihm symbolisch wie buchstäblich die dem Alphawolf zustehenden Filetstücke zu opfern. Doch nicht nur müssen die Speisen des Alphawolfes erstklassig sein, auch der Ort muss erhaben sein. »Erhaben« bedeutete in diesem Fall beim Weltwirtschaftsgipfel eben das Kellergeschoss. Kanzler Gerhard Schröder lud ein und zum ersten Mal seit knapp tausendachthundert Jahren wurde dem Dionysos-Mosaik wieder die Ehre zuteil, noblen Speisenden zu Füße zu liegen, diesmal solchen Alphawölfen wie Bill Clinton, Tony Blair oder Jacques Chirac. (Allerdings, und das ist ein wenig enttäuschend, wenn man ehrlich ist, wurde das Mosaik zum Schutz mit einer Acrylplatte abgedeckt.)

Beim »Essen als Talkingpoint« fällt vielleicht als Erstes die »Pizza-Connection« ein – und wir meinen mit diesem Terminus nicht die berüchtigte Zusammenarbeit von italienischer und amerikanischer Cosa Nostra zwecks Einschmuggelung von Heroin in die USA, wir meinen ein regelmäßiges Treffen von Politikern, die sich im Bonner Bundestag spinnefeind zu sein hatten.

Das öffentliche gemeinsame Essen kann mit etwas Inszenierung die Kraft eines Talkingpoints entfalten.

Während sich auf der großen medialen wie politischen Bühne die damals noch konservative CDU und die damals noch wilden Grünen ganz schön in den verschieden frisierten Haaren lagen, trafen sich im Bonner Restaurant »Sasella« Politiker von CDU und Grünen zu breit publizierten Geheimtreffen. Das Essen (das angeblich nie »Pizza« war) wurde zum Talkingpoint als Signal an die jeweils traditionellen Koalitionspartner, die gewohnte Koalitionsneigung für nicht allzu selbstverständlich zu nehmen. Die Pizza-Connection lebt auch in Berlin weiter, und Stand 2015 ist die politische Annäherung von CDU und Grünen zwar weitgehend abgeschlossen sein – die gefühlte Nähe der jeweiligen Wähler ist es noch lange nicht, also wird auch in Berlin versucht, die Pizza-Connection neu aufzulegen.

Überhaupt wird das Essen gern als Symbol der Verbundenheit aufgetischt, insbesondere wenn das politische Tagesgeschäft zu trennen scheint. Man denke an Barzel und Schmidt im Jahr 1972, die nach dem gescheiterten Misstrauensvotum gegen Schmidt demonstrativ gemeinsam ein Bier im Bundestagsrestaurant tranken.[77] Sie knüpften an die Tradition an, dass Politiker, die sich öffentlich zerstreiten, schon mal verkünden, sie wären gemeinsam essen gegangen und hätten sich »ausgesprochen« – wie ein Ehepaar im Rosenkrieg, das sich nicht mehr traut, ohne schützende Öffentlichkeit einander zu treffen.

In den Familien der Fernsehrepublik mag das Ritual gemeinsamen Essens aus der Mode kommen und in Hollywoodfilmen mag die Abendtafel nur noch Bühne der Dysfunktionalität sein, in der Politik ist das gemeinsame wie das abgetrennte Essen nach wie vor so bedeutsam wie zu Zeiten der Römer.

Effekt: Politische Korrektheit

Regel

Jeder Mensch, jede Familie und jede Gesellschaft hat bestimmte Tabus. Das Tabu ist ein Unaussprechbares, das zu berühren den Unbefugten unrein macht – wenn nicht eine höhere Autorität ihn zum Berühren des Tabus beauftragt hat. Es gibt nicht nur negative, sondern immer wieder auch positive Tabus. Ein positives Tabu ist die Pflicht, von einem Wunschzustand sprechen zu müssen, als ob er schon Realität wäre. Diesen moralischen Zwang, bestimmte Sachverhalte zu behaupten, während man andere nachdrücklich ignoriert, nennen wir »politische Korrektheit«.

Wer die Tabus kontrolliert, kontrolliert das Denken der Gesellschaft.

Beispiel

Karl Skorecki fiel etwas auf.[78] Karl Skorecki war nämlich ein »Kohen«, ein Mann des israelitischen Priesterstammes, den »Kohanim«.[79] Im jüdischen Ritus wird bei jedem Gottesdienst eine Passage aus der Thora, den Christen bekannt als die »Fünf Bücher Mose«, gelesen. Diese Lesung heißt im Hebräischen »Aliyah«, wörtlich: »Aufstieg«. (Ein anderer Gebrauch des Wortes »Aliyah« ist für die Emigration von Juden aus Europa und anderen Teilen der Welt nach Israel, aber das ist ein anderes Thema.)

Bei der Aliyah, also der Lesung der Thora im jüdischen Gottesdienst, gilt die Ehre der ersten Lesung einem Kohen. (Die zweite Lesung darf ein »Levi« machen, also ein Jude aus dem Stamm der Leviten, deren Unterstamm die Kohanim sind.) Wenn kein Kohen anwesend ist, macht oft ein Levi die erste Lesung, und nur wenn weder Kohen noch Levi anwesend sind, macht ein in Thora-Sachen gebildetes Gemeindemitglied die erste Lesung.

Was Karl Skorecki auffiel: Der zur ersten Aliyah Aufgerufene war, logischerweise, ein Kohen genauso wie Skorecki selbst. Damit stammten sie beide von »Aaron HaCohen« ab, dem ersten Hohepriester und Bruder des biblischen Moses. – Der zur Aliyah aufgerufene Kohen und Skorecki selbst sahen aber optisch recht verschieden aus! Der eine hatte nordafrikanische, dunkle Haut, der andere war eher osteuropäisch bleich, auch die Haare und die Augenfarbe waren ganz verschieden – und doch hatte kein Rabbi einen Zweifel, dass beide Kohanim waren.

Karl Skorecki ist von Haus Professor für Nephrologie (Nierenkunde) an der Universität Haifa und hat Zugang zu diversen DNA-Forschungseinrichtungen. Er setzte an zu untersuchen, ob es eine wissenschaftlich belegbare Gemeinsamkeit aller Kohanim gebe.

Während das »Jude-Sein« religiös über die Mutter vererbt wird (außer bei Konvertiten, klar), wird das »Kohen-Sein« über den Vater vererbt. Demnach, schloss Skorecki, müsste es einen genetischen Marker geben, den alle Kohanim gemeinsam haben. Lange Rede kurz: Skorecki ließ Mundschleimhautabstriche von Kohanim aus verschiedenen Weltregionen erstellen, wertete die enthaltene DNA aus und stellte fest, dass Kohanim überdurchschnittlich häufig das »Cohen Modal Haplotype« aufwiesen, einen Satz von Y-Chromosom-Markern[80]. Die jüdische Presse war begeistert, die nicht-jüdische Presse war mehr als vorsichtig, und einzelne Firmen boten bald entsprechende DNA-Tests für jedermann an[81].

Außerhalb der jüdischen Welt fanden diese Meldungen nur wenig Echo. Erstens ist es nun einmal ein für Nichtjuden nur beschränkt interessantes Thema. Zweitens (und vor allem) ist es keine gute Idee, über Genetik und Judentum in irgendeinem Zusammenhang zu reden, besonders in Deutschland und schon gar nicht als Deutscher. – Um das Thema ist ein »moralischer Schutzzaun« gezogen.

Als sein Bestseller »Deutschland schafft sich ab« erscheinen sollte, gab der damalige Noch-Bundesbanker Thilo Sarrazin einige Interviews, in denen er einige disparate Faktoide nebeneinander stellte. Einerseits wiederholte Sarrazin die wenig neue These, dass Intelligenz auch ein Stück weit vererbbar ist – soweit »Intelligenz« überhaupt wissenschaftlich seriöse zu messen ist wie etwa Temperatur oder die Schienbeinlänge. Dann stellte Sarrazin in den Raum, dass Menschen jüdischer Abstammung genetische Merkmale teilen. Und stellte das wieder neben die These, dass jüdische Einwanderer aus Russland gebildeter und erfolgreicher seien als Einwanderer aus muslimischen Ländern. – In dieser Nebeneinanderstellung war das, um einen späteren Thilo Sarrazin zu zitieren, »ein Riesenunfug«[82].

Man mag debattieren, ob das Tabu um diese Thematik existiert, um die Gefühle deutscher Juden zu schützen, oder es die Deutschen bewahren soll, ihrer eigenen Geschichte und Taten erinnert zu werden. Doch dass ein Tabu existiert, das Genetik und Judentum gemeinsam zu erwähnen verbietet, daran besteht spätestens seit der »Episode Sarrazin« wenig Zweifel.

Das »Kohen-Gen« hat in der außerreligiösen Praxis keine praktische Bedeutung. Während es zuerst einmal eine nachzählbare Tatsache ist, dass die Patentanmeldungsquote israelischer Firmen über dem internationalen Durchschnitt liegt, so wird auch kein Jude das auf irgendwelche »genetischen« Faktoren zurückführen, sondern eher vielleicht auf eine seit Tausenden von Jahren fortwährende Kultur des Lernens, oder ganz andere externe Faktoren. – Anmerkung: Ein Schüler, wie er in Deutschland als »Streber« oder zunehmend auch in den USA als »Nerd« verspottet wird, wird in der Yeshiwah, der jüdischen Religions- und Lebensschule, als potentieller Gelehrter respektiert und gewürdigt.

Das Sarrazin-Phänomen lässt sich auf zwei Verstöße gegen die politische Korrektheit zurückführen:

- Sarrazin erwähnte in seinem Buch das Wort »Gene« – außerhalb eines Biologieseminars immer problematisch.
- Sarrazin bringt in Interviews ohne Not »Gene« und »Juden« zusammen. (Und es half nicht, dass er die Skorecki-Story in den falschen Hals bekam und behauptete, alle Juden würden ein gemeinsames Gen teilen. Nein, nur die Kohanim, und davon auch nur überdurchschnittlich viele, aber nicht alle.)

Die Masse wütete, ganz besonders natürlich diejenigen, welche damals im französischen Parlament links des Sprechers gesessen hätten, weit entfernt von den Aristokraten, die man schon damals ähnlich sah wie der heute nach ihnen benannte üble Witz suggeriert.

Das sah dann so aus: Mely Kayak war die Wütendste der Wütenden, sie nannte den (infolge einer Tumor-OP im Gesicht etwas asymmetrischen Sarrazin) in der »Frankfurter Rundschau« eine »lispelnde, stotternde, zuckende Menschenkarikatur«.[83] – Und ihre Kollegen reagierten, aber eben nicht ablehnend: »34 namhafte Vertreter aus Politik, Kultur, Wissenschaft und Medien... mobilisierte[n] sogar die Bundestagsabgeordneten Cem Özdemir und Mehmet Kilic, mitinitiiert von der designierten Intendantin des Maxim-Gorki-Theaters Shermin Langhoff.«[84][85] Sie alle stellten sich wie eine schützende Wand vor die Journalistin Kayak – um sie gegen die Kritik angeblicher Menschenrechtler in Schutz zu nehmen, die hinter der Verachtung einfach nur Verachtung sahen. – Kayak war im politisch korrekten Recht: Wer die eine politisch korrekte Wahrheit hinterfragt, könnte man meinen, hat für jene, die sich im Recht wähnen, vorübergehend die menschliche Würde nach Artikel 1 des Grundgesetzes verspielt.

Die damalige Genereralsekretärin der SPD, Andrea Nahles, bewertet Sarrazins genetische Definition der Juden als »inakzeptabel«.[86] – Im ARD-Sommerinterview (gedreht an ihrem Geburtstag) legte auch Merkel fest: »Die Äußerungen sind vollkommen inakzeptabel von Herrn Sarrazin. Sie sind auch ausgrenzend in einer Art und Weise, sie machen ganze Gruppen in der Gesellschaft verächtlich – und, was, für mich das Schlimmste, ist, vermeintlich beschäftigt sich Herr Sarrazin mit dem Thema, aber er erschwert die Auseinandersetzung mit diesem Thema.«

Die wohl mächtigste Frau der Welt beließ es nicht bei der schärfsten Kritik, die es im politischen Betrieb gibt (»nicht hilfreich«), sie setzte fort: »Die Bundesbank ist unabhängig – und insofern kann ich nur sagen, dass ich mir ganz sicher bin, dass man auch in der Bundesbank darüber sprechen wird, dass es da ja nicht nur um Geld- und Finanzprobleme geht, sondern dass die Bank für uns alle, für unser ganzes Land ein Aushängeschild ist, nach innen wichtig, aber auch nach außen wichtig, und ich denke, dass man das in der Bundesbank auch diskutieren wird.« Zehn Tage nach Ausstrahlung dieses Interviews willigte Sarrazin ein, um Entlassung zu bitten.[87] Regierungssprecher Steffen Seibert schob dem Gegangenen hinterher, es sei gut, »dass es diese einvernehmliche Regelung jetzt gibt«, da nun die Bundesbank in Ruhe weiterarbeiten könne. (Er sagte nicht, wer der Bank denn »Unruhe« bereitet hatte.)[88]

In der zweiten Auflage seines Bestsellers »Deutschland schafft sich ab« strich Sarrazin seine strittigen Passagen heraus. Er widerrief öffentlich alle Genetikaussagen. Doch es half ihm nicht. Sarrazins Malus als Ausgestoßener aus der politisch korrekten Klasse hatten ihm Politik und JournalistInnen wohl für alle Zeiten eingebrannt.

So funktioniert es

Einige der ursprünglichen Anliegen der »politischen Korrektheit« sind unbestreitbar edel! Worte »entfalten« sich in unserem Kopf immer zu komplexen Bildern. Wenn wir das Wort »Tisch« hören, denken wir nicht nur an ein Trägermöbel, also eine Funktion, sondern auch an eine Holzplatte mit vier Beinen.

Dieses »Auch-Gedachte« ist eines der Probleme, die politische Korrektheit lösen möchte. Es gibt Wörter, bei denen das Auch-Gedachte (die Konnotation) sehr verletzend ist. Das bekannteste dieser Worte ist jenes, welches man auch im Deutschen inzwischen mit »N-Wort« umschreibt, »Neger«.

Das Problem des Wortes »Neger« ist, dass es sich unter anderem in vielen Kinderbüchern wirklich nur auf Menschen mit schwarzer Hautfarbe bezieht (wobei etwa bei Mark Twain der edle, treue, kluge Jim als bewusster Kontrast zum damals vorherrschenden Bild des Schwarzen geschrieben wird, während Astrid Lindgren schwarze Südseebewohner eher von oben herab, verkindlichend beschreibt) – zugleich aber wird es in Hetzschriften verwandt, die in ähnlicher Zeit erschienen sind wie eben diese Kinderbücher. Das »N-Wort« enthält ein eindeutig negatives Auch-Gedachtes: »Neger« bezeichnet vielfach nicht nur einen bestimmten Melanin-Status, sondern auch eine Herabwürdigung der gesamten Menschengruppe samt ihrer einzelnen Mitglieder. Der politisch korrekte Mensch sagt nun: »Ich möchte nicht, dass dieses Wort überhaupt verwendet wird, auch nicht in vermeintlich neutralem Kontext.«

So will die politische Korrektheit zwei Ziele erreichen: Erstens sollen seelische Verletzungen vermieden werden, etwa die eines schwarzen Menschen, der »Neger« hört – sei es von Ottfried Preußler oder Christine Nöstlinger oder sonst einem Unbedenklichen, oder in einem weniger harmlosen Kontext – und dabei etwa »Sklaverei« mitdenken muss.

Der zweite Zweck politischer Korrektheit ist die Einleitung einer Denkveränderung. Gemäß des Wittgensteinschen Spruchs, die Grenzen meiner Sprache seien die Grenzen meiner (Denk-)Welt, will man durch das Einziehen neuer Grenzen in die Sprache zu einer Veränderung der Denkweise gelangen. Wenn Menschen nicht mehr jenes Wort verwenden, das eben auch »Sklave« konnotiert, dann werden auch die letzten Nachzügler, so die Hoffnung, bald ihre schwarzen Mitmenschen nicht mehr »von oben herab« betrachten.

Hat sich die erwünschte Denkart einmal etabliert, so hofft man weiter, werden auch passende Handlungen folgen. Man hofft, dass der Buddha Recht hat, wenn er sagt: Das Handeln des Menschen folgt seinem Denken wie der Karren dem Ochsen folgt.

So weit, so gut gemeint.

Politische Korrektheit kann zur psychologischen Waffe werden. Waffen aber sind auch nur Werkzeuge, und politische Korrektheit ist eben ein Werkzeug öffentlicher Debatte. Werkzeuge sind immer erst einmal wertfrei. So wie eine Kalaschnikow eingesetzt werden kann, um moralisch einwandfrei ein Volk von seinem durch nichts als Wahlen legitimierten Regime zu befreien oder um auf verwerfliche Weise ein friedliches, traditionelles Königshaus zu stürzen, so kann man politische Korrektheit zum Guten wie zum Bösen scharf schalten.

Politische Korrektheit kann zur Waffe werden.

In der Kindergeschichte »Des Kaisers neue Kleider« hat sich ein Kaiser neue Kleider weben lassen, so meint er zumindest, doch in Wahrheit ist er nackt und niemand traut sich, es ihm zu sagen. Am 11.06.2015 debattierte der Deutsche Bundestag wieder einmal die Öffnung der Ehe auch für Menschen gleicher Geschlechter. In die Debatte um die rechtliche Gleichbehandlung von Hetero- und Homosexuellen hat die CDU einen Strafrechtsanwalt geschickt. Der CDU-Mann sucht von der Bundestagskanzel aus nach einer Definition für

»Ehe«. Er stellt es in den Raum, »dass die klassische Ehe von Mann und Frau, wenn auch nicht immer – leider –, in der Regel dazu führt, dass man sich fortpflanzt.«[89] – implizit scheint er also allen Partnerschaften, die von vornherein gar nicht auf Fortpflanzung angelegt sind, den vollen Ehe-Status abzusprechen. Da ruft ein SPD-Staatsminister, der selbst in eingetragener Partnerschaft lebt, dazwischen: »Und was ist mit der Bundeskanzlerin?«[90] – Empörung! Doch die Christdemokraten empören sich nicht über ihren eigenen Parteikollegen, der implizit den Ehestatus der eigenen Chefin und aller kinderlosen Paare in Deutschland hinterfragt zu haben scheint, sie empören sich über den SPD-Mann, der diesen praktischen Lapsus aufzeigte. Die Medien betiteln den Skandal: »Staatsminister thematisiert Merkels Kinderlosigkeit«[91] – die Thematisierung ist der Skandal. Wenn Leben und Lehre sich widersprechen, macht man es eben politisch unkorrekt, den Widerspruch aufzuzeigen. Noch am selben Abend bittet der SPD-Mann um Entschuldigung. Die CDU gewährt, die Sache »auf sich beruhen [zu] lassen«[92]. Es gibt übrigens verschiedene Fassungen der Geschichte von des Kaisers neuen Kleidern – in einigen Versionen wird das Kind, das die Wahrheit ausspricht, dafür reich belohnt, in anderen ist es ein Rossknecht, der das Offensichtliche ausspricht, dann aber dafür übel bestraft und verjagt wird.

Politische Korrektheit ist natürlich nicht nur ein Schutz der Mächtigen vor der unangenehmen Wahrheit. Zuerst sollte politische Korrektheit immer ein Sprachschutzwall um die Rechte der Schwachen sein. Doch während es ursprünglich ein Anliegen der politischen Korrektheit war, Sprache einzuschränken, um Betroffene vor verletzenden Konnotationen zu schützen, so haben einige Profis entdeckt, dass man auch »stellvertretend« verletzt sein kann und gar nicht selbst betroffen sein muss, um sich verletzt zu fühlen. Während also beispielsweise, das deutsche Strafrecht vorsieht, dass bei Beleidigungsdelikten der Beleidigte selbst anzeigt und selbst betroffen ist, ist die Lage bei Verstößen gegen politische Korrektheit weniger eindeutig. Im Gericht politischer Korrektheit sind Kläger und Richter identisch, der Anwalt ist immer mitverdächtig und das Opfer existiert nicht selten nur als Denkmodell.

Wer über den Hebel der emotionalen »Vertretung in Abwesenheit« einmal Zugriff und Macht über den Diskurs und die darin verankerten Handlungen bekommen hat, der kann Diskurs und Handlungen zu seinem politischen und gelegentlich auch finanziellen Vorteil steuern.

Warnung

- Achten Sie darauf, nicht selbst als »politisch inkorrekt« gestempelt zu werden. Das sichern Sie am besten, indem Sie die Macht der bestehenden Deutungshoheit-Besitzer nicht angreifen, sondern höchstens »kritische Fußnoten« wagen. Noch sicherer sind Sie, wenn Sie sich ihrer Sympathie sicher sind. Wenn nicht, müssen Sie höllisch aufpassen. – Als der Grüne Jörg Rupp den Wahlerfolg einer FDP-Politikerin auf ihre Sekundärmerkmale zurückführte, entzündete sich in den sozialen Medien ein Shitstorm, der erstaunlicherweise außerhalb der etablierten Presse blieb. Der Tagesspiegel beschrieb das so: »Er hatte dabei noch Glück, den Vertrauensbonus eines Grünen zu genießen, denn ein FDP-Mann, sagen wir: Rainer Brüderle, wäre für diese Äußerung gegenüber, sagen wir: Claudia Roth, ohne Umschweife geteert und gefedert worden. Bei Jörg Rupp scheint sich die mediale Öffentlichkeit darauf verständigt zu haben, das als Ausrutscher abzuheften – aber Ärger hatte er trotzdem reichlich.«[93]
- Auch die schärfste Waffe wird stumpf, wenn man sie zu häufig benutzt. Auch lernt der Gegner irgendwann, sie zu parieren. Vor allem aber: Stellen Sie sicher, dass der angegriffene moralische Missstand auch ein solcher ist.
- Achten Sie darauf, dass Ihr Vorwurf nicht von der Realität überholt wird. Anfang 2015 erstattete der Bundestagsabgeordnete Volker Beck (Grüne, 55 Jahre, Studium Kunstgeschichte ohne Abschluss) eine Anzeige gegen die Dresdner Polizei, wegen von ihm via Zeitungsberichten diagnostizierter Ermittlungsfehler. Aus seiner Anzeige: »Medienberichten habe ich entnommen, dass am Dienstagmorgen dieser Woche Kahlen Iris Bahrai [...] tot aufgefunden wurde. Er starb infolge von Messerstichen. Obwohl die Leiche blutüberströmt gewesen sein soll, haben es die zuständigen PolizeibeamtInnen und ggf. die zuständigen StaatsanwältInnen offenbar

nicht für erforderlich gehalten, den Tatort unverzüglich zu sichern.«[94] – In der TAZ kommentierte die Leiterin des »Ressorts Meinung«, Ines Kappert: »Diese Ignoranz ist kein Zufall, sondern Teil von Alltagsrassismus. Der Zwanzigjährige ist möglicherweise ermordet worden, weil er keine weiße Haut hatte.«[95] – Einige Tage später wurde der Mitbewohner des Ermordeten verhaftet. Er gestand den Mord, nachdem die Polizei die Tatwaffe samt DNA fand. – Herr Beck hält seine Anzeige aufrecht, der Ermittlungserfolg beweise gar nichts. Und doch hatte Becks Standing als moralische Autorität zumindest kurzfristig gelitten. Er stürzte sich in den Kölner Straßenkarneval.

Schlussgedanke

Noch ein Schlussgedanke zur politischen Korrektheit: Sie ist eine Waffe, eine gefährliche Waffe. In einer Gesellschaft, in der alle Politiker die Macht der Medien fürchten, ist politische Korrektheit oft die Macht der Schwachen. Und die Schwachen gebrauchen sie, um stark zu sein. – Aber die Tatsache, dass jemand schwach ist, macht seine Handlungen, wenn er unverhofft zur Deutungsmacht kommt, nicht gleich schon richtig und edel. Im Gegenteil: Oft fehlt ihm schlicht der Einblick in die Komplexität des vorliegenden Problems und so schlägt der Plötzlichstarke mehr wütend als weise um sich.

Wer »politische Korrektheit« fordert, macht moralischen Druck, damit alle so reden, als ob die Welt bereits eine bessere Welt wäre. Die Hoffnung der politischen Korrektheit ist dann, dass die Welt so wird, wie wir von ihr reden.

Wenn die Sprechenden selbst gar nicht direkt am Problem beteiligt sind, dann dienen Sprachverbote allzu oft nur dazu, das Problem mit sanften Worten zu übertünchen. Wenn mir ein Problem unangenehm ist – nehmen wir etwa als rein hypothetisches Beispiel eine statistisch häufigere Kriminalität einer Bevölkerungsgruppe –, ich aber es aus verschiedenen Gründen einfach nicht wahrhaben will oder nicht näher auf die Ursachen eingehen möchte, verbiete ich einfach, davon zu reden. Die ursprüngliche Motivation der politischen Korrektheit war aber, durch Sprachänderung eine Verhaltens- und Gesellschaftsänderung herbeizuführen. Doch in Fällen dieser Art, wo die vom Problem eigentlich betroffenen Menschen gar nicht mit in die Debatte involviert sind, kann es schon logisch nicht darum gehen, das Problem zu lösen. Vielmehr ist politische Korrektheit dann der Versuch, das unangenehme Problem mit der Daunendecke sanfter Worte vor uns selbst zu verstecken. Wenn Probleme nicht allein durch Sprachänderung zu regeln sind, ist die politische Korrektheit in Wahrheit ein gefährliches Theater.

Der Philosoph Slavoy Zizek fasst politische Korrektheit zusammen als »eine Form von Selbstdisziplin, welche nicht wirklich den Rassismus zu überkommen vermag. Es ist unterdrückter, kontrollierter Rassismus.«[96]

Effekt: Symbolhandlung

Regel

Ein Politiker muss, wie jeder andere Arbeiter auch, effizient vorgehen. Spätestens seit wir Worte wie »Aufmerksamkeitsökonomie« verwenden, muss der öffentliche Redner in jedem Wort mit möglichst wenig Aufwand möglichst viel Emotion transportieren. Eines der effizientesten Mittel zum Transport von Emotionen ist die Symbolhandlung.

Beispiel

Zur Erinnerung: Sinn und Aufgabe eines jeden Talkingpoints ist es, Menschen fühlen zu lassen, dass es »gut« ist, Ihnen zu folgen.

Während viele Talkingpoints diesen emotionalen Führungsanspruch verdeckt transportieren, gibt es eine Symbolhandlung, die zugleich maximal direkt, maximal offen, maximal sinnlos und maximal effektiv ist: *Kommando übernehmen als Reaktion auf eine Katastrophe.*

Eine dieser großen Katastrophen war das Hochwasser im Jahr 2002. Allein in Sachsen tötete die Überschwemmung 21 Menschen[97]. Eine andere, wenn man es zynisch sehen darf, »Katastrophe« deutete sich auch im Politischen an, zumindest aus Sicht der deutschen Sozialdemokraten. CDU/CSU lagen sieben Prozentpunkte vorne, der von Deutschlands berühmtesten Spin-Doktor Michael Spreng gecoachte Herausforderer Edmund Stoiber war plötzlich zum lockeren Lebemann geworden, der Amtsinhaber Schröder dagegen »trug schon lange keine Brioni-Anzüge mehr, dafür Ratlosigkeit im Gesicht«[98]. Dann begann es zu regnen und regnen und in Mittel-Ost-Europa war die Erde vollgesogen und die Erde konnte kein Wasser mehr aufnehmen und das Wasser floss als Flut in die Täler und in die Städte hinein. Die Feuerwehr in Dresden gab den Zwinger und die Semperoper verloren.[99]

Gerhard Schröder tat, was jeder Häuptling mit einem Funken politischen Instinkts tun musste. Der Kanzleramtsverteidiger zog Gummistiefel an und wenige Tage nach den stärksten Regenfällen stellte er sich am 14. August 2002 in Grimma der Flut in den Weg – so sah es zumindest für TV-Kameras und Wähler aus. Schröder stellte den betroffenen Menschen immerhin 385 Millionen Euro aus Steuermitteln zur Direkthilfe bereit und bald waren 45 000 Soldaten der Bundeswehr im inländischen Hilfseinsatz. Es war das Geld der Wähler, das er verteilte, und es waren die Profis, die ohne ihn nicht schlechter vorangekommen wären, welche tatsächlich die Hilfe leisteten. Doch Schröder war es, der das wirkungsvollste aller politischen Symbole hier anwenden konnte: Ich will euch führen, ich muss euch führen, es ist gut, dass ich euch führe.

Wenn eine Katastrophe übers Land hereinbricht, ist die Präsenz eines politischen Häuptlings am »Ground Zero«, dem Zentrum des Desasters, vom rein praktischen Aspekt her nicht nur sinnlos, sie ist oft direkt kontraproduktiv. Es gibt nichts, was der Profipolitiker den spezialisierten Rettungskräften sinnvoll sagen könnte. Soll der Jurist dem Technischen Hilfswerk schlaue Tipps geben, wie die Sandsäcke zu stapeln seien? Es ist nicht nur nicht hilfreich, es behindert manchmal sogar die Rettungsmaßnahmen nicht unerheblich. Statt schnellstmöglich Sicherheit und Ordnung wiederherzustellen, sind Sicherheitskräfte mit dem Wohlergehen von Promis und Journalisten beschäftigt.

Das alles sieht der Fernsehzuschauer nicht. Man könnte meinen, dass der Wähler, zum verängstigten Cro-Magnon wird, zitternd, hoffend, dass der Häuptling, wenn die Katastrophe übers Land kommt, die Keule schwingt und zum Angriff auf die Sturmflut bläst – und sei es wie der König Xerxes, der das Meer auspeitschen ließ, um Poseidon zu strafen. Wichtig ist, dass endlich jemand was tut.

So funktioniert es

Eine wirksame Symbolhandlung funktioniert wie ein Talkingpoint, greift aber über viele parallele Kanäle auf unsere Seele zu. Wenn ein Wort via Schrift oder via Schallwellen in unser Gehirn eindringt, macht es eine Begriffsschublade auf. In dieser Schublade sind nicht nur ein Gegenstand drin, sondern auch die vielen Eigenschaften, die dieser Gegenstand hat.

Wenn wir das Wort »Pferd« hören, denken wir an ein Tier bestimmter Größe, an mögliche Farben des Fells, an die typische Kopfform der Pferde, an Galopp und an weite Felder. Pferde ist, was Cowboys reiten und worauf St. Martin saß, als er seinen Mantel teilte mit dem armen Mann im Schnee.

In den 70er Jahren wurde von der US-amerikanischen Psychologin Eleanor Rosch und ihren Schülern eine ganze Theorie aufgesetzt, die auf dieser Beobachtung fußte, die »Prototypentheorie«[100]. Jeder Begriff enthält demnach eine Reihe von möglichen Eigenschaften samt Wahrscheinlichkeit. So enthält etwa der Begriff »Vogel« unter anderem die Eigenschaft »kann fliegen« samt hohem Wahrscheinlichkeitswert. Wenn wir »Vogel« hören, »entfaltet« das in unserem Kopf auch die Eigenschaft »kann fliegen« – und schließt damit unberechtigterweise Pinguine aus.

Ein (politisches) Symbol nun funktioniert ähnlich wie ein Wort, aber für einen größeren, umspannenden Zusammenhang. Worte und Symbole entfalten sich beide im Kopf der Hörer, aber Symbole entfalten sich zu weit größeren und mächtigeren Gebilden.

Betrachten wir beispielsweise die »Flagge«, eines der kulturübergreifend am stärksten emotional aufgeladenen Symbole.

Wenn wir die deutsche Flagge sehen, denken wir weniger über das konkrete Exemplar dreifarbig zusammengenähter Stoffbahnen nach. Die deutsche Flagge steht für ein »Volk« (nicht immer ist man sich einig darüber, wer genau zu diesem Volk gehört), wir denken an bestimmte »Werte« (nicht immer ist man sich einig darüber, welches diese Werte nun genau sein sollen – und worin sie sich von den Werten anderer Flaggenschwinger unterscheiden), wir denken vielleicht an bestimmte Gebirgszüge, an Meeresküsten oder zumindest an ein paar Seen, an Festtage und an mitunter schmerzhaften Geschichtsunterricht.

Wer sich eines Symbols bedient, will so effizient wie möglich möglichst viele und möglichst emotionale Inhalte sich in den Köpfen des Publikums entfalten lassen.

Warnung

Eine Art von Symbolhandlung, bei der Politiker regelmäßig danebengreifen, ist der private Sport, dessen Bebilderung die Virilität eines Kandidaten belegen soll.

Die Sportarten Golf und Segeln etwa haben gemeinsam, dass sie teuer sein können, wenn man sie an besonders exklusiven Orten betreiben will, doch das haben sie ebenfalls gemeinsam mit allen anderen Sportarten. – Vielleicht ist es nicht wirklich der Preis, über den Menschen schimpfen, wenn sie etwa die Freizeitaktivitäten Golf oder Wassersport als »elitär« bezeichnen. Der Besuch eines Bundesligaspiels kostet in Summe oft nicht viel weniger als die große Runde auf einem guten Golfplatz am teuren Wochenende, und es gibt viele Arten, die Greenfees de facto auf den Preis einer Kinokarte zu drücken. Es gibt ja auch viele golfende Politiker, doch kaum einer wird öffentlich dazu stehen. Das Gefühl lässt sich auch hier nur wenig mit Fakten bekämpfen.

Entscheidend ist, wie Symbole sich im Kopf Ihrer Zuhörer entfalten – nicht, was sie dem Sprecher bedeuten.

Vielleicht ist es eher die Tatsache, dass man etwa für Golf viele Jahre oder sogar Jahrzehnte diszipliniert trainieren muss, statt einfach so loskicken zu können, die den Sport so »elitär« erscheinen lässt. Ja, Menschen, die aus freien Stücken ein nicht-monetäres Ziel verfolgen, sei es Klavier zu spielen, einen gemeinnützigen Verein zu fördern oder kleine weiße Bälle über einen säuberlich gepflegten Rasen zu schlagen, sind durch diese Disziplin bereits eine Art »Elite«. Der Vorwurf geht vielleicht nicht gegen den einzelnen Golfer, er geht gegen den Sport selbst. Sportarten wie Golf sind ein dauernder Vorwurf, selbst nicht diese Disziplin aufgebracht zu haben. Kein Politiker sollte seiner Wählerschaft einen dauernden Vorwurf machen.

Ein noch größeres Problem als Disziplinsportarten sind Freizeitaktivitäten, die einen unvorteilhaften Sportdress notwendig machen. Im

Wahlkampf gegen George W. Bush im Jahr 2004 lud das Team um den Kandidaten John Kerry zu einer Outdoor-Foto-Session mit dem Senator Kerry ein. Der Präsidentschaftskandidat der Demokraten sollten bei seiner Lieblingssportart Windsurfen gezeigt werden, als sportlicher, vitaler Mann. – Das erste Problem war, dass 25-jährige Hawaii-Boys auf Surfbrettern das eine sind, aber US-Senatoren, die gerade das siebte Lebensjahrzehnt angebrochen haben, egal wie fit, in Wassersportbekleidung etwas ganz anderes sind, genauso übrigens wie auch Endvierziger in Radlershorts im Politikkontext ein dem Wähler ungewohnter Anblick sind, wie ein deutscher Kanzlerkandidat lernen musste. (Medienprofessor Robert J. Thompson stellt zu Kerrys Windsurffiasko die Theorie auf, dass Kerrys stets etwas betoniert wirkende Frisur das Problem war, insofern sie auf dem Wasser besonders albern wirkte[101].) Es hilft nicht, dass viele Nichtsurfer, besonders im amerikanischen Innenland, den sogenannten »landlocked« »Flyover-States« (»Drüberflieg-Staaten« ohne Zugang zum Meer) das Windsurfen für einen Elitensport halten, während sie selbst schon mal Tausende Dollar für ein Wochenende bei den Nascar-Autorennen ausgeben. – Als dann das Team von George W. Bush (angeführt von Spin-Doc Mark McKinnon) die Windsurfbilder persiflierten und in einem eigenen Attacken-Spot per Videomontage den Surfer Kerry unablässig die Richtung wechseln ließen, eine Anspielung auf dessen angeblich häufigen Meinungswechsel, hatte sich der Wind der Windsurfsymbolik endgültig gegen Kerry gedreht, sein Wahlkampf holte Wasser, bekam Schlagseite und fiel am Ende ins Wasser – obgleich man alle Mann an Deck holte – und lief auf Grund.

Es ist derselbe Mechanismus, der Symbolen ihre ungeheure Kraft gibt, der sie auch so gefährlich macht. Politiker setzen Symbole ein, weil sie sich in unseren Köpfen und Herzen stärker und schneller entfalten können als einfache Worte. Die Spin-Doktoren bei der jeweiligen politischen Konkurrenz suchen gleichzeitig nach Entfaltungen, die sich auch ganz anders deuten lassen. Symbole sind mächtig, doch um Spiderman zu zitieren: »Große Macht bringt auch große Verantwortung mit sich.«

Effekt: Kompetenz

Regel

Wir halten einen Menschen für kompetent, schon wenn er bloß ankündigt, eine Begründung zu liefern. Es genügt uns bereits, dass ein Satz grammatisch nach Begründung klingt, und wir vergeben das Expertenetikett wie manche Politprofessoren den Doktortitel. 96 Prozent der Menschen hören Ihnen ohnehin nicht wirklich zu. Bereits wenn Sie zur Begründung ansetzen, glauben Ihnen die erwähnten 96 Prozent einfach mal, dass Sie schon wissen werden, was Sie sagen – und 96 Prozent der Menschen ist in der deutschen Demokratie eine mehr als komfortable Quote. (Die vier Prozent, die Ihnen tatsächlich zuhören, können gern aus der außerparlamentarischen Opposition heraus konstruktive Kritik üben und über ihre frei erfunden Statistiken meckern.)

Beispiel

Wolfgang Schäuble ist (derzeit) einer der beliebtesten Politiker dieser Bundesrepublik, und Politiker ist er schon seit vielen Jahrzehnten. Selbst wenn Schäuble mal im Parlament dabei erwischt wird, heimlich auf dem iPad ein Zahlenpuzzle zu spielen, tut das seiner Beliebtheit überhaupt keinen Abbruch. In gewisser Weise erwartet man ja von einem Wirtschaftsminister, dass er sich für Zahlen begeistert. Wenn er sein logisches Denken trainiert, statt es etwa an die Argumentationsketten der Opposition zu verschwenden, kommt diese Fokussierung in gewisser Weise ja auch wieder der deutschen Wirtschaft zugute.

Schäuble strukturiert seine Auftritte meist nach einem simplen, aber ausgesprochen effektiven Muster. Es geht ihm immer ums »Erklären« und dabei setzt er Fachausdrücke ein, die uns Normalsterblichen vorübergehend das Hirn anästhetisieren.

Wer Erklärung gibt, erscheint uns »kompetent«, auch und besonders dann, wenn wir die Erklärung nicht verstehen. Schäubles Beliebtheit bleibt unverändert, merkwürdigerweise im Gegensatz zu seiner Politik, deren Beliebtheit eher alterniert. In der ersten Hälfte der 2010er ist Schäuble konfrontiert mit einer wachsenden Ablehnung aus der Bevölkerung, vor allem der Nachkriegsgeneration, die nicht mehr bereit ist, jedes Opfer für die »Europäische Integration« zu bezahlen – und die den Eindruck hat, mit deutschen Steuergeldern internationale Banken, die sich mit Griechenlandanleihen verspekuliert haben, als »europäisches Friedensprojekt« herauszuschlagen. Schäubles Lösung ist, natürlich, »neue Erklärungen«[102].

Wolfgang Schäuble äußert sich aber nicht nur zu Finanzmarktfragen. Anfang 2015 marschieren Menschen, die nach eigenen Aussagen die praktischen Folgen der deutschen Asylpolitik fürchten (oder, je nach Lesart, neue Ventile für alte Ressentiments suchen), zu Zigtausenden durch Dresden. Und was ist Schäubles Lösungsvorschlag? »Wo wir alle besser werden müssen, das ist beim *Erklären* der vielen Veränderungen im Alltag und in der Welt.«[103] – Das Kompetenzimage adelt die spontane Meinung zur Erklärung. Das Image, »kompetent« zu sein, und die Gewohnheit, zu »erklären« statt nur Meinungen abzugeben, verstärken sich gegenseitig. Das Erklärer-Image des Wolfgang Schäuble ist so durchdringend, dass selbst neutrale Journalisten, wenn sie über ihn schreiben, sich seinem Eklärcharisma nicht entziehen können. Nehmen wir etwa Nikolaus Blome (Ex-Bild, zu dem Zeitpunkt noch beim Spiegel), er ist auffällig begeistert von Schäubles »Erklärungen«, vor allem denen, die er im Spiegel gibt. Blome twittert: »Finanzminister Schäuble hat eine sehr kluge, sehr gelassene Erklärung, was hinter #Pegida wirklich steckt.«[104] – In diesem Interview gibt Schäuble übrigens eine erfrischend unkonventionelle These zu den Motivationen der Demonstrierenden: Diese Sorgen seien normale Begleitungen einer »alternden Gesellschaft«[105], die keine echten Sorgen mehr kenne. – Schäuble ist kompetent, weil er erklärt. Also gibt er nicht nur persönliche Meinung ab, er gibt »Erklärungen«.

So funktioniert es

»Kompetenz« entsteht, wenn die Menschen Ihnen glauben, dass Sie wissen, wovon Sie reden. Menschen wollen aber nicht wirklich überprüfen, ob Ihre Begründung tatsächlich funktioniert – dafür ist Ihre Expertise ja da! Wenn Sie begründen, was Sie sagen, und die Begründung nicht trivial widerlegbar ist (und zu oft selbst dann), dann wird man schon glauben, dass die Begründung stichfest ist. Dies wurde auch wissenschaftlich belegt, wie wir später noch sehen werden.

Bekanntlich sind die meisten Menschen ja schlechte Zuhörer. Wir meinen zu wissen, was unser Gegenüber gesagt, kaum dass dieser Mensch eingeatmet und zum nächsten Satz angesetzt hat. Wenn also jemand erst mal ansetzt und einen Nebensatz mit »weil« einleitet, legt sich in unserem Kopf ein Schalter um, der das zuvor Gesagte als »wohlbegründet« markiert. In einem soziologischen Experiment ging ein junger Student zu einer Warteschlange, die sich vor einem Kopiergerät gebildet hatte, und fragte, ob sie ihn vorließen, damit er gleich kopieren dürfte, gab aber keine Begründung. Er notierte, wie viele Schlangesteher ihn vorließen. – Zu einem weiteren Zeitpunkt ging er zu demselben Kopiergerät und fragte, ob man ihn vorließe, aber begründete diesmal, dass er noch einen wichtigen Anschlusstermin habe. Er stellte fest, dass die Quote der ihn Vorlassenden wesentlich höher war, wenn er sein Anliegen mit dem Folgetermin begründete. Er fragte sich, ob es an der Begründung allgemein oder am konkreten Inhalt der Begründung lag. Also machte er einen dritten Versuch: Wieder ging er zum Kopiergerät und fragte diesmal, ob man ihn mal nach vorn ließe, weil er einen Stapel Papier zu kopieren habe. Wider alle Logik hatte diese Formulierung, die ja nur der grammatikalischen Form nach eine Begründung darstellte, die beste aller Erfolgsquoten.

> Bereits das bloße Ankündigen einer Begründung lässt das zuvor Gesagte glaubwürdig und sinnvoll erscheinen.

Es gibt diese menschliche Fehlschaltung, die uns eine Tatsache glauben lässt, bereits in dem Moment, wo überhaupt nur der Form nach zur Begründung angesetzt wurde. Politiker nutzen dies aus, indem sie manchmal in ihrer Begründung im besten Fall zirkuläre, oft schlicht semantikfreie Sätze in Position bringen.

Vielleicht finden Sie diese Behauptung zynisch. Deshalb, zur Veranschaulichung, ein Beispiel! Stellen wir uns vor, ein Politiker muss Sparmaßnahmen verkünden. Er könnte sagen:»Wir müssen sparen, ist halt so.« Das würde seiner Beliebtheit aber nicht gut tun, die Presse würde ihn zerreißen. – Also sagt er:»Wir müssen sparen, weil die fiskalischen Rahmenbedingungen dies notwendig machen.« – Mit dieser zweiten »begründeten« Erklärung wird der Politiker mit Bravour vor Presse und Volk bestehen, denn niemand wird gegen »fiskalische Rahmenbedingungen« argumentieren. Nur wenigen wird auffallen, dass die zweite Begründung genauso wenig begründet wie die erste. Der Politiker, der seine Behauptungen begründet und auch noch Ausdrücke wie »fiskalische Rahmenbedingungen« kennt, wird von Wählerinnen und Wählern für seinen Sachverstand und seine Umsicht gelobt werden.

Warnung

Eine Gefahr beim Versuch, den Eindruck von Kompetenz zu erzeugen, ist das Stolpern über die Reihenfolge. Man sollte es nicht meinen, aber es macht einen großen Unterschied, ob ich erst mit der Forderung oder der Begründung einsteige.

Die zwei Grundmuster der Begründung sind:

A) Wir sollten [FORDERUNG] tun, und zwar aus den Gründen [BEGRÜNDUNG].

B) Die Lage ist wie folgt: [BEGRÜNDUNG]. Deswegen sollten wir [FORDERUNG] tun.

Variante A) wird vom Publikum wahrscheinlich durchgewinkt werden (»sie weiß, was sie tut, sie hat's ja begründet«), Variante B) wird abgelehnt werden, da zu »professoral«, zu viel weltfremdes »Tabellenwissen«.

Man kann diesen Effekt erkennen, wenn man etwa die TV-Auftritte Bernd Luckes von Anfang 2013 anschaut und sie mit seinen Auftritten 2014 vergleicht. Während Lucke am Anfang noch als professoraler Tabellenritter daherkam, wuchs er spätestens im Lauf des vom ehemaligen FDP-ler Rainer Erkens[106] koordinierten Europawahlkampfs zum Talkingpoint-Profi: Erst die populäre Forderung, dann die langwierige Begründung. Während es kompetent wirkt, eine Begründung anzukündigen und dann formhalber zu liefern, selbst wenn ein guter Teil der Zuhörer dann abschalten wird, geht im Fall der vorangestellten Erklärung die Handlungsaufforderung unter. Wenn Sie vor der Forderung erst die Prämissen ausbreiten, werden die Zuhörer von der Komplexität Ihrer Ausführungen überfordert sein (oder gelangweilt) und wissen nicht, was Sie eigentlich von ihnen wollen. Bei vorlaufender Begründung entsteht nicht der Eindruck von Führungsqualität oder Kompetenz, schon deshalb nicht, weil die Zuhörer im schlimmsten Fall gar nicht mitbekommen, dass Sie eine Lösung und ein gemeinsames Vorgehen für die Situation anbieten.

Wer kompetent statt weltfremd scheinen will, hält sich eisern an die Regel: Erst die Forderung, dann die Begründung.

Das Ziel von Talkingpoints ist es immer, Menschen zu motivieren, Ihnen zu folgen. Es ist nicht das Ziel von Talkingpoints, dem Publikum neues Fachwissen zu vermitteln. Kompetenz-Talkingpoints helfen, Ihren Führungsanspruch zu legitimieren. Positionieren Sie immer erst Ihre Forderung beziehungsweise Ihren Führungsanspruch und liefern Sie erst dann den Ansatz einer Begründung hinterher. Wir Bürger wollen geführt werden, auch wenn wir nicht verstehen, wohin – wir glauben Ihnen einfach mal, dass Sie schon wissen, was Sie tun.

Exkurs: Pressefilter

Pressefilter

3 Uhr morgens in Berlin. Auf der Straße herrscht jene merkwürdige Stimmung, die Peter Fox in seinem Lied »Schwarz zu Blau« so treffend beschreibt: »Müde Gestalten im Neonlicht, mit tiefen Falten im Gesicht; Frühschicht schweigt, jeder bleibt für sich; Frust kommt auf, denn der Bus kommt nicht.«

Deutlich wacher ist man im Konrad-Adenauer-Haus. In der Berliner Zentrale der Christdemokraten beginnt um diese unchristliche Zeit die Schicht der Presseauswertung, praktisch zeitgleich mit der Auslieferung der Morgenausgaben der wichtigsten Zeitungen. Auch wenn alle wichtigen Nachrichtenquellen längst digital und online und in Echtzeit und 24-Stunden-am-Tag ihre Faktenhappen ausspucken, so ist es nach wie vor zwingend nützlich, den Politentscheidern bereits zum Frühstück einen Überblick der Nachrichtenlage zu geben.

Spätestens wenn es zur morgendlichen Telefonkonferenz, der »Morgenlage«, geht, haben alle Parteifunktionäre der Bundespartei und deren Mitarbeiter in ihrer E-Mail-Inbox bereits einen Überblick der für sie relevanten Nachrichten.

Der Sinn und Nutzen dieser morgendlichen Nachrichten-Vorsortierung ist auch zugleich ihre größte Schwachstelle: Was im Zeitalter von Facebook und Twitter selbst für Normalsterbliche zum Problem wird, ist die sogenannte »Filterblase«, also die selektive Wahrnehmung des Weltgeschehens. Der Begriff »Filterblase«, englisch »Filterbubble«, ist eine von Eli Pariser geprägte Begriffskombination aus der bekannten Metapher »in einer Blase leben« und der Standardfunktion moderner Internetmedien, die präsentierten Informationen so zu »filtern«, dass uns nur das präsentiert wird, was uns – ausgehend von bisherigen Lesegewohnheiten – wahrscheinlich interessieren wird. Uns Normalbürger betrifft die »Filterblase« erst seit Facebook und vielleicht seit personalisierten Google News, für Politentscheider ist ihre eigene, vom Parteiapparat realisierte »Filterblase« bereits seit Jahrzehnten ein reales Erkenntnishemmnis. Politiker bekommen seit Jahrzehnten aus dem großen und oft in sich widersprüchlichen Nachrichtenstrom lediglich die wichtigsten Nachrichten ihres Fachbereichs herausgesucht – und natürlich alle Artikel, in denen sie namentlich erwähnt oder zitiert wurden. Allzu oft begnügen sie sich mit dieser Nachrichtenauswahl, weil es aufgrund der Arbeitslast eines Politikers auch nicht anders geht.

Es ist ein beliebtes Spiel von Fernsehjournalisten, Politiker mit Kamera und Mikrofon zu überfallen und sie zu Banalitäten zu befragen, wie zum Beispiel die Frage nach dem Preis eines Liters Milch oder dem vom Politiker benutzten Internetbrowser. Wenn darauf eine falsche Antwort gegeben wird, wird dieser Wissensmangel ausgeschlachtet als mangelnde Kenntnis der Welt außerhalb der Filterblase.

Dieses Paradox hat keine Lösung. Ein Mensch, dessen Beschlüsse zehntausende von Arbeitsplätzen schaffen oder gefährden können, hat nun einmal einen anderen Alltag als jemand, der um 18 Uhr seinen Dienstcomputer ausmacht. Das Problem ist nicht so sehr, dass Politiker teilweise in Filterblasen leben. Das eigentliche Problem entsteht erst, wenn sie sich dessen nicht bewusst sind.

Effekt: Biologische Fitness

Regel

Als wären Aufklärung und Emanzipation und Genderstudies nie passiert, beurteilen wir die Machtanwärter dann ganz äffisch nach ihrer potentiellen Fruchtbarkeit. Der machtgewillte Politiker kann unter beliebigem Vorwand thematisieren oder implizieren, dass er im biologischsten aller Sinne »fit« ist, auf Deutsch: viele Kinder zeugen und ernähren kann. Wir Wähler mögen uns selbst für aufgeklärt und erwachsen und emanzipiert halten – tief innen drin scheinen wir von Überpapa und Übermama geführt werden zu wollen.

Beispiel

»Biologische Fitness« ist eher ein Trick für Politeinsteiger (einmal, weil er recht offen zu durchschauen ist, des Weiteren, weil man schlicht älter wird – fortgeschrittene Politsemester können auf »Kompetenz« oder »Weisheit« ausweichen), doch ginge es in der Politik nur nach biologischer Fitness, so hätten im Jahr 2014 das politische Traumpaar »Doro und Bernd« geheißen – Dorothee Bär von der »Christlich-Sozialen Union in Bayern« und Bernd Lucke von der damals vielbeachteten »Alternative für Deutschland«.

Bernd Lucke, der Ökonomieprofessor, der irgendwie das Kunststück schaffte, von der BILD-Zeitung wechselweise »kreuzbrav«[107], »Revoluzzer-Chef«[108], »konservativ«[109] und natürlich »Anti-Euro-Professor«[110] getitelt zu werden. Er hat selbstgezeugte fünf Kinder, einige davon geboren, als sein finanzieller Status noch alles andere als gesichert war. Er ist 52 Jahre alt, und dank Sport und dem oft erwähnten

»jugendlichen Äußeren« ist Bernd Lucke, biologisch betrachtet, auch für fünf weitere Kinder gut.

In seiner politischen Nachbarschaft, je nach Blickrichtung eine Hausnummer weiter links oder rechts oder direkt gegenüber, lebte im Jahr 2014 die Dorothee Bär. Sie hat sich, aus unklaren Gründen, einige Male von Pressefotografen im Badeanzug oder Bikini deutscher Leitmedien ablichten lassen[111]. Frau Bär macht sich so für die Belange der bayerischen Wasserwacht stark, sagt sie. Politisch steht sie, laut eigener Verlautbarungen, für die PKW-Maut und den Bau von Umgehungsstraßen, für das Betreuungsgeld und gegen die Herdprämie. Sie hat (Stand 2015) drei Kinder und nichts spricht dagegen, dass sie weitere haben könnte. Selbst im Bundestag präsentiert Frau Bär gern praktische Belege ihrer – um ein Machowort zu verwenden, das die Journalistin Laura Himmelreich auf die ebenfalls in der CSU beheimatete Politikerin Ilse Aigner anwendete) – »Dirndltauglichkeit«[112].

So funktioniert es

.In diesen postemanzipatorischen, politisch korrekten Zeiten ist es fast schon gefährlich, die reine Faktenbasis zu erwähnen: Die Menschheit pflanzt sich nicht durch Gender-Studies-Beauftragte oder durchfinanzierte Sozialprojekte fort, sondern (in der Regel) dadurch, dass Mann und Frau ungeschützten Sex haben und im Zuge der Maßnahme ein oder mehrere Kinder zeugen.

Unbewusst deuten wir potentielle Fruchtbarkeit als Legitimation von Macht.

Wir Deutschen, scheint es, haben dieses simple Faktum aus dem Blick verloren, selbst die bloße Erwähnung ist schon ein kleiner Tabubruch. Die einen nennen es »demographischer Wandel«, die anderen »Aussterben«. (Die deutsche »Fertilitätsrate«[113] liegt bei etwa 1,38 Geburten pro Frau im gebärfähigen Alter – weil dadurch aber auch die Zahl eben dieser Frauen zurückgeht, müsste jede Frau, ein Vielfaches der theoretisch notwendigen Kinder zur Welt bringen, um auch nur den Staus quo zu halten.) Obwohl es immer mehr von Selbstverständlichkeit zum Luxus-Hobby-Projekt wird, Fortpflanzung nicht nur zu »üben«, sondern sie auch zu realisieren, so ist es doch unserem Denken einprogrammiert, Frauenreichtum bei Männern und (potentiellen) Kinderreichtum bei Frauen als Zeichen einer »natürlichen« Macht anzusehen.

Die verschiedenen Ethnologen, die jahrelang mit indigenen Völkern (vor allem in Südamerika) gelebt und geforscht haben, mögen sich im Detail über manche Deutung des Gesehenen uneins sein, doch über die Kernbeobachtungen sind sie sich einig: Im Zusammenleben der indigenen Völker geht es immer um Frauen. Männer zetteln Stammeskriege an, um Frauen zu erobern. Frauen wetteifern, wer die beste Gebärerin ist – oder sein könnte. Der stärkste (also genetisch fitteste) der Männer wird Häuptling und kann sich unter den Frauen des Volkes die attraktivsten (ja, Plural) zur Reproduktion aussuchen.

Es war der so kontroverse wie einflussreiche Ethnologe Napoleon Chagnon, der bei seinen Beobachtungen des indigenen Yanomamö-Volkes die These aufstellte, dass dieses Volk in einem Zustand dauernden Krieges gegen die Nachbarvölker lebte – und nicht als »noble Wilde«, die sich friedlich und naturnah um die Ältesten scharen, um die alten Stammesweisheiten zu erlernen[114]. In diesen Kriegen ging es nicht um Wasser oder Rohstoffe – auch wenn interessierte Ökobewegungen das heute hineinprojizieren mögen –, sondern um Frauen. Alle unsere Statussymbole, von Luxusuhren bis Luxusautos, sind für das Überleben eines Stammes in der Wildnis völlig irrelevant. Das Überleben einer Gruppe hängt zuerst vom Schlüsselfaktor ab, wie viele gesunde Kinder das genetisch fitteste Männchen der Gruppe zeugen wird.

Der Westen mag sich diese »primitive« Sicht der Rollenverteilung unter Geschlechtern abtrainiert haben, und die meisten Weltreligionen haben die Polygynie (umgangssprachlich: »Vielweiberei«) inzwischen verboten, in unseren Seelen und Hormonen ist diese Denkweise nach wie vor einprogrammiert. Auch der aufgeklärteste Christ liest die Beschreibung des Harems des Königs Salomon nicht mit moralischem Ekel, sondern dann doch mit gewisser Faszination – Salomon war ja König, der durfte das. Selbst Martin Luther befand, als er Philipp dem Sanftmütigen zur Zweiehe verhalf, dass die Fürsten- und Herrscher – und nur die! – durchaus die biblisch angelegte Vielehe weiterpflegen dürften, wenn sie es dem Volk nicht allzu deutlich auf die Nase banden.

Je naturnaher eine Partei, eine Weltanschauung oder ein Bundesland ist, umso eher wird im- oder explizit erwartet, dass der Häuptling einer Gruppierung sein biologisches Potential maximiert.

Warnung

Die Erwähnung biologischer Fitness muss Sinn machen. Macht sie keinen Sinn, ist sie so unglaubwürdig wie aufgespritzte Schlauchboot-Lippen. Im Zweifel ist es besser, auf die eigene Biologie betreffende Talkingpoints zu verzichten, als sich durch schräge Positionierung lächerlich zu machen.

Das Alter, die persönliche Physiognomie, der Beziehungs- und Familienstatus, von all diesen Faktoren hängt ab, welche Rolle im politischen Schauspiel ein Mensch übernehmen kann. Man muss ehrlich sein und zugeben, dass es asymmetrisch ist. Männer können bis zum hohen Alter als potentielle Erzeuger präsentiert werden, bei Frauen ist die Sache etwas komplexer. So lange Frauen noch im gebärfähigen Alter sind, können sie ihr biologisches Potential als solches präsentieren, können ihre Weiblichkeit in Dirndln selbst im Bundestag ausstellen. Sobald sie aber über das relevante Alter hinaus sind, stehen sie nicht mehr als potentielle Partnerinnen zur Verfügung. Dann bietet sich ihnen noch die Rolle als »Mutter der Nation« oder zumindest »Mutter des Bundeslandes« an. Auch als Mann gibt es ein Limit für die Zeitspanne, innerhalb derer man den virilen Hengst geben kann.

Nicht jedem Politiker steht jede Rolle, selbst wenn sie theoretisch zu Alter und Lebenssituation zu passen scheint. Willy Brandt wurde in den ersten Jahren als Superzeuger nach Vorbild des jungen J. F. Kennedy modelliert[115]. Erst als sich Brandt davon löste und in eine leicht distanzierte Vaterfigur hineinwuchs, kam sein typisch brandtsches Charisma zur Geltung.

Ordnen Sie sich realistisch ein. Könnten Sie rein biologisch als potentielle(r) Zeugungspartner(in) dienen? Wenn nein, dann verzichten Sie auf diese Signale. Sie können ja Ihre entsprechenden Triebe umleiten! In der Politik wird ja immer wieder über das »Flirten« gesprochen, sei es die Kanzlerin, welche bereits im Jahr 2013 mit der damaligen Oppositionspartei SPD »flirtete«[116], was bekanntlich im wenn auch wenig heiligen Stand der Großen Koalition aufging, die GroKo-SPD soll im Jahr 2015 mit der nun außerparlamentarischem FDP flirten[117] und die Post-Kretschmann-Grünen flirten auch schon seit einiger Zeit mit der Gemeinsam-erfolgreich-CDU[118] – Politik scheint zumindest auf Metaphernebene überraschend libidofähig zu sein. Flirten Sie doch mal mit dem Wähler selbst!

Exkurs: Spin-Doctors, Talkingpoint-Entwickler & Co.

In der Debatte über Politik und ihre Kommunikation hört man Worte wie »Spin-Doctor« oder »Talkingpoints«. Oft jedoch werden diese Bezeichnungen verwechselt, deshalb hier einige Begriffsklärungen.

Kein *Spin-Doctor* trägt auf seiner Visitenkarten den Titel »Spin-Doctor«, genau genommen gibt es den Beruf des Spin-Doctors gar nicht. »Spin« ist, wörtlich übersetzt, der »Dreh«, den die Berichterstattung und mediale Kommentierung zu einem bestimmten Kandidaten oder Tagesthema nimmt. »Spin-Doctoring« ist der Versuch, diesen »Dreh« zu »doktern«, also zu beeinflussen. Diese (versuchte) Steuerung des »Drehs« machen Menschen, die alle wichtigen Presse-Multiplikatoren im Handy haben. Man nennt sie dann gelegentlich »Spin-Doctors«, aber ihre offiziellen Titel können von persönlicher Referent bis Pressesprecher reichen. Bekannt als »Spin-Doctor« wurde etwa David Axelrod, Wahlkampfmanager Obamas bis 2008 und dann präsidialer Berater bis 2011. Viel wichtiger als der offizielle Titel ist, dass diese Kommunikationsspezialisten so unablässig wie vertraut mit Journalisten und Meinungsvervielfachern in Kontakt sind.

Der *Talkingpoints-Entwickler* arbeitet dem Spin-Doctor zu – selbst wenn diese beiden Aufgaben von einer Person in Personalunion erfüllt werden, wie der erwähnte David Axelrod, der das berühmte Obama-Claim »Change« federführend entwickelte. Der Spin-Doctor weiß, welcher Journalist für welchen Dreh empfänglich ist, der Talkingpoints-Entwickler aber feilt an einer Formulierung, bis sie Größe und Nachhall hat. Der Spin-Doctor bekommt den Politiker in die Talkshow, der Talkingpoints-Entwickler gibt ihm die notwendige Munition. Anders als der Spin-Doctor muss der Talkingpoints-Entwickler nicht in der Nähe des Politikers sein. Häufig werden Talkingpoints sogar komplett von Agenturen oder Politberatern entwickelt, was den frischen Blick von außen leichter macht. (Im Kapitel »Effekt: Deutungsrahmen umhängen« lernen wir etwa den amerikanischen Talkingpoint-Entwickler *Frank Luntz* kennen.)

Fachreferenten recherchieren und verknüpfen die Informationen, auf die sich Politiker stützen. Wenn Politiker zu fast jedem Thema relevante Informationen parat haben, liegt das immer an der Vorarbeit durch Referenten.

Redenschreiber haben die über Jahre entwickelte Fähigkeit, zu fast jedem beliebigen Thema eine Rede schreiben zu können, die ganz wie der Politiker selbst klingt. Sie verknüpfen die Talkingpoints des Tages, die von Referenten angelieferten Fachdetails und etwa bei Interviews den vom Spin-Doctor vorgeschlagenen Spin für die Handhabung eines bestimmten Interviewers.

Diese verschiedenen Aufgabengebiete mögen sich überschneiden – im politischen Betrieb muss jeder gelegentlich ein Universalist sein –, doch erfolgreiche Politiker trennen, wen sie was machen lassen. Spin-Doctors sind Meister in der Verzahnung von persönlicher und professioneller Ebene. Redenschreiber verstehen es, seitenweise neuen Text zu produzieren, der so klingt, wie die Chefin es auch sagen würde, doch dabei zugleich inspirierend, professionell, leicht humorvoll und doch verbindlich ist. Fachreferenten garantieren, dass ihre Chefin sich fachlich nie die Blöße geben wird. Der Talkingpoints-Entwickler aber ist ein Wortmensch, dessen Formulierungen immer wieder die ganz natürliche Autorität der Chefin sichern – und von den Prinzipien seiner Arbeit handelt dieses Buch.

Effekt: Deutungsrahmen umhängen

Regel

Ein befreundeter Anwalt sagte mir einmal, der wichtigste Satz der Juristerei sei: »Es kommt darauf an!« Das ist bei Talkingpoints genauso – nur bestimmt eben der Redner selbst, worauf es ankommt. Es gibt grundsätzlich mehr als nur eine Perspektive auf einen Sachverhalt und wer das Mikrofon hat, der bestimmt, welche Perspektive die allerrichtigste ist. Öffentlicher Diskurs ist immer ein Wettbewerb um Deutungshoheit und die Deutung eines Ereignisses hängt davon ab, welchen Kontext und welche Position wir ihm geben. Der kluge Politiker nagelt möglichst früh in der Debatte den Deutungsrahmen (englisch: »frame«) fest – und wählt natürlich einen Deutungsrahmen, innerhalb dessen die diskutierten Sachverhalte besonders vorteilhaft erscheinen.

Beispiel

Frank Luntz ist der nicht nur in Insiderkreisen bekannteste Guru des politischen Framings. Dem US-Amerikaner gelang es wieder und wieder, im Auftrag der amerikanischen Republikaner brisante Ideen frühzeitig neu zu »framen« (wörtlich: »rahmen«) und so die öffentliche Debatte in Richtung eher konservativer Positionen umzulenken.

Wie in Deutschland erwacht auch in den USA von Zeit zu Zeit der politische Wunsch, geerbtes Vermögen im Moment des Besitzübergangs stärker zu besteuern. »Eigentlich« (aber was ist schon »eigentlich« in der Liebe wie in der Politik?) heißt diese Erbschaftsteuer in den USA »estate tax«, und »estate« ließe sich etwa mit »Erbschaft«,

»Vermögen« oder sogar »Ländereien« übersetzen. »Estate« klingt nach Dallas und Ölbaronen, und das ist für die Konservativen ein Problem. Wie will man gegen die Besteuerung über Generationen angehäufter Supervermögen argumentieren, wenn Teile der Bevölkerung in Armut leben? – Frank Luntz fand einen Weg.

Luntz dachte über die »estate tax« nach. Er stellte fest, dass diese Steuer nur anfällt, wenn jemand stirbt. Der Tod ist grausam. Steuern sind auch irgendwie grausam. Wie grausam wäre es aber, den Tod zu besteuern! Und genau darum geht es hier doch, hier wird der Tod besteuert – die »estate tax« ist in Wahrheit eine »death tax«!

Auch wenn die Wortneuschöpfung schlicht falsch ist – es wird der Erbe besteuert, wenn und insofern er das Erbe annimmt – ,doch zusammen mit der Flankierung eines konservativen US-Fernsehsenders und interessierter Kreise mit Medienkontakten wurde die Erbschaftssteuer debatte bei jeder diskutierten Anpassung (und sogar der vorübergehenden vollständigen Aussetzung 2010) von der Wortschöpfung »death tax« gefärbt. Heute gibt es zwar offiziell eine US-Erbschaftssteuer, doch hat sie so viele Ausnahmen, dass man sie praktisch als abgeschafft betrachten kann.

So funktioniert es

Wie Jacques Elul feststellt[119], fallen überraschenderweise vor allem jene Menschen leichter einem Irrglauben anheim, die sich selbst für »gebildet« halten. Der bodenständige Mensch verlässt sich einerseits praktisch nur auf Autoritätspersonen aus seinem realen Umfeld, andererseits hat das Leben ihn gelehrt, grundsätzlich misstrauisch zu sein.

Der Angelpunkt ist hier, dass auch für gebildete Menschen das Denken-tut-weh-Prinzip gilt (umständlicher ausgedrückt: das »Prinzip der kognitiven Sparsamkeit«).Wie bei anderen Tätigkeiten versuchen auch gebildete Menschen mit so wenig Input wie unbedingt nötig, so viele Ergebnisse wie möglich zu erzielen. Das führt dann aber notwendigerweise zu eigentlich unnötigen Informationslücken – oft fehlen dann genau jene Informationen, die eine Neuausrichtung des Denkens eigentlich dringend ratsam machen. Der Talkingpoint-Trick

»Framing« wird möglich, weil wir Politikzuschauer eher bequemer Natur sind – oder schlicht mehr als ausgelastet sind mit dem Versuch, unseren eigenen Alltag zu verstehen.

Der »gebildete« Mensch ist es gewohnt, sich mit limitierter Informationslage eine »Meinung« zu bilden. Eine »Meinung« aber ist meist eine ethische Einordnung. Wir sind der »Meinung«, dass dieses gut und jenes schlecht ist. Eine Meinung zu »framen« bedeutet, solche Strukturen im Bewusstsein des Höres relevant zu machen, dass er so frei wie vorhersagbar zu einer bestimmten ethischen Meinung kommt. Kurz: »Framing« ist gezielte Relevantmachung von Strukturen.

Wir mögen der Meinung sein, dass der Kontext »soziale Gerechtigkeit« wichtiger ist als der Kontext »absolute Unversehrtheit von Super- **Ethische Meinungen sind eine Frage der »relevanten Kontexte«.** vermögen« – dann könnten wir auch die »Meinung« entwickeln, dass eine »Erbschaftssteuer« eine gute Sache ist. Wir mögen auch der (überlagernden) Meinung sein, dass der Kontext »seelische Verfasstheit eines Menschen, dem gerade der Vater gestorben ist« sich in just jenem Moment relevanter anfühlt als wieder die »soziale Gerechtigkeit« – dann könnten wir die »Meinung« entwickeln, dass eine Steuer, die »zusätzliches Leid« erzeugt, untragbar grausam ist.

Framing braucht Erfahrung. Wenn Sie neue Denkrahmen installieren wollen, testen Sie das notwendige Framing vorab. Sie werden überrascht sein, wie viele überraschende Deutungsperspektiven es gibt.(Siehe dazu auch: »Exkurs: selbst Talkingpoints bauen«)

Warnung

Sie müssen den Deutungsrahmen früh in der Debatte festnageln. Ist er erst einmal gesetzt, gelingt das Umhängen nur selten.

In Deutschland wird spätestens seit 1996 die »Vorratsdatenspeicherung« (abgekürzt: »VDS«) diskutiert, also die präventive Speicherung der Verbindungsdaten aller, auch unverdächtiger Bürger. Freiheitlich argumentierende Kommentierer sind dagegen, weil es zum Beispiel praktisch unmöglich macht, dass kritische Journalisten gegen den Staat und seine Organe recherchieren, wenn Geheimdienste jederzeit nachschauen können, wann welcher Journalist in letzter Zeit mit wem gesprochen hat.

Die Regierung »Merkel III« wird aber wohl 2015 dann doch die verdachtslose Massenüberwachung einführen, der Druck ist vielleicht zu groß. Nun hat Heiko Maas, der deutsche Bundesjustizminister, das Problem, dass er wenige Monate zuvor via Twitter verkündete: »#VDS lehne ich entschieden ab – verstößt gg Recht auf Privatheit u Datenschutz. Kein deutsches Gesetz u keine EU-RL!«[120]

Heiko Maas muss zurückrudern. Er will nicht, um John Kerry zu paraphrasieren, sagen müssen: »Ich war dagegen, bevor ich dafür war.« Also versucht er, den Deutungsrahmen zu verschieben.

Im ZDF-Interview und wieder bei Twitter versucht Maas deshalb, einen neuen Begriff einzuführen: »Vorschlag zu #Höchstspeicherfrist ist nicht ›alte VDS‹, setzt klare Grenzen + kurze Fristen.«[121]

Der bisherige Deutungsrahmen war, dass kein Bürger ohne Verdacht überwacht werden darf. Mit der Vorratsdatenspeicherung aber werden alle Bürgerinnen und Bürger überwacht, und wenn sie aus irgendeinem Grund ins Visier der Behörden geraten, können diese schauen, ob sich aus ihrem vergangenen privaten Verhalten unangenehme Vorwürfe generieren lassen.

Maas versucht, den Deutungsrahmen zu verschieben. Er begründet nicht mehr, wieso Vorratsdatenspeicherung eingeführt werden muss, er spricht sich stattdessen dafür aus, die Zeitdauer zu limitieren, über die Daten auf Vorrat gespeichert werden. Der Deutungsrahmen »ob man Massenüberwachung einführt« wird verschoben nach »wie lange man die Daten der Massenüberwachung (offiziell) speichert«.

Doch Maas überzeugt nicht alle. Die Medien und die öffentliche Debatte reden weiter über Vorratsdatenspeicherung, sein Umdeutungsversuch wird sogar in die Nähe des Orwellschen »Neusprech« gerückt.

Wenn ein Begriff erst einmal steht, machen Sie sich eher verdächtig, wenn Sie versuchen, ihn zu verrücken. Wenn Sie den Deutungsrahmen setzen möchten, tun Sie es schnell und früh.

Exkurs: Robben

Mann des Jahres für alle Tierfreunde

Im Jahr 1983 gab es in Deutschland drei Prominente, die um den Titel »Deutscher Robbenretter #1« wetteiferten.

Der erste Robbenretter war eine RobbenretterIn, nämlich eine gewisse Brigitte Bardot.

Ein weiterer Robbenretter war immerhin von der Bild am Sonntag zum »Mann des Monats« für »alle Tierfreunde«[122] ernannt worden.

Dieser Retter und Mann des Monats war Politiker und hatte politische Neider, die ihm seinen Robbenretter-Titel nicht gönnten.

Es war ja eigentlich die bayerische CSU gewesen, die sich zu Deutschlands obersten Robbenrettern hatte aufschwingen wollen. Es passte ihnen nun gar nicht, dass dieser Politiker aus dem heutigen Halle an der Saale sich »die Robbenrettung an die blanke Brust hefte[n]«[123] wollte.

So kam es, dass im Jahr 1983 in Deutschland drei unerwartete Umweltethiker die Debatte vorantrieben: Brigitte Bardot vom Film, Franz Josef Strauß von der CSU und Hans-Dietrich Genscher von der FDP.

Bardot, Strauß und Genscher waren sich immerhin einig in dem Punkt, dass den Robben nicht wehgetan werden dürfe. Diese unschuldigen, großen Augen! Das hässliche Knacken des Robbenbabyschädels, wenn der Holzknüppel des Jägers auf das kleine Tier kracht. Das rote Blut auf dem weißen Pelz! Noch mehr rotes Blut, glitzernd auf dem gerade noch jungfräulichen Eis! – Das alles musste aufhören, sofort.

Qannik

Deutlich leiser waren dagegen die öffentlichen Debatten über Tradition und Einkommen der Inuitfamilien, die seit Jahrhunderten einen Teil ihres Lebens eben mit der sogenannten »Robbenernte« bestritten. Seit vielen Generationen bereiten sich Inuit mit überlieferten Ritualen darauf vor, Tiere aus der Natur zu entnehmen. Die meisten Tiere werden für den eigenen Bedarf gejagt, einige auch zum Tausch gegen importierte Ware.

Dann ist da noch das kleine Mädchen Qannik. Ihr Name bedeutet »Schneeflocke«. Ihre Mutter hat ihr diesen Namen gegeben, weil sich das Baby schon einen Tag nach der Geburt so gefreut hatte, als ihm Schneeflocken aufs Näschen fielen.

Das Inuitmädchen Qannik ist jetzt 7 Jahre alt. Ihr Leben ist nicht mehr wie in den Geschichten ihrer Großmutter.

Manchmal hat Qannik Angst, nach Hause zu kommen. Manchmal ist ihr Vater betrunken und schreit viel. Wenn etwas den Vater ärgert, kann es passieren, dass er Qannik und ihre Mutter schlägt. Dann muss Qannik am nächsten Tag mit blauen Flecken zur Schule gehen.

Qanniks Großmutter sagt, es habe damit zu tun, dass Qanniks Vater jetzt arbeitslos ist. Früher hat er im Sommer Robben gejagt, wie sein Vater und dessen Vater. Das hatte nicht viel eingebracht, aber genug, um Essen und ein paar schöne Dinge zu kaufen. Heute hat der Papa nie Arbeit. Einmal die Woche geht er zum Rathaus, wo sie ihm Geld geben. Wenn er dann nach Hause kommt, muss Qanniks Mutter oft weinen, weil der Vater wieder betrunken ist.

Qannik hat gehört, dass der Vater jetzt arbeitslos ist, weil eine französische Frau in Europa nicht möchte, dass Qanniks Vater Robben jagt. Qannik versteht das nicht. Außerdem fragte sie ihre Großmutter, was das Wort »Sexbomb« bedeutet.

Ihre Meinung?

Was ist nun Ihre Meinung zur Robbenjagd? Darf man Robben schlachten? Ist die Robbenernte ein wichtiger Teil der Innuitkultur und muss unter Kulturschutz gestellt werden? Sind die Robbenbabymassaker brutale Gewaltorgien gefühlloser Psychopathen?

Man könnte Talkingpoints für beide Standpunkte entwickeln. Je nachdem welche politische Agenda man verfolgt, wird man die Tradition der Inuit oder die Unversehrtheit der niedlichen Robbenbabys als relevante Struktur etablieren.

Für das Dechiffrieren professioneller Talkingpoints ist die Schlüsselfrage: Welche Struktur will dieser Talkingpoint mir relevant machen?

Effekt: Intention unterschieben

Regel

Ein Messermörder und ein Chirurg stechen beide ihre Klinge in den Bauch ihres Kunden, doch mit ganz unterschiedlicher Absicht. Wenn wir von einem Menschen hören, dass er etwas getan hat, wissen wir manchmal nicht, was seine Motivation war. Es scheint nützlich, wenn eine Autorität uns erklärt, wie jene Handlung gemeint war. Ein geschickter Politiker wird seinem Gegner vorwerfen, dass zwar die Handlung harmlos gewesen sein mag, die Absicht dahinter aber die allerschlimmste gewesen war.

Beispiel

Die Bild-Zeitung kann vieles gut. Besonders gut ist sie darin, zu interpretieren, welche Absicht die Menschen gehabt haben könnten. Vor die W-Fragen der Journalisten (wer, wo, wann, was, wie, warum) hat die Bild eine weitere Frage gestellt: Was zum Teufel hat sich derjenige dabei gedacht?

Nehmen wir einen fast schon harmlosen Fall – das Blut hier ist kein Menschenblut. Es geht um eine Giraffe. Im Kopenhagener Zoo wurde eine Giraffe zu viel gezeugt und es wird zu eng in den Gehegen. Es will nicht gelingen, die nun überzählige Giraffe an einen anderen Zoo zu verkaufen. Also beschließt der Zoodirektor, ein sympathischer 61-jähriger schlanker Herr Namens Bengt Holst, die Giraffe fachgerecht töten zu lassen. Das Tier soll vor einem interessierten Publikum zerlegt werden als öffentliche anatomische Unterrichtsstunde. Anschließend soll das Giraffenfleisch an die Löwen des Zoos verfüttert werden – statt der wöchentlich 3 Kühe, die diese Löwen fressen.

Ein Aufschrei geht durch Europa! Welche Barbarei! Giraffe statt Kuh! – Wo so stark gefühlt wird, da ist die Bild-Zeitung nicht weit. Aber man muss ihnen lassen: Während andere bloß so hilflos wie empört twittern, fragt Bild tatsächlich mal den Verantwortlichen, was es mit der Giraffe auf sich hat. Und hier ist der Clou: Die Überschrift über dem sonst recht zivilen Interview mit dem Zoodirektor lautet: »Riesen-Wut nach Giraffen-Drama – BILD verhört herzlosen Zoo-Chef – Warum wurde das gesunde Jungtier Marius nicht einfach verkauft?«[124]

Zählen wir einmal die behaupteten Intentionen, Handlungen und Gefühle durch.

1. »Riesen-Wut« – »Wut« entsteht, wenn eine Struktur angegriffen wurde. Sprich: Der Zoodirektor hat etwas oder jemanden beschädigt, was den Menschen wichtig ist. Der Witz hier ist aber, dass diese Giraffe bis zu diesen Zeitungsmeldungen niemand kannte. Aber »Wut« klingt besser als »kleiner Internet-Shitstorm«.

2. »Giraffen-Drama« – ein Drama braucht eine Handlung, hier gab es kaum eine, jedenfalls keine, die die Giraffe involvierte. Das Tier wurde fachmännisch getötet, wie Millionen anderer Tiere jeden Tag auch.

3. »BILD verhört« – die Polizei verhört Verdächtige, der Zoodirektor wird hier also implizit als eines Verbrechens verdächtig gezeichnet.

4. »Herzlosen Zoo-Chef« – »herzlos« als Holzhammer-Adjektiv, falls die vorherigen Zeichen nicht verstanden wurden.

5. »Warum wurde das gesunde…« – ein krankes Tier zu töten, das wäre in Ordnung gegangen, aber ein gesundes Tier zu töten scheint widernatürlich…

6. »Jungtier« – wir essen zwar Kalbsfleisch und Spanferkel, aber bei dieser Giraffe greift dann wieder unser Instinkt, den Nachwuchs aller Spezies zu schützen.

7. »Marius« – mit einem Namen wird es persönlich!

8. »nicht einfach verkauft?« – Vielleicht wollte er das Tier gar nicht »einfach verkaufen«, sondern hatte von vornherein die Absicht, es zu schlachten?

Im Interview dann zerbröseln die implizierten Unterstellungen und Emotionstrigger. Es gab gute, nachvollziehbare Gründe für alle Details. Und doch ist es die Überschrift, die den Bewertungsrahmen setzt.

So funktioniert es

Die allermeisten Begriffe, die wir täglich verwenden, beschreiben komplexe Objekte und Situationen. So bezieht sich etwa die Idee »Auto« auf ein bestimmtes Objekt, das aus Karosserie, Motor, Rädern und so weiter besteht. »Auto« bedeutet aber auch, dass man mit eben diesem Objekt von A nach B »fahren« kann. Und im Satz »Deutschland und das Auto gehören zusammen« meint »Auto« mindestens auch die Geschichte der deutschen Automobilproduktion seit Gottfried Daimler.

Wenn jemand seinem Gegner eine schlimme Intention unterstellen möchte, muss er einen Ausdruck suchen, der denselben Sachgehalt hat, aber eine negativere oder aggressivere Absicht impliziert.

Der Talkingpoints-Entwickler macht sich hier eine Fehlschaltung in unserem Gehirn zunutze. Unsere Begriffe sind komplexer als unsere Logik. Wir sagen mehr als wir verstehen, und diese Differenz kann sehr nützlich sein. Unsere Begriffe, aufgehangen an den Worten, mit denen wir täglich jonglieren, sie sind komplexer als die Logik, die wir benutzen, um die Begriffe auf die Welt anzuwenden. Für dieses Schwarz-Weiß-Denken gibt es sogar eine Regel in der philosophischen Logik, die auf Aristoteles zurückgeht: »Dass ein und dasselbe [Prädikat] ein und demselben [Subjekt] nach derselben Hinsicht gleichzeitig zukommt und nicht zukommt, ist unmöglich.«[125] Heute nennt man diese logische Grundthese den »Satz vom Widerspruch«. In Alltagssprache lautet er etwa so: »Entweder ja oder nein, beides auf einmal geht nicht.«

Das übliche Beispiel ist: Eine Rose kann nicht rot und nicht-rot zugleich sein, jedenfalls nicht auf dieselbe Art und Weise. Und dieser letzte Teilsatz, »auf dieselbe Art und Weise«, ist der Trick. Diese Hinsicht-Einschränkung denken die meisten Menschen nämlich nicht mit, da steigen die meisten von uns aus.

Nehmen wir das erwähnte Beispiel: »Bild verhört herzlosen Zoo-Chef«. Vom dem etwas kindischen Adjektiv »herzlos« einmal abgesehen fällt das Verb »verhören« auf.

In einer Hinsicht ist es wahr, dass Bild den Zoo-Chef »verhört«. Und in gewisser anderer Hinsicht ist es dann doch unwahr. Ein Schelm ist, wer denkt, diese zweite, implizierte und unwahre Hinsicht wäre die eigentliche Absicht der Bild-Zeitung. (Vielleicht ist es nicht »Absicht«, sondern schlichter Schlagzeilen-Reflex.)

Das korrekte Verb, das man beim Zoo-Interview erwartet, ist natürlich »interviewen«. Wenn Journalisten ihre Fragen an eine Person stellen, um danach davon zu berichten, dann ist das ja eigentlich ein »Interview«. Doch Bild verwendet das Wort »Verhör«, eine umgangssprachliche Variante der »Vernehmung«. Das Wort gibt es auch in Redeweisen wie »sie hat ihn ins Verhör genommen«. Die zugrundeliegende »Vernehmung« aber ist ein Begriff aus der Arbeit von Polizei und Staatsanwaltschaft.

Wenn der Leser vom »Verhör« liest, versteht er mindestens auch, dass a) der Befragte eines Verbrechens verdächtigt wird, und b) dass der »Verhörende« eine staatliche Beauftragung oder zumindest anerkannt gesellschaftsmoralische Legitimation besitzt, die Schuld des »Verdächtigen« mit rechtsverbindlichen Fragen und Antworten zu erörtern.

Warnung

Die untergeschobene Absicht funktioniert nur, wenn das Opfer sich nicht (mehr) wehren kann – oder wenn Sie es mit Amateuren zu tun haben. Wenn Ihr Gegenüber aber ein Profi ist, wird er Ihnen schnell kontern mit etwas im Sinne von: »Da versuchen Sie, mir etwas unterzujubeln.«

Bei schriftlichen Interviews muss zwar der Kerninhalt immer erst von den Interviewten zum Abdruck freigegeben werden (mir fällt nur Steinbrück ein, der Interviews ohne Gegenlesen freigegeben hätte – und niemand, der so etwas politisch unbeschadet überlebte), aber die Redakteure können die Überschrift und den Teaser frei bestimmen. So lässt sich dem Interview dann eine Intention unterschieben, die schon mal gegensätzlich zum Gesagten geht. Da ist man als Politiker recht hilflos (außer, einem gehört die Zeitung, klar). – Manche Interviewer versuchen gelegentlich, bereits in der Frage den eigenen Redaktions-Spin hineinzubringen, immer häufiger aber sitzen sie einem Profi gegenüber, der den Interviewer bei so etwas erwischt. Deshalb empfiehlt es sich für den Interviewer, allgemein zu fragen und viele Themenfelder abzudecken – und den deutenden Rahmen erst in der Überschrift oder in begleitenden Kommentaren zu schaffen.

Effekt: Angst

Regel

Wenn wir Zahnschmerzen haben, haben wir keine anderen Schmerzen. Wenn wir so richtig Angst haben, haben wir eben nur diesen einen Gefühlszustand Angst. Angst ist stärker als Liebe und Gier und Hitze und Hunger zusammen. Angst ist die wahre Universalprämisse, die jede Schlussfolgerung erlaubt. Der kluge Politiker macht uns Menschen erst mal Angst – und schiebt dann das Angebot nach, dass wir uns hinter ihm sammeln zum Kreuzzug gegen die Angst.

Angst ist der Zahnschmerz der Seele.

Beispiel

Um schnell, kostengünstig und unmittelbar nutzbar Angst zu erzeugen, nehmen Sie einen Sachverhalt, der Menschen in ihrer Existenz bedroht, und behaupten, ein diffuses Phänomen sei daran schuld.

Ähnlich zufällig wie die Personendurchsuchungen an Flughäfen sollen auch einige zufällige Zitate von Politikern untersucht werden.

- Hans-Peter Uhl (CSU) über den Bombenanschlag auf den Boston-Marathon: »Wir wissen noch nichts Konkretes, aber nach all den Umständen muss man wohl von Terroranschlägen ausgehen. Das ist entsetzlich, dass es solche Taten jetzt wieder gibt, auch in den USA, aber wir wussten ja immer, dass damit zu rechnen ist, nicht nur in den USA, überall, in Europa, auch in Deutschland.«[126]
- Hans-Peter Uhl (CSU) über NPD-Verbotsverfahren: »Die ganze Republik rätselt, wie groß der braune Sumpf in Deutschland ist. Ohne

Internet- und Telefonverbindungsdaten der Zwickauer Zelle dürfte das aber schwer zu klären sein.«[127]

- Hans-Peter Uhl (CSU) über die Notwendigkeit von Onlinedurchsuchungen: »Die Computer der Kriminellen werden immer ausgetüftelter, immer raffinierter.«[128]
- Hans-Peter Uhl (CSU) über die damals erstarkende Piratenpartei: »Es wäre schlimm, wenn zum Schluss unser Staat regiert werden würde von Piraten und Chaoten aus dem Computerclub, es wird regiert von Sicherheitsbeamten, die dem Recht und dem Gesetz verpflichtet sind.«[129]

Diese Zitate haben den immer gleichen inneren Aufbau. Erst wird eine diffuse Gefahr beschrieben, welche die Welt, wie wir sie kennen, zerstören könnte. Dann wird meist als moralischer Imperativ etabliert, dass die Politik das ach so fremde Internet überwachen muss. Und es wird impliziert, dass die Überwachung ahnungsloser Unschuldiger irgendwie gegen die kriminelle Energie kompetenter Verbrecher hilft – dieser Fehlschluss stört aber das jeweilige Publikum nicht: 2015 schließlich bringt wohl der SPD-Justizminister Heiko Maas den Überwachungstraum der Bayern ein entscheidendes Stück voran.

So funktioniert es

Angst entsteht, wenn ein Mensch erwartet, einer gefährlichen Situation ausgeliefert zu sein, die zu lösen ihm die Mittel fehlen.

Die Intensität von Angst ist nicht unbedingt gekoppelt an die tatsächliche Gefährlichkeit der anstehenden Situation. Angst ist nur dann wirklich intensiv, wenn die Gefahrenquelle solche Strukturen direkt bedroht, die zu schützen uns die Evolution in die genetische Wiege gelegt hat.

Als wir Menschen in der Steppe lebten, waren Gruppen fremd aussehender Männer mit böser Absicht eine weit größere Gefahr als etwa Haushaltsunfälle. Jährlich sterben aber allein in Deutschland zweieinhalb Mal so viele Menschen, weil sie beim Fensterputzen vom Stuhl fallen oder beim Staubsaugen über das krabbelnde Baby stolpern, wie in den Türmen von 9/11 ermordet wurden[130]. Und doch marschieren in Deutschlands Heimwerkerkellern und Einbauküchen keine Armeen ein, kein Heimatschutzministerium erklärt den Krieg gegen Stuhl-auf-Tisch-Konstruktionen und das öffentlich-rechtliche Fernsehen macht auch keine wochenlangen Talkshow-Strecken zu den Gefahren herumliegender Spielzeugautos.

In Deutschland arbeiten natürlich vor allem CSU und Grüne mit dem »Effekt Angst«. Die Antwort der CSU auf jede innere wie äußere Bedrohung ist ein Mehr an Überwachung – und es scheint, dass sie in der Großen Koalition von 2013-2017 ihr Ziel von der Totalüberwachung aller Autofahrer und der digitalen Überwachung aller kommunizierenden Bürger wahrmachen.

Die Grünen sind ein Kind der Angst, der Angst vor einer unheimlichen, unsichtbaren Gefahr: »Atomkraft? Nein Danke«. Jedes Atomkraftwerk ein potentielles Nagasaki. – Die zum Zeitpunkt der Drucklegung dieses Buches jüngste Nuklearkatastrophe mit internationaler Beachtung war die Nuklearkatastrophe von Fukushima 2011. Mit den Strahlungswerten der Meere in Japan stiegen 2011 auch die Umfragewerte der Grünen in Deutschland. In ihrem Wahlprogramm von 1987 wollten die Grünen aus (wohl berechtigter, wie wir heute wissen) Angst vor staatlicher Kontrolle die Erfassung von Menschen in Computerdatenbanken und auch das Satellitenfernsehen verbieten. Im Jahr 1987 forderte das Bundestagswahlprogramm der Grünen, unter vielen anderen Verboten: » Keine Dienste- und Netzintegration im Fernsprechnetz (ISDN). Keine Glasfaserverkabelung (Breitband-ISDN). Stopp des Kabel- und Satellitenfernsehens. « – »DIE GRÜNEN sind für Boykottmaßnahmen gegen Erzeugnisse der IuK-Industrie wie Bildschirmtext und sind für die Entwicklung alternativer Technologien und nicht-technologischer Alternativen.«[131] Auch heute ist die Angst vor moderner Technologie das politische Instrument der Grünen, in ungezählten Druckschriften und natürlich im Internet wird etwa die Angst vor Gentechnologie und Fracking marktgerecht aufbereitet. (Der geneigte Leser sei an dieser Stelle erinnert, dass aus der Tatsache, dass die Grünen zentral mit Angst operieren, noch nicht folgt, dass die Angst unberechtigt ist.)

Das Wecken von Ängsten gegenüber externen Bedrohungen ist wirksam, aber nicht die hohe Schule. Wenn es tatsächlich eine externe Bedrohung gibt, dann ist es ja auch rational vertretbar, sich hinter einem Verteidigungsspezialisten zu sammeln.

Die hohe Schule der organisierten Angst ist es, im Menschen die Angst vor sich selbst zu wecken. Über Jahrtausende schaffte es die Kirche, aus den innersten Eigenschaften des Menschen einen Dämon zu formen, von dem die Menschen glaubten, dass er in ihrer Seele wohnt, sie zu Schlimmem anstachelt, wenn die Sakramente ihn nicht zurückhielten. Du wirst ewig brennen, weil du bist, wie du bist, und nur die Kirche kann dich vor dir selbst bewahren.

Fürchte deinen Nächsten wie dich selbst.

Heute versuchen sich statt Kirchenmännern eben Politiker darin, den Menschen vor sich selbst zu schützen. Die Drogenpolitik schützt den Menschen vor seiner Sucht. Das Bundesministeriums für Ernährung und Landwirtschaft schützt uns vor allzu ungesundem Essen. Der öffentlich-rechtliche Rundfunk schützt uns vor Uninformiertheit und abendlicher Langeweile. Im Wahlkampf 2013 wurden die Grünen dafür berühmt, dass sie in öffentlichen Kantinen die Menschen vor ihrer eigenen Fleischlust schützen wollten.

Angst ist das Zen unter den politischen Haltungen: Wer Angst hat, hat nichts als Angst.

Warnung

Die CDU Helmut Kohls fuhr 1994 eine Angstkampagne gegen »Rote Socken«, also eine Koalition aus SPD und der SED-Nachfolgepartei PDS. Für Bürger, denen die Metapher unklar war, stellte der damalige CDU-Generalsekretär Peter Hintze den Rote-Socken-Plakaten den ergänzenden Slogan »Zukunft statt Linksfront« zur Seite. Der Begriff »Rote Socken« stammt noch aus der DDR und wurde dort für nicht besonders reflektionsstarke SED-Mitglieder verwendet. Die erste Rote-Socken-Kampagne hatte so gut funktioniert, dass man sie 1998 als »Rote Hände« wieder aufleben lassen wollte. Doch das funktionierte nicht (mehr). Da, wo eine solche Koalition denkbar war, hatten die Menschen keine Angst vor einer Koalition aus SPD und PDS. Viele CDU-Ortsverbände weigerten sich, die Rote-Hände-Plakate aufzuhängen. Rote Socken, oder Hände, machten nicht mehr genug Angst.

Die Neuwähler des Jahres 1998 hatten in ihrem bewussten Leben nie einen anderen Kanzler als Helmut Kohl gekannt. Nach 16 Jahren wurde der »Kanzler der Einheit« friedlich abgesetzt und die eineinhalb Wahlperioden des Gerhard Schröder begannen.

Reden Sie von Ängsten, die der Bürger auch als solche empfindet. Vergessen Sie nicht, dass die Ängste des Wählers andere sind als Ihre Ängste oder die Ängste, die Journalisten den Bürgern nahebringen möchten. Wie so oft in der professionellen Politik empfiehlt sich auch beim Nutzen von Angst: Gehen Sie nicht von der eigenen Intuition aus, sie ist im Zweifelsfall falsch. Testen Sie oder lassen Sie testen, was realen Wählern wirklich Angst macht.

Effekt: Appell an Urinstinkte

Regel

Wir Wähler halten uns für aufgeklärt. Wir meinen, wir würden Menschen nach inneren Werten bewerten und Argumente auf ihren Sachgehalt prüfen – doch allzu oft machen wir uns etwas vor. Tief in uns schlummern dieselben Ängste, die schon unsere Vorfahren durch die Savanne trieben. Wir sind von denselben tierischen Qualitäten beeindruckt und wir wählen, unbewusst, häufig unsere Häuptlinge nach denselben Kriterien, die unseren keulenschwingenden Vorfahren zur Bestimmung des Stammeshäuptlings dienten.

Beispiel

Allzu handlungsfreudigen Pistolenträgern wirft man im Amerikanischen vor, sie würden »erst schießen, dann fragen«[132]. So verwerflich eine solche Haltung für Bewaffnete sein mag, für TV-Reporter und Sensationsfotografen ist es Teil der Berufsbeschreibung, erst das Bild zu holen und dann die Fragen zu stellen.

Vor Jahren war ich Teil einer TV-Crew, die in Berlin einen Bericht über die Geschichte der deutschen Kanzler drehte. Es war mein erster Einsatz auf »großer Bühne«. Wir drehten mehrere Tage lang im Kanzleramt.

Am zweiten Tag passierte mir ein Fehler, der einem TV-Reporter wirklich nicht passieren sollte und der mir so nicht nochmal passierte. Unsere Steadycam war bei der Vorbereitung für den nächsten Dreh und ich hatte als Einziger eine Videokamera im Anschlag. Plötzlich öffnete sich auf der anderen Seite des Saals eine Tür und heraus traten Schröder und hinter ihm eine Phalanx von Männern in Anzügen. Ich stand sprachlos und mit halboffenem Mund da. Schröder ging aufrecht, lachend und laut auftretend. In seinem Windschatten bildeten die Männer eine V-Formation wie Zugvögel im Abendhimmel. Auf der Wiese vor dem Kanzleramt stand ein grüner Hubschrauber der Luftwaffe. Bedienstete öffneten die Glastüren des Kanzleramts und die Schröder-Crew steuerte auf den Hubschrauber zu. Keine zwei Minuten später stieg der Hubschrauber in den Himmel über Berlin.

Ich hatte das kleine, aber imposante Schauspiel nicht gedreht. Meine Kamera war in meiner Hand geblieben, ausgeschaltet. Ich hatte mit großen Augen und in stiller Andacht diese Demonstration der Macht bewundert. Der Bundeskanzler war nicht nur einfach vom Meeting zum Transportmittel und dann zum nächsten Termin geeilt. Gerhard Schröder hatte in diesem simplen Akt des Von-A-nach-B-Gehens seine Macht vorgelebt. Dies war nicht »für die Kameras« inszeniert, denn dann hätte man ja dafür gesorgt, dass auch jemand dasteht, der nicht vor lauter (Ehr-)Furcht den Aufnahmekopf zu bedienen vergisst. Es war »Alltag«, es war die automatische Demonstration von Macht eines Menschen, der Macht auszustrahlen gewohnt ist. Schröder hatte mir allein durch sein Auftreten momentane Ehrfurcht eingejagt.

So funktioniert es

Die »Amygdala« ist, wie jeder Verkaufs- und Motivationstrainer Ihnen gern erklären wird, ein Teil des Gehirns. Aber eigentlich ist die Amygdala »das Tier im Menschen«. Der Amygdala wird die Verantwortung für verschiedene Charaktereigenschaften zugeschrieben, etwa sexuelle Ausrichtung, politische Ausrichtung oder Alkoholismus. Über eine Funktion sind sich aber die Wissenschaftler einig: Amygdala macht Angst. Wenn es nur den leichtesten Grund gibt, und manchmal auch ohne diesen, wird die Amygdala uns Angst einjagen.

Während es im politischen Kontext eine dumme Idee ist, dem Gegner ernsthaft Angst machen zu wollen, so sind doch subtile Erinnerungen immer wieder wirksam. Appelle an die Amygdala wirken auch dann, wenn unser »Verstand« sie ablehnt – manchmal besonders dann.

Wir denken an Putin, der sich mit blankem Oberkörper auf einem Pferd reitend oder Judo übend abfotografieren lässt. Putin kann Millionen von Soldaten in den Kampf schicken, er ist Chef eines Volkes, das die eigenen literarischen Klassiker tatsächlich noch liest – und doch versteht er die Kraft von Appellen an die Urinstinkte des Menschen. Als Angela Merkel, welcher eine Angst vor Hunden nachgesagt wird, im Jahr 2007 in Putins Residenz am Schwarzen Meer zu Besuch war, ließ Putin seinen riesigen Labrador während des Fototermins in den Raum kommen[133], eine Szene, die der Chef Russlands deutlich unterhaltsamer fand als die Deutschland-Chefin es tat.

> **Der Mensch ist immer nur so mutig, wie seine Amygdala es ihm erlaubt.**

Warnung

Wenn Sie selbst nicht das Talent oder sonstige Voraussetzungen mitbringen, um durch reine körperliche Präsenz in ihren Mitmenschen unterbewusste Angst zu wecken, ziehen Sie sich lieber zurück und lassen andere das für Sie übernehmen. Wir Zuschauer unterscheiden nicht zwischen Ihnen und Ihren Bodyguards. Und nicht nur, was der Mensch sieht und spürt, macht ihm Angst – fast noch schrecklicher ist, was unsichtbar ist und doch spürbar Einfluss auf unser Leben hat.

Exkurs: Nimby

Intro

Was haben T-Shirts, Milch und Strom gemeinsam? Wir Konsumenten wollen alle drei haben und wir wollen sie billig haben, aber wir wollen nichts damit zu tun haben, wie sie hergestellt werden.

Die britische Zeitung Daily Mail berichtete 2014, dass die für 45 Pfund verkauften »This Is What A Feminist Looks Like«-T-Shirts genäht wurden von Näherinnen auf Mauritius, für 62 Pennies pro Stunde[134], es folgte immerhin ein moralisches Stürmchen in den sozialen Medien. Auch wenn in Deutschland die Gewerkschaften, zu Recht, zu Streik und Demonstration für bessere Arbeitsbedingungen aufrufen, wäre es spannend zu prüfen, zu welchen Arbeitsbedingungen ihre einheitlichen Streik-Demo-Outfits hergestellt wurden.

In vielen deutschen Schulen gibt es, noch immer, Schulmilchprogramme. Kinder bekommen von der Schule täglich billige Milch zu trinken, wahlweise auch als gezuckerte Erdbeer-Aroma- oder Kakao-Variante. In Düsseldorf wollte 2015 die Organisation PeTA einige Plakate anbringen lassen, die mit einem deutlichen Foto vorführten, wie das Ende einer Milchkuh aussieht – Leiche einer Kuh im gekachelten Schlachthaus, ein Bein an einer Kette in die Höhe gehoben, Slogan: »So sterben Milchkühe!«[135] Die Plakatfirma weigerte sich, das Plakat auszuliefern, weil Plakate »auch von Kindern gesehen werden, für die so etwas ein Schock sein kann«[136].

Kennen Sie »Nimby«? Nimby ist ein possierliches Tierchen, das in Hinterhausgärten von Mittelstandsfamilien rund um den Globus lebt. Nimby ist Abkürzung für »not in my back yard«, übersetzt: nicht in meinem Hinterhof.

In Deutschland ist man sich derzeit einig, dass wir Strom lieber »erneuerbar« produzieren würden, also etwa aus Wind. Das Problem ist, dass der Wind oft anderswo weht, als der Strom gebraucht wird. Und überall, wo neue surrende Hochspannungsleitungen in den Horizont gehangen werden sollen, sind die Bewohner, wenn sie Zeit haben, sehr dagegen.

Während es andernorts private Bürgerinitiativen sind, wird in Bayern direkt von der bayerischen Regierung gegen die neuen Stromtrassen gekämpft. Die Presse kommentiert: »Dreister lassen sich die Interessen eines Bundeslandes kaum über die Interessen seiner Nachbarn stellen.«[137]

»Nimby«, »nicht in meinem Hinterhof« mag banal sein, doch das Tierchen hat Klauen. Talkingpoints haben fast immer etwas mit »relevanten Strukturen« zu tun. Und was ist der Mittelschicht relevanter als der eigene Hinterhof?

Theoretische Ethiker mögen sich echauffieren, dass Deutsche von den deutschen Opfern eines Flugzeugabsturzes erschütterter sind als von den Opfern eines Absturzes mit Bewohnern eines anderen Kontinents. Natürlich tut es mehr weh, wenn man selbst die Stadt kennt, in der nächste Nacht einige Betten ungeplant leer bleiben. Es ist zutiefst menschlich, sich zuerst um die Seinen kümmern zu wollen. Auch wenn es meist zynisch gemeint ist – dass die Redensart »wenn jeder an sich denkt, ist an alle gedacht« eine gewisse Berechtigung hat, sieht man in jeder Vorstadtsiedlung mit peniblen Vorgärten, ein jeder von seinem Besitzer gepflegt.

Effekt: Tabubruch

Regel

Wir sind umgeben von Langeweilern, die ihr Schienenleben in immer gleichen Schienen leben, mit weniger kreativer Kraft als fahrerlose japanische Shuttlezüge. Wir sehnen uns nach einem, der die Regeln und Unaussprechbarkeiten zerdeppert und Positionen vertritt, die sonst keiner auszusprechen wagt. Der Tabubrecher vertritt als Erster eine Position, die sich (noch) niemand sonst zu vertreten getraut hat, die aber bald (möglicherweise) bereits »Mainstream« sein wird. Wer die eigene Reputation aufs Spiel setzt, dem trauen wir zu, aus gutem Grund von der Wichtigkeit seiner Sache überzeugt zu sein. Der Tabubrecher zeigt Stärke, und wer stark ist, dem folgen wir gerne.

Wer Tabus bricht, der scheint »über den Dingen« zu stehen.

Beispiel

Der 18. Oktober 1984 war in Bonn ein windiger, regnerischer Donnerstag. Mancher Abgeordnete war schlecht gelaunt, kaum dass er aus der Tür trat.

Es war Sitzungswoche und auf der Tagesordnung stand ein eigentlich recht unverfänglicher Punkt: Regierungserklärung Helmut Kohls zu seiner China-Reise.

Die Stimmung im Plenum des Bundeshauses ist jedoch gereizt. Der Bundeskanzler berichtet von seinen Erlebnissen in Asien, wird aber immer wieder unter anderem mit Zwischenrufen des grünen Abgeordneten Jürgen Reents unterbrochen (welcher später als Pressesprecher der SED-Nachfolgepartei PDS und von 1999-2012 als Chefredakteur der Zeitung »Neues Deutschland«, des ehemaligen Zentralorgans der SED, fungieren sollte). Reents' Zwischenrufe sind von der Art »Das war zu befürchten!« auf Kohls Feststellung hin, dass er Asien zu einem Schwerpunkt seiner Außenpolitik machen wolle. Oder »Da wollen Sie ran!« zu Kohls Feststellung, dass China über noch kaum erforschte Rohstoffvorkommen verfüge. Oder »Sie hätten Udo Lindenberg mitnehmen sollen!« auf Kohls Bericht hin, dass die chinesischen Zuschauer von der Aufführung von Mozarts »Zauberflöte« begeistert gewesen seien.

Als Jürgen Reents dann selbst spricht, wundert er sich über die Lücken, die Kohls Bericht über den Pakistan-Teil seiner Asien-Reise enthielten. Reents spekuliert über militärische Bündnisse und geostrategische Allianzen, die die Regierung neu schmieden oder wiederaufleben lassen möchte. Und er stellt recht unprovoziert fest, dass es für die Grünen »überhaupt nicht wünschenswert [ist]«, dass es wieder ein Großdeutschland gibt« – worauf es vom CDU/CSU-Flügel »Sie lehnen die Wiedervereinigung ab?« und »Vaterlandsloser Geselle!« erschallt.

Reents wertet aus, dass Helmut Kohls Wahrnehmung von Asien eine rein wirtschaftliche sei und er «nicht mehr in der Hand und nicht mehr im Kopf [habe] als die Bilanzen deutscher Unternehmen«.

Hier kommt dann der Drehpunkt dieses denkwürdigen Tages. Reents weiter: »Aber es ist wohl auch nicht anders zu erwarten, und es ist wohl auch angemessen für einen Bundeskanzler, dessen Weg an die Spitze seiner Fraktion und seiner Partei, wie wir in diesen Tagen erfahren haben, von Flick freigekauft wurde.«[138]

Kohl ist empört (»Eine unerhörte Frechheit ist das!«), CDU/CSU sind empört (»Rausschmeißen!«), und als sich Bundestagsvizepräsident Richard Stücklen (1939 bis 1945/Kriegsende: NSDAP, 1945: Mitgründer der CSU Heideck, Wahl 1976: Mitglied in Kohls Schattenkabinett) später das Protokoll kommen lässt, wird Reents (der dann gar nicht mehr im Plenum ist) durch Stücklen von der Sitzung ausgeschlossen.

Christa Nickels von den Grünen beantragt daraufhin eine Unterbrechung der Parlamentssitzung, damit die Fraktion der Grünen sich über die Situation mit dem fehlenden Abgeordneten in einer internen »Sondersitzung« beraten kann.

Stücklen, merklich angespannt, dreht ihr das Mikrofon ab und verbietet ihr gemäß §36 der Geschäftsordnung eine Debatte zu seiner Entscheidung. Joschka Fischer ist wütend: »Unglaublich! Jetzt fängt er schon wieder an!« – Stücklen scheint die Kontrolle zu verlieren und erlaubt Nickels nicht einmal, auch nur einen einzigen Satz vollständig zu äußern.

Das Bundestagsprotokoll[139] schildert das so:

– –

Vizepräsident Stücklen: Frau Abgeordnete Nickels, ich entziehe Ihnen das Wort! (Unruhe bei den GRÜNEN)

Frau Nickels: Gemäß Paragraph — —

Vizepräsident Stücklen: Ich habe Sie darauf aufmerksam gemacht

— —

(Schwenninger: Jetzt geht's aber los! Autoritär! — Fischer: Unerhört, was Sie hier machen! — Schwenninger: Wo sind wir denn?)

Frau Abgeordnete Nickels, ich habe Ihnen das Wort entzogen und habe Sie darauf aufmerksam gemacht, dass Sie zu diesem Punkt nicht Stellung beziehen dürfen. Nach Paragraph — —

(Schwenninger: Sie können uns ja gleich alle ausschließen! — Fischer: Ja, am besten gleich alle ausschließen! — Schwenninger: Autoritärer Pauker! Das habe ich im Leben noch nicht erlebt! — Weitere Zurufe von den GRÜNEN — Zuruf von der SPD: Das hat's ja noch nie gegeben!)

Nach § 36 der Geschäftsordnung bitte ich Sie, das Rednerpult zu verlassen. Ich bitte darum, das Mikrophon freizugeben.

(Schwenninger: Wo sind wir denn? — Fischer: Unglaublich, was Sie hier machen!)

Sie haben den Antrag auf Unterbrechung begründet. Darf ich Sie bitten. (Unruhe und Zurufe von den GRÜNEN)

Herr Abgeordneter Fischer, ich rufe Sie zur Ordnung! (Weitere Zurufe des Abg. Fischer und von den GRÜNEN)

Herr Abgeordneter Fischer, ich rufe Sie zum
zweitenmal zur Ordnung! (Weitere Zurufe des Abg. Fischer)

Herr Abgeordneter Fischer, ich schließe Sie von der weiteren Teilnahme an der Sitzung aus! (Beifall bei der CDU/CSU und der FDP — Unruhe bei den GRÜNEN)

Meine Damen und Herren, (Fischer: Schließen Sie uns doch am besten gleich alle aus! — Weitere Zurufe von den GRÜNEN)

Ich unterbreche die Sitzung des Bundestages, bis der Herr Abgeordnete Fischer, der von der weiteren Teilnahme an der Sitzung ausgeschlossen ist, den Plenarsaal verlassen hat. (Unruhe bei den GRÜNEN)
Die Sitzung ist unterbrochen.

– –

Der berühmteste Satz Joschka Fischers (neben »I am not convinced«, natürlich) steht gar nicht im offiziellen Protokoll. Was der Bundestagsstenograph euphemistisch unter »Unruhe bei den GRÜNEN« subsummiert, lautete in Wahrheit: »Herr Präsident, mit Verlaub, Sie sind ein Arschloch!« – Ein noch immer in seiner Heftigkeit kaum fassbarer, aber im Gefühl vieler Bürger notwendiger Tabubruch.

Joschka Fischer war auch damals kein Amateur. Er wusste, dass er einen Tabubruch beging. Und er wusste genau, dass das »Tabu« eine gesellschaftliche Konvention ist, die zu brechen größte Konsequenzen haben kann.

Fischers politische Intuition sagte ihm, dass er hier die Quadratur des Kreises, die Vereinigung von Ying und Yang schaffen würde: Er war nun einer »von denen da oben« und hatte doch es »denen da oben gezeigt«. – Egal, was in Joschka Fischers Leben noch passieren mochte, er würde immer derjenige bleiben, der dem Vizeparlamentspräsidenten mal so richtig die Meinung gegeigt hatte.

So funktioniert es

Im Judentum gibt es eigentlich »nur« 613 Gesetze (»Mitzwot«), die in den zehn Geboten zusammengefasst und gespiegelt sind. Diese 613 Gesetze werden erstmals im Talmud erwähnt und lassen sich allesamt in der Thora (zusammen mit den Schriften und den Propheten das jüdische Original des christlichen Alten Testaments) finden.

Ein orthodoxer Jude wird buchstäblich alles tun, um keines dieser 613 Gesetze zu übertreten. Um auch die versehentliche Missachtung eines Gesetzes zu verhindern, haben die Rabbiner über die Jahrtausende hinweg weitere Tausende Hilfsgesetze erlassen. Diese zusätzlichen Tausende von Geboten sollen als »*Schutzzaun*« dienen. So wie die Stadtbediensteten um eine gefährliche Baugrube einen Schutzzaun errichten, so haben die Rabbiner einen Schutzzaun um die eigentlichen Gesetze gebaut. (Die Ultraorthodoxen gehen dann hin, bauen um den Schutzzaun weitere Schutzzäune und verteidigen diese dann mit mehr oder weniger Gewalt.)

Dieses Errichten von Schutzzäunen ist eine präzise Metapher für das »Tabu«. Das Tabu ist die Übereinkunft einer Gruppe, ein Thema nicht zu »betreten«, weil es eine Grube ist.

Es gibt keine Gesellschaft ohne Tabus. Manchmal sind sie inoffiziell. In Deutschland ist mit dem Verbot der Holocaustleugnung das Hinterfragen des anerkannten Forschungsstandes »tabuisiert« im Wortsinn.

Auch in Familien kann es Tabus geben, also thematische Bereiche, die zu betreten keiner wagt, dem der Familienfrieden lieb ist. Nach dem Zweiten Weltkrieg war es in manchen deutschen Familien »tabu«, den Papa zu fragen, was das für komische gezackte Abzeichen sind, die er hinten im Porzellanschrank versteckt.

Würden Bürokraten das Tabu definieren, würden sie es wohl »Selbstbildschutzvorrichtung« nennen. Manchmal wird uns das Bild, das wir von uns selbst haben, zu eng, zu starr oder zu abgenutzt. Wir fühlen uns gefangen in ihm. Aus dem Stützgerüst wird ein Käfig – und wir sehnen uns nach dem Helden, der den Käfig aufsprengt, auf dass wir ein neues Selbstbild in frischen Farben malen dürfen.

Es gibt eine reiche Forschung zum Skandal als solchem, die Faszination geht ja bereits auf biblische Zeiten zurück, wie der Kommunikationswissenschaftler André Haller feststellt[140]. Skandal und Tabubruch sind Kinder der Religion. Das Scandalum ist das Überschreiten einer Grenze, die vom göttlichen Willen gezogen wird.

Der mediale Skandal muss öffentlich sein, um mehr als eine kleine Peinlichkeit zu sein. Die Selbstskandalisierung des Politikers braucht die Kooperation befreundeter Medien – welche seine Freunde sind, indem sie den Scheinwerfer auf ihn richten, aber sich wie seine Feinde benehmen, indem sie ihn anprangern. Skandale müssen nicht neu sein[141], sie müssen aber öffentlich sein und die Medien müssen sich im Anprangern jeweils einig sein.

Wenn man Politiker mit dem biblischen Bild des »Menschenfischers« beschriebe, dann wäre die Selbstskandalisierung das Angeln mit Dynamit. Effektiv, wenn man weiß, was man tut – und wenn man es nicht weiß, sprengt es einem das Boot weg.

Warnung

Wir müssen den professionellen Tabubrecher vom Amateur unterscheiden: Der erfolgreiche Tabubrecher bricht Tabus an Stellen, wo er spürt, dass die Gesellschaft sowieso Selbstbild und Lebensweise verändern möchte. Wenn aber durch den Tabubruch die Regelveränderung erst einmal gelungen ist, gliedert sich der kluge Tabubrecher schnell wieder in die Ordnung der Dinge ein und erntet den Rest seines Lebens die Früchte des genau abgemessenen Mutes.

Der Amateur-Tabubrecher kann einen von zwei groben Fehler begehen:

- Er bricht Tabus, für deren Brechung es gar keinen Bedarf gibt. – Die Gesellschaft ist eigentlich ganz glücklich mit den bestehenden Regeln.

- Er berauscht sich am Tabubruch und will immer wieder »eine Schippe« drauflegen, statt die Ernte der ersten Tabubrüche einzufahren.

Für den ersten Fall, also den Bruch von Tabus, die zu brechen kein Bedarf bestand, könnten wir Ronald Pofalla betrachten. Im Jahr 2011 wurde bekannt, dass der damalige Kanzleramtsminister Ronald Pofalla während einer internen Debatte zum sogenannten Euro-Rettungsschirm den im Volk als ehrliche Haut bekannten Wolfgang Bosbach anfuhr: »Ich kann deine Fresse nicht mehr sehen!«[142] Es bestand einfach kein Bedarf im »Volk«, die übliche Grenze menschlichen Miteinanders zu überschreiten, und schon gar nicht gegenüber Wolfgang Bosbach. Pofalla und vielleicht auch sein privates Adressbuch wechselten später zur Deutschen Bahn, aus der öffentlichen zur privatwirtschaftlichen Politik.

Für den zweiten Fall, also die Berauschung am Tabubruch, dient Jesus als warnendes Beispiel. – Seine Wirkgeschichte ist die Geschichte aufeinander folgender immer schmerzhafterer Tabubrüche. Er brach sexuelle Tabus (ließ sich die Füße von Prostituierten waschen) und er brach religiöse Tabus (heilte Kranke am Sabbat). Aktionen wie das Austreiben der Geldwechsler aus dem Tempel würden ihn auch heute zumindest ins Visier des Verfassungsschutzes bringen. Spätestens aber, als er in den Verdacht geriet, die Regierung stürzen zu wollen, konnte man meinen, dass er es geradezu aufs Gekreuzigtwerden angelegt hatte!

Der planvolle Tabubrecher stellt sicher, ein Tabu zu brechen, das auch gebrochen werden »will«. Ist ihm dies gelungen und hat er den Applaus des Volkes gesichert, gibt er der Gesellschaft die nötige Ruhe, sich im neuen Status quo einzurichten.

Effekt: Reductio ad emotum

Regel

»Was hat das gekostet?«, fragt sie. »Deine Frage ist unverschämt!«, kläfft er zurück. – Es ist eine beliebte Taktik im einfachen Alltag, unangenehme Sachfragen aufs emotionale Nebengleis umzuleiten. (Es ist eine Unterkategorie des sogenannten »Derailing«, also des »Entgleisen-Lassens« einer Debatte, bei der man irrelevante oder ebenenfremde Aspekte plötzlich zentral macht.) Die plötzliche Reduktion auf emotionale Aspekte funktioniert auch hervorragend in der Politk. Wenn die Faktenlage gegen den Politiker spricht oder seine Handlungen im moralischen Graubereich verortet werden könnte, wird er die Debatte verschieben auf eine Verhandlung des »angemessenen« Gefühls, und, vor allem, auf die »richtige« Reaktion auf dieses allgemein verbindliche Gefühl.

Beispiele

Die ehemalige Parteivorsitzende der Grünen und heutige (Stand 2015) Vize-Parlamentspräsidentin Claudia Roth könnte man als Prototyp des »Reductio ad emotum«-Politikers sehen. Aber Roth ist doch keine wahre Meisterin, dafür ist ihr Trick zu offensichtlich, dafür hat sie ihn zu oft und ad nauseam wiederholt – bis nicht einmal ihre eigene Partei selbst ihr die Emotionseruptionen noch abzunehmen schien und sie zumindest als Chefin abwählte.

Vielleicht ist die wahre Meisterin der »Reductio ad emotum« wieder die Kanzlerin. Angela Merkel versteht es, Themen vom Kausalitätsballast zu befreien, um die enthaltenen emotionalen Trigger als

Ausgangspunkt des eigenen Entscheidungsprozesses neu zu nutzen. Merkel tut dies immer wieder. Deshalb wollen wir hier nicht nur eines, sondern drei Beispiele für die Merkelsche Reductio ad emotum anbringen.

Beispiel 1: Angela Merkel und die Bankenkrise

Die Ära Merkel könnte in die Geschichtswebsites eingehen als die Ära des »Viele-Menschen-sind-verunsichert«. Das Problem der Menschen im sich entfaltenden und noch immer formenden 21. Jahrhundert ist die Verunsicherung – und die Lösung des Problems, so Merkel, ist Merkel. Das Problem der Merkel ist der Erhalt der eigenen – in einer Demokratie täglich hinterfragten – Macht, und die Lösung ihres Problems ist unsere Verunsicherung. – Deshalb ist es nur halb eine Geste der Einfühlung, wenn Merkel sagt, viele Menschen seien verunsichert; es ist auch Selbstvergewisserung, dass die eigene Machtbasis noch trägt.

Als die US-Bank »Lehman Brothers« kollabierte, waren viele »Menschen verunsichert«. Was tat Merkel? Löste sie die zugrundeliegenden Probleme? Hatte sie den Mut, dem »Moral Hazard« entgegenzutreten, etwa indem sie die zockenden Banken einfach auflaufen ließ? (»Moral Hazard«, einer der Grundmotivatoren der Bankenkrise, ist die Neigung zu risikoreicherem Verhalten von Akteuren, die sich gegen die Folgen ihres Handelns abgesichert wissen, etwa schnelleres Fahren in »sicheren« Autos oder extrem gehebelte Spekulation in »too big to fail«-Szenarien.)

Die Kanzlerin trat an der Seite ihres damaligen Finanzministers Peer Steinbrück vor die Kamera und verkündete, »dass diejenigen, die unverantwortliche Geschäfte gemacht haben, zur Verantwortung gezogen werden. Dafür wird die Bundesregierung sorgen. Das sind wir auch den Steuerzahlern in Deutschland schuldig. Wir sagen den Sparerinnen und Sparern, dass ihre Einlagen sicher sind. Auch dafür steht die Bundesregierung ein.«[143]

Wofür »steht die Bundesregierung ein«? Man könnte das auf zwei Arten interpretieren: einmal wohlmeinend, einmal kindisch...

Die wohlmeinende Interpretation ist natürlich, dass die Bundesregierung eine Ausfallbürgschaft stellt für den Fall, dass die Banken, die dem deutschen Ersparten eine Herberge geben, plötzlich Domino

Day spielen. Das klingt solide – bis man sich die Zahlen hinter dem Wortvorhang anschaut. Im Jahr 2008, als Merkel und Steinbrück die Sparer um ihr vollstes Vertrauen baten, hatten die Deutschen immerhin 544 Milliarden Euro als Spareinlagen »gebunkert«.[144] Wenn man bedenkt, dass die »Sicherheit« von Spareinlagen ja sowohl die Summe selbst, als auch den tatsächlichen Wert des Geldes betrifft, braucht es schon etwas finanzpolitische Phantasie, um zu sehen, wie bei einem global kollabierenden Finanzsystem die Regierung über eine halbe Billion Euro an Spareinlagen inklusive Werterhalt absichern will – und wieso das dann ihre Priorität sein soll, statt Bürgerkrieg zu verhindern, die Nahrungs- und Energieversorgung zu sichern und die Krankenhäuser am Laufen zu halten.

Die »kindische« Interpretation aber wäre: Die Bundesregierung steht dafür ein, den Sparerinnen und Sparern (schön übrigens, dass auch in der Krise das Gendern nicht vergessen wird) zu *sagen*, dass ihre Spareinlagen sicher sind. Und das wurde ja eben geliefert. Der zweite Satz (»Auch dafür steht die Bundesregierung ein.«) bezieht sich auf den Satz direkt davor (»Wir sagen den Sparerinnen und Sparern, dass ihre Einlagen sicher sind.«). – Die Bundesregierung steht für das »Sagen« ein, nicht für das »Absichern«. Die Regierung sagt also, dass sie etwas sagen wird, während sie es tut. – Die Linguisten nennen so etwas »performatives Sprechen«, vergleichbar mit »ja, ich will« – oder natürlich mit Helmut Kohls »ich bejahe diese Frage mit Ja«[145].

Beispiel 2: Fukushima

Für das zweite Beispiel können wir zur Beschreibung der Faktenlage einfach auf die »Regierungserklärung der Bundeskanzlerin Angela Merkel zur aktuellen Lage in Japan«[146] zurückgreifen:

»Am Freitag der letzten Woche, 14.45 Uhr Ortszeit, bebte in Japan die Erde. Seismologen maßen eine Stärke von 8,9, später korrigiert auf 9,0. Es war das schwerste Erdbeben in der Geschichte Japans. Sein Epizentrum lag circa 130 Kilometer östlich der Stadt Sendai und circa 400 Kilometer nordöstlich der japanischen Hauptstadt Tokio. Um 16 Uhr Ortszeit desselben Tages traf eine bis zu 10 Meter hohe Flutwelle auf die Ostküste der japanischen Hauptinsel Honshu.«[147]

So weit, so sachlich. – Wir können hier von der Kanzlerin lernen. Die »Reductio ad emotum« kann mit Fakten eingeleitet werden. Vielen Fakten. Schrecklichen Fakten. Aber auch verständlichen Fakten. Frau Merkel ist Wissenschaftlerin und Wissenschaft ist bekanntlich nur das, was sich in einer Exceltabelle darstellen lässt. Merkels Erklärung zu Fukushima liest sich fast wie Wissenschaft. Der Job der Wissenschaft ist es, aus Faktenlagen neue wissenschaftliche Thesen zu gewinnen. Der Job der Politik ist es, so scheint es unter Merkel, aus Faktenlagen die »richtigen« Emotionen zu ziehen.

»Was uns angesichts all dieser Berichte und Bilder, die wir seit letztem Freitag sehen und zu verstehen versuchen, erfüllt, das sind Entsetzen, Fassungslosigkeit, Mitgefühl und Trauer. Die Katastrophe in Japan hat ein geradezu apokalyptisches Ausmaß, und es fehlen die Worte. Unsere tiefste Anteilnahme, unsere Gedanken und unsere Gebete sind bei den Menschen in Japan.«[148]

(Randnotiz: Den umgekehrten »Argumentationsverlauf« wählt Frau Roth von den Grünen, als sie zwei Jahre später auf Facebook auf jenes Ereignis zurückblickt, das ihre Partei für eine kurze Zeit über 20 Prozent in den Umfragen für die Bundestagswahl hob. Sie beginnt mit der Emotion – und schließt dann von der Emotion scheinbar auf ihre eigenen Fakten: »Heute vor zwei Jahren ereignete sich die verheerende Atom-Katastrophe von Fukushima, die nach Tschernobyl ein weiteres Mal eine ganze Region und mit ihr die ganze Welt in den atomaren Abgrund blicken ließ. Insgesamt starben bei der Katastrophe in Japan 16 000 Menschen, mehr als 2 700 gelten immer noch als vermisst.«[149] – Es brachte Frau Roth etwas Kritik ein, dass sie die Opfer der Flutkatastrophe der prima facie opferlosen Katastrophe im Kernkraftwerk zuschrieb.)

Angela Merkel und Claudia Roth sind Emotionspolitikerinnen, doch mit spiegelbildlicher Arbeitsweise. Angela Merkel schließt von den Fakten auf die Emotion und von der Emotion auf die politische Handlung. Claudia Roth scheint von der Emotion auf die Fakten zu schließen und von den gefühlten Fakten auf eine Lösung, die ihre Emotion befrieden könnte. – Durch das Internet aber sind sowohl Fakten als auch potentielle Massenemotion schnell überprüfbar. Wer falsche Fakten behauptet, wird schnell in den Kommentaren zerpflückt. Wer aber eine Massenemotion triggern will, kann schnell prüfen, ob der erhoffte Shitstorm jenen Tipping Point erreicht, der einen Skandal vom virtuellen Matschkasten der Netzgemeinde in die reale Welt der Talkshows hochspült.

In ihrer Regierungserklärung fährt Angela Merkel fort, dass Japan gelehrt habe, dass in Japan »das scheinbar Unmögliche möglich, das absolut Unwahrscheinliche Realität wurde«[150]. – De facto sagt die Kanzlerin, dass irgendwie durch Fukushima die üblichen Realitätsgesetze von Kausalität und Wahrscheinlichkeit aufgehoben wurden. Der Wähler denkt ja nicht nur mit dem Verstand, und das Herz versteht, was Angela Merkel uns sagt.

Angela Merkel beschließt also das Moratorium:

»Wir haben deshalb am Samstag veranlasst, dass im Lichte der Erkenntnisse, die wir aus Japan haben, alle deutschen Kernkraftwerke einer umfassenden Sicherheitsprüfung unterzogen werden. Ich sage ganz deutlich: Es gibt bei dieser Sicherheitsprüfung keine Tabus. Genau aus diesem Grunde werden wir die erst kürzlich beschlossene Verlängerung der Laufzeiten der deutschen Kernkraftwerke aussetzen. Dies ist ein Moratorium. Dieses Moratorium gilt für drei Monate. Darüber, was das für die einzelnen Kernkraftwerke bedeutet, sind wir mit den Betreibern im Gespräch.«[151]

Die Kanzlerin versucht nicht nur nicht, die Begründung ihrer Handlung in der allgemeinen Emotion zu verstecken, sie zelebriert sie sogar. Wenige Monate zuvor wurde die Laufzeitverlängerung derselben Atomkraftwerke beschlossen und im Rahmen dieser gab es natürlich bereits eine Sicherheitsprüfung. Wenn sie nun eine »vorbehaltlose« Prüfung beschließt, stand dann die vorherige Prüfung »unter Vorbehalt«?

Zyniker sagen, die plötzliche Wende hätte mehr mit den anstehenden Landtagswahlen in Sachsen-Anhalt, Rheinland-Pfalz und Baden-Württemberg zu tun als mit der Angst vor Pazifik-Springfluten im Stuttgarter Raum. – Aus dem Moratorium wird schließlich die einseitige und vollständige Atomstrom-Abrüstung Deutschlands.

Was Merkel nicht verhindern kann, und vielleicht auch nur begrenzt verhindern will, ist die Herstellung von Atomstrom in großen benachbarten Staaten. Im Jahr 2014 wurden immerhin noch über 20 Terrawattstunden allein aus Frankreich und Tschechien importiert[152], also Ländern, die auf Fukushima reagierten, indem sie ganz bewusst nicht reagierten[153]. Deutschland schultert im Jahr 2015 allen Ernstes gleichzeitig die finanzielle Last des Atomausstiegs, den Einstieg in neue Ökostrom-Technologien und via EU die Subventionierung neuer Atommeiler in befreundeten europäischen Ländern[154] – um Europa »energieunabhängiger« zu machen – und vielleicht auch, um Deutschland gegen die eigenen Energieexperimente abzusichern.

Beispiel 3: Pegida

Februar 2013. Der Spiegel schreibt: »Es ist seine erste große Rede überhaupt. Ohne große Umschweife begann Bundespräsident Joachim Gauck um 11 Uhr seine Rede im Schloss Bellevue. Er betrat den Raum mit den 200 Gästen mit einem schlichten »Guten Morgen«, um sofort mit seiner Ansprache zu beginnen.«[155] – In seiner ersten Ansprache dann beschwört der Bundespräsident den »europäischen Gedanken«. Gauck wünscht sich, fordert und sehnt sich nach »europäischem Patriotismus«.

Dezember 2014. Ein Gespenst geht um in Ostdeutschland, das Gespenst der Universalfrustration. Die manifestierte Unzufriedenheit hat einen Namen, der im Klang so niedlich ist, dass er der Name der kindlichen Heldin eines Jugendbuchs sein könnte, oder ein fernes Reich, wo noch Prinzessinnen und Drachen und Ehre und Patriotismus ihr Unwesen treiben: »Pegida«. – Das komische Kürzel steht für »Patriotische Europäer gegen die Islamisierung des Abendlands«. Der Name »Pegida« ist ein Schelmenstück. Als Gauck und andere vom »patriotischen Europäer« sprachen, war es vielleicht nicht ganz zu Ende gedacht, war es ja bloße Negierung des »patriotischen Deutschen«. In der medialen Debatte der Bundesrepublik, wo einige sich erinnern, dass man »irgendwie links ist«, aber in der Hektik zwischen Zeitungssterben und Lügenvorwurf längst verloren zu gehen droht, dass »links« jenseits der Stanzen und Reflexe immer wieder neu ausinterpretiert werden muss, um nicht ins Silonesische Spiegelbild zu metastasieren – in dieser hektischen Debatte war der Billig-Talkingpoint vom »europäischen Patriotismus« als Negation des »Nationalismus« gemeint gewesen. Es ist ein merkwürdiger, künstlicher Patriotismusbegriff, den Großmaßstabs-Politiker wie Gauck fordern, der Patriotismus als reine Pflicht versteht, in diesem Fall die moralische Pflicht zur Schadloshaltung von Banken, die sich bei europäischen Staatsanleihen verspekuliert hatten. Man kann die Pegida-Demonstrationen deuten als den Versuch, den Patriotismusbegriff zurückzuerobern – mit vielen der unschönen Konsequenzen, die eine solche

Rückeroberung erwarten lässt. (Auch wenn Pegida schon Mitte 2015 kein großes politisches Thema mehr ist, die auslösenden Probleme und Grundemotionen schwären noch auf absehbare Zeit. Politiker tun gut daran, sich auf die nächste und übernächste Iteration vorzubereiten, sie könnten weit problematischer sein.)

Zuvor, am 20. Oktober 2014, wurde in Dresden von Jörg Bachmann die erste Pegida-Demonstration in Dresden angemeldet. Er selbst ist ein Mensch mit facettenreicher Vita. Mitte November 2014 verreist Bachmann. Bei seiner Rückkehr ist die Zahl der montäglichen Pegida-Demonstranten auf 5 000 angewachsen.

In weiteren Städten formieren sich Ableger, in Köln die »Kögida«, in Düsseldorf die »Dügida« – nur in Friedrichshafen nennt man sich »Pegida Friedrichshafen«. Bis auf den deutlich aggressiveren Leipziger Ableger »Legida« spielen die Pegida-Filialen maximal im Hunderter-Bereich, während die teilweise von lokalen politisch aktiven Kräften initiierten Gegendemonstrationen regelmäßig viele tausend Gegner auf die Straße bringen. Wochenlang ist Pegida täglich in der deutschen Berichterstattung. Die Politik wird nervös. Natürlich ahnen die Strategen, dass diese Bewegung mit dem lustigen Namen in einigen Wochen wieder von den Bildschirmen und aus den Nachrichtenwebsites verschwunden sein wird – man weiß nur nicht, wie viel Hilfe es von der Politik dabei braucht.

Helmut Kohls stärkste Disziplin mag das »Aussitzen« von Problemen gewesen sein, Merkel aber ist auf seine Schultern gestiegen und hat das Aussitzen von Problemen um eine neue Disziplin erweitert: Merkel sitzt die Meinungsbildung aus. In Sachen Pegida hat sie lange zugeschaut. Merkel hat gesehen, wie die AfD Schwung bekommt als »Pegida-Versteher«. Merkel sieht, wie der sozialdemokratische NRW-Innenminister Ralf Jäger sich ein wenig im Ton vergreift, als er die Pegida-Organisatoren als »Nazis im Nadelstreifen«[156] bezeichnet – was von weiten Teilen des Publikums als Beschimpfung aller Demonstranten verstanden wird. Merkel wartet ab. Merkel schaut zu.

Als Angela Merkel ihre Neujahrsansprache 2015 hält, erreichen die Dresdner Pegida-Demos mit 20 000 Teilnehmern ihren Höchststand. Merkel muss sich nun doch von der lauten Fundamentalkritik aus Dresden distanzieren. Doch die Kanzlerin vergreift sich nicht im Ton, und sie biedert sich auch nicht an. Die Kanzlerin wischt zuerst einmal alle Argumente und Probleme für den Moment vom Tisch und reduziert die Motivation der Pegida-Anführer auf ein Gefühl. Sie spricht zu den Demonstranten, will sie von ihren Anführern abtrennen: »Folgen Sie denen nicht, die dazu aufrufen!«[157], denn es seien »Vorurteile, Kälte, ja, sogar Hass in deren Herzen«[158]. Der Bürger sieht, was vor Augen ist, Merkel aber sieht das Herz an.

Drei Monate später ist es recht still geworden um Pegida. Die Bevölkerung hatte ja auch ein deutliches Zeichen gesetzt. In Sachsen und München wurden in Mischfinanzierung durch private und regierungsnahe Vereine einige Gratis-Konzerte veranstaltet, deren Besucher in der Presse als Anti-Pegida-Demonstranten verbucht wurden – während kaum ein Kommentator es hinterfragte, als der Londoner Multimillionär Herbert Grönemeyer auf Stippvisite die Zigtausenden Demonstranten mit Vokabeln wie »Gestammel«, »Brandstiftung« und »ignorante Verblendung«[159] bewarf, um nach einigen Presseterminen wieder in sein Londoner Appartement zurückzukehren.

Sind die deutschen Bundesbürger dem Aufruf ihrer Kanzlerin gefolgt? Wahrscheinlich ja. Auf jeden Fall hat das mediale Interesse an Pegida nach dem »Soft-Basta« der Kanzlerin deutlich abgenommen. Am ersten Montag im März 2014 kamen immerhin noch 6 200 Menschen zusammen[160]. Man könnte sogar sagen, dass Pegida – ohne dass es jemand zugeben würde – neues Scheinwerferlicht auf bereits herumschwirrende politische Ideen geworfen hat. Eine der Kernforderungen der lautstark ignorierten Pegida-Thesen war die Neugestaltung des deutschen Einwanderungsrechts »nach kanadischem Vorbild«, was de facto ein Sammelbegriff ist für die Filterung von Einwanderungswilligen in nützliche und nicht-nützliche Menschen. – Wenige Wochen nach Merkels Neujahrsansprache beschließt die SPD, ein »Punktesystem nach kanadischem Vorbild«[161] zu fordern. Und mit weniger Rückendeckung aus der Partei, aber wohl etwas Wohlwollen der Kanzlerin, gibt der Generalsekretär der CDU bekannt, er wolle auf den amerikanischen Kontinent reisen und sich vor Ort ein eigenes Bild des kanadischen Einwanderungsgesetzes machen[162].

So funktioniert es

Fakten und Kausalzusammenhänge können immer angezweifelt werden, das Gefühl aber vereinigt in der empörten Gesellschaft die schillernd widersprüchlichen Eigenschaften, in der Sache beliebig und zugleich im Argument unangreifbar zu sein. Wir nennen die Reduktion eines Arguments auf die enthaltenen emotionalen Trigger die »Reductio ad emotum«.

Wer nicht hören will, sagt man, muss fühlen. Wer nicht hören »soll«, der muss erst recht fühlen. Der Kommunismus nahm an, dass der Mensch im Tiefsten doch gut und edel ist. Die Aufklärung nahm an, dass der Mensch irgendwann im Stande sein wird, sich über längere Strecken seines Verstandes zu bedienen. Wer von falschen Prämissen ausgeht, wird scheitern. Kommunismus und Aufklärung sind gescheitert, gefressen vom Kapitalismus, der sie integrierte, als Souvenir auf T-Shirts made in China und Denkbüchern gedruckt in Polen. Der Kapitalismus ist insofern menschlicher als Aufklärung und Kommunismus, als er den Menschen als das sieht, was er ist: ein zerrissenes, unlogisches Emotionsbündel – mit einer Kreditkarte und einer Stimme alle vier Jahre am Wahlsonntag.

So ist es konsequent, dass die »marktgerechte Demokratie« (Zitat Merkel) den Wähler wie einen gefühlskranken Patienten anspricht.

Tausende Verkaufstrainer und Neuromarketer in Deutschland zahlen ihre Leasingraten, indem sie den Menschen vom Primat der »tierischen« Teile des Gehirns über das menschliche Denkhandeln her erklären. Die »Amygdala«[163] etwa ist schwerpunktmäßig für Angst zuständig, während der Hypothalamus[164] vor allem mit Hilfe von Chemikalien, die man auch »Hormone« nennt, viele unserer Gefühle steuert. Diese »tierischen« Hirnfunktionen befinden sich in einer Asymmetrie zur »höheren« Reflektion, die uns erst zu Menschen macht: der Mensch (oder zumindest: sein Körper) kann ganz gut ohne die höheren Funktionen auskommen, was ja in Selbstversuchen vor allem am Wochenende immer wieder ausgetestet wird, aber selbst der intellektuellste Denker wird nicht lange machen, wenn Amygdala oder Hypothalamus es nicht wollen.

Man kann versuchen, den Menschen mit Argumenten zu überzeugen und die Amygdala zu ignorieren, während der Gegner die Ängste und Lüste des Publikums anspricht – dann wird man vielleicht die Argumentation gewinnen und doch die Debatte verlieren. Das hat nichts mit »Dummheit« des Publikums zu tun, sondern mit der schlichten biologischen Tatsache, dass Amygdala & Co. schon machtvoll (re)agieren, wenn der präfrontale Cortex noch die Lage sondiert.

Die Reductio ad emotum spielt ein Spiel: Wie ein Erwachsener schon mal mit einem Kind spielt, dass dieses »erwachsen« ist, und das Kind mit »Frau Soundso« anspricht, oder »Herr Soundso, würden Sie Ihr Zimmer aufräumen«, so spricht die Reductio ad emotum mit dem Tier im Menschen, tut aber so, als spräche sie mit der Vernunft.

Bei Bundestagsdebatten gibt es die Möglichkeit, Reden »zu Protokoll« zu geben: Sie kommen in die Akten, werden aber nie gehalten, werden also wahrscheinlich erst irgendwann später etwas bewegen, wenn überhaupt. Und dann gibt es die Reden zu den heißen Themen, wo die Alphatiere der Parteien ihr mächtigstes Gebrüll erklingen lassen. Die Ansprache des Wählers nur mit Sachargumenten ist wie eine zu Protokoll gegebene Rede: gut gemeint, aber im Tagesgeschäft praktisch wirkungslos. Die Reductio ad emotum dagegen nimmt den Wähler an der Amygdala und führt ihn, wohin er geführt werden will.

Reductio ad emotum ist die Transformation der Politik vom Staatsmanagement zur Volkspsychotherapie.

Die Reductio ad emotum fragt nicht »Wie kam es dazu und wie lässt es sich verhindern?«, sondern »Wie fühlen wir uns dabei?«, »Wie können wir schlechte Gefühle verhindern?« und »Wie können wir mehr gute Gefühle erzeugen?«. Merkel gilt als im Wahlkampf kaum angreifbar. Ihre Unangreifbarkeit ist aber auch begründet in der Bereitschaft, von der Situation zum Gefühl und vom Gefühl zur Handlung zu schreiten, während andere sich noch in Sachdebatten verlieren.

Warnung

Der größte Fehler bei der Reductio ad emotum ist der Mangel an Recherche im Vorlauf. Wenn Sie ein Problem auf seine emotionalen Trigger reduzieren, mussen Sie sicher sein, dass diese Trigger tatsächlich funktionieren.

Warnendes Beispiel ist etwa ein kleines Inzident der NRW-Grünen des Jahres 2015. Wo Angela Merkel hunderte Umfragen machen lässt und Teams von Medienpsychologen beauftragt, scheinen die Grünen noch immer »aus dem Bauch heraus« zu operieren. Die grüne Seniorengeneration erinnert sich ja noch an die Zeit, als sie selbst Rebellen und im seelischen Einklang mit allen anderen Rebellen Deutschlands waren, und aus dieser Erinnerung speist sie ihre Intuition. Doch die Grünen sind längst keine Rebellen mehr. Die Helden von damals kämpfen heute mehr gegen Übergewicht und Altersrheuma als gegen Kernkraftwerke und Nato-Doppelbeschluss.

Ein merkwürdiges Beispiel dieses drohenden Realitätsverlustes war die Onlinekampagne der Grünen in NRW zur »Feier« der Gleichberechtigung: Die Grüne Schulministerin Sylvia Löhrmann umarmt sich selbst, während der ehemalige Bundesvorstand der Grünen, Malte Spitz, versehen mit dem Zitat »Dein Kommentar zur Frauenquote der GroKo?«[165] sich in einen Eimer übergibt.

Politiker müssen das »Bauchgefühl« ansprechen, müssen Problemlagen auf ihren emotionalen Kern reduzieren. Wer tendenziell diätensatt sein Leben in Fraktionsarbeitskreisen und Parteivorstandssitzungen verbringt, sollte akzeptieren, dass sein Bauchgefühl ein ganz anderes ist als das des Wählers. Wenn es die logische Möglichkeit gibt, dass das eigene Bauchgefühl nicht mehr dem des »gemeinen Volkes« entspricht, sollte man Profis heranziehen, die in Umfragen und Wähleranalysen herausarbeiten, was ein »unverfälschtes« Bauchgefühl wohl vorhersagen würde.

Exkurs: Sun Tzu – Die Kunst des Krieges

Gordon »Gier ist gut« Gekko, der von Michael Douglas gespielte Protokapitalist im Film »Wallstreet« (1987), zitiert ein bekanntes Strategiebüchlein aus der chinesischen Antike: »Sun Tzu – Die Kunst des Krieges«: »Ich werfe nicht Pfeile auf eine Scheibe. Ich wette auf sichere Sachen. Lies Sun Tzu, Die Kunst des Krieges. Jeder Krieg wird gewonnen, bevor er überhaupt gekämpft wird.«

Den einen gilt es als zynisch, wenn Politiker sich des Krieges als Metapher für politisches Alltagsgeschäft bedienen. Den anderen gilt es als klischeehaft, wenn man ausgerechnet Sun Tzu liest. Der kluge Mensch allgemein und der kluge Politiker im Speziellen aber lernen überall, wo es etwas zu lernen gibt, also definitiv auch bei Sun Tzu.

Der Verfasser der »Kunst des Krieges«, der General Sun Tzu (geboren als Sun Wu) – so sich seine Existenz überhaupt sicher festlegen lässt –, lebte wohl im späten 6. Jahrhundert vor unserer Zeitrechnung und soll als General dem chinesischen König »Helu von Wu« gedient haben.

Wenn man heute gelegentlich vom Krieg als »Fortsetzung der Politik mit anderen Mitteln« spricht, so ist das meist als Überkreuz-Kritik von Politik und Krieg gleichermaßen gemeint. Für Sun Tzu wäre diese Beschreibung des Krieges aber durchaus richtig und willkommen. Für ihn ist das Ziel des Krieges tatsächlich ein politisches Ziel, etwa der Gewinn von Land oder Einfluss, und er wird immer versuchen, sein Kriegsziel zunächst ohne Kampf und damit ohne den Verlust von Menschenleben und materiellen Ressourcen zu erreichen. – Wenn er aber keinen anderen Weg sieht, als in den Kampf zu ziehen, will er sicherstellen, dass niemals erst die konkrete Handlung entscheidet, wer siegreich davongeht. Wer siegen wird, ist festgelegt, bevor der erste Pfeil fliegt.

Vieles im Buch »Die Kunst des Krieges« bezieht sich tatsächlich auf konkrete Kriegssituationen, wie etwa die Studien zur Beschaffenheit des Geländes, doch viele wichtige Aspekte sind auf Talkingpoints im politischen Einsatz anwendbar. Einige dieser Ansätze wollen wir hier betrachten.

Disziplin

Über die Einsetzung des Generals Sun Tzu wird eine markante Legende erzählt. Der König Helu hatte von Sun Wu, wie Sun Tzu damals noch hieß, gehört und wollte wissen, wie praktikabel dessen Lehre sei. Er sollte seine Theorie vorführen, allerdings nicht mit Soldaten, sondern mit einer Gruppe von Hofdamen. Sun Wu teilte die Damen in zwei Abteilungen und stattete sie mit Waffen aus. Doch als er ihnen Kommandos gab, kicherten sie, statt zu gehorchen. Da ließ Sun Wu die Offiziere der beiden Abteilungen heraustreten, und trotz der Proteste des Königs, der seine zwei Lieblingskonkubinen nicht verlieren wollte, ließ er die beiden Offiziere enthaupten. Schlagartig hörte das Gekicher auf, und plötzlich waren alle Soldaten zur perfekten Disziplin fähig.

Wir erzählen diese Legende hier nicht etwa mit der Absicht, sie mit der Personalpraxis erfolgreicher Parteien zu vergleichen. Wichtiger ist die Schlussfolgerung: Eine der Grundlagen jedes Erfolgs, ob militärisch, wirtschaftlich oder politisch, ist die Disziplin der Mannschaft.

Eine Partei ohne Talkingpoints-Disziplin wird im modernen Wahlkampf nicht bestehen. Man denke an die späte deutsche Piratenpartei, wo gefühlt jedes Parteimitglied sich via sozialer Medien zum Pressesprecher erklärt hatte – diese aber eine bunte Bandbreite von Neo-Antifa bis Neoliberalismus abbildeten.

Der Fachbegriff für die im Marketing und professionellen Wahlkampf notwendige Talkingpoints-Disziplin ist »staying on message«. Guten Wahlkampf erkennen Sie (auch) daran, dass der Pressesprecher nie »zurückrudern« muss – man denke als Negativbeispiele an die Wahlkämpfe von Mitt Romney 2012 oder Peer Steinbrück 2013, wo es nicht einmal den Kandidaten selbst gelang, »on message« zu bleiben.

Die derzeit erfolgreichste deutsche Partei, CDU, und die derzeit erfolgreichste Firma weltweit, Apple, haben eine wichtige Eigenschaft gemeinsam: In der Außenkommunikation herrscht eine Talkingpoints-Disziplin, die umzusetzen man bei anderen Parteien oder Unternehmen kaum wagen würde – man wüsste nicht einmal, wo man ansetzen sollte. Selbst thematische Ausreißer erwecken den Eindruck, als Versuchsballons »mit ganz oben« abgestimmt zu sein.

In Zeiten von YouTube & Co., wo Wahlkämpfer und Journalisten das Internet rund um die Uhr nach verwertbaren Lücken und Widersprüchen absuchen, wird keine Partei je wieder ohne eiserne Talkingpoints-Disziplin einen Wahlkampf gewinnen.

Täuschung

Im ersten Kapitel der »Die Kunst des Krieges« heißt es lapidar: »Krieg ist Täuschung. Wer fähig ist, zeigt Unfähigkeit, wer aktiv ist, zeigt Untätigkeit. Ködere den Feind, indem du ihm einen Vorteil einräumst, täusche Verwirrung vor und entziehe dich ihm. [...] Gib vor, schwach zu sein, damit er sich überlegen fühlt.«

Es geht hier wohlgemerkt nicht um »Lügen« oder »Betrügen« – es geht um Täuschung. Der feine Unterschied: Bei der Lüge erzähle ich dem Gegenüber eine Unwahrheit, die er entlarven kann. Bei der Täuschung überlasse ich es dem Gegenüber, sich selbst eine mir nützliche Version der Wahrheit zu erzählen.

Frische Waffen

Das zweite Kapitel (Titel: »In den Krieg ziehen«) beschreibt, unter anderem, die Notwendigkeit, seine Waffen frisch zu halten.

Es ist ein Merkmal schlecht durchdachter, konfuser Wahlkämpfe, dass sie mit einem Set von Talkingpoints beginnen, zunächst vielleicht ganz erfolgreich sind, aber schlicht keine frischen neuen Talkingpoints nachliefern können, wenn die ersten sich »verbraucht« haben.

Allianzen zerschlagen

Im dritten Kapitel rät Sun Tzu: »Die beste Angriffsstrategie ist die Allianzen zu zerschlagen.«

Dies ist eine Standardtaktik im Talkingpoint-Krieg: Man bringt die »Offiziere« (Minister, Parteifunktionäre et cetera) der anderen Seite gegeneinander auf und macht sie einzeln leichter angreifbar – wenn sie sich nicht von selbst zerfleischen. Alternativ kann man auch darauf hinarbeiten, die andere Partei und deren Wähler gegeneinander aufzubringen.

Ein simpler Trick, um eine Partei sich untereinander und gleichzeitig mit ihren Wählern zerstreiten zu lassen, sind Parlamentsabstimmungen, die die Position einer einzelnen Regierungspartei widerspiegeln, aber von der Gesamtkoalition abgelehnt werden. – Als Formel: A+B bilden eine Regierungskoalition, innerhalb derer man vereinbart hat, X abzulehnen. B jedoch ist vehement für X, da X für sie auch eine moralische Frage ist, nimmt sich aber zum Wohl des Koalitionsfriedens zurück. Partei C stellt einen Antrag zur Abstimmung im Parlament *für* X. Nun ist B gezwungen, wenn sie nicht aus der Koalition ausbrechen und Neuwahlen herbeiführen wollen, *gegen* X zu stimmen – um anschließend von ihren Wählern vorgehalten zu bekommen, gegen X zu *sein*.

Krummes und Gerades

In Kapitel 7 gibt Sun Tzu einen Ratschlag, der fast schon lebensweisheitlich klingt, aber im Wahlkampf tägliche Realität ist: »Die Schwierigkeit der Schlacht liegt darin, das Krumme in Gerades und den Schaden in Vorteil zu verwandeln. Nimm einen gewundenen Weg und nutze ihn zu deinem Vorteil. Sei hinter dem Feind, aber komme als Erster an.«

Man muss im Wahlkampf nicht als Erster losstürmen – wenn der Gegner zuerst in den öffentlichen Meinungskampf tritt, kann man abwarten, bis er Fehler macht und sich eine blutige Nase holt.

Gute Wahlkämpfer machen sogar Schwächen zu Markenzeichen – aus der verlegenen Handhaltung der Kanzlerin Angela Merkel wurde das Markenzeichen »Raute«. Aus dem recht fremden Namen »Barack Hussein Obama« wurde ein Symbol für die Offenheit und Liberalität der Vereinigten Staaten. (Die einzigen »krummen« Wege, die sich nicht begradigen lassen, sind solche Makel, welche die Amtseignung des Kandidaten in Frage stellen.)

Hochliegendes Gelände

In Kapitel 9 schreibt Sun Tzu: »Alle Armeen schätzen hochliegendes Gelände und verabscheuen tiefliegendes. Sie bevorzugen den Tag und achten die Nacht gering. Ein General, der sich um seine Leute sorgt, bezieht Stellung auf einem sicheren Terrain, damit das Heer keinen Mangel leidet, sodass ihm der Sieg sicher ist.«

Auch wenn es zweifellos richtig ist, dass der Kerngedanke des Buches »Die Kunst des Krieges« der kampflose Sieg durch bessere Planung ist – in diesem Hinweis aus Kapitel 9 könnte, wenn man ihn als Metapher liest, die wichtigste Taktik im Talkingpoints-Krieg versteckt sein: Jeder General(-sekretär) möchte das »höher gelegene moralische Gelände« beziehen – im Englischen gibt es tatsächlich den Ausdruck »higher ground« für moralische Überlegenheit.

Wer in den Augen des Wählers moralisch überlegen erscheint, der kann von dieser moralischen Anhöhe herab Pfeile ins niedere Lager des Gegners schießen. Er sollte es nur vorsichtig und taktvoll tun, damit ihm die moralische Überlegenheit eben nicht verloren geht.

Effekt: Bewegung kapern

Regel

Wer etwas bewegt, der lebt. Und wenn wir selbst gerade keine Bewegung in uns spüren, wollen wir uns einer größeren Bewegung anschließen. Politiker verkleiden ihre Partei als »Bewegung«, auch wenn bei schlechtem Wetter gelegentlich die Politbehörde unterm Kostüm hervorlugt. Die Legende erzählt, dass teure Reife-Haut-Cremes aus geklonten Embryozellen gewonnen werden. Es ist keine Legende, dass Parteien, wenn die Organisation etwas gelenksteif geworden ist, sich frische Bewegungen als Lebendinfusion einverleiben können.

Beispiel

In der Geraden auf die Bundestagswahl 2009 hin kam der deutschen Familienministerin, Ursula von der Leyen, eine spannende Wahlkampfidee: Man könnte das Trend-Thema »Internet«, das Meta-Thema »deutsche Angst« und das Ewig-Thema »Aber wer denkt denn an die Kinder?« zu einem schnellverkäuflichen Gesetzesmaschinchen zusammenstecken. Ihre Idee, das »Zugangserschwerungsgesetz«, sollte mit technisch einfach zu umgehenden Sperren – so geht's: lokal neuen Domain-Name-Server eintragen, zum Beispiel Googles DNS-Server »8.8.8.8« und »8.8.4.4.«, fertig – die deutschen Benutzer vor kriminellen Internetinhalten »schützen«. Das Problem war natürlich, dass hier eine Infrastruktur zum staatszentralen Abschalten missliebiger Internetinhalte aufgebaut werden würde. Gerd Eist twitterte am 25. März 2009 jenen Spitznamen, der die Debatte so richtig personalisieren sollte: »Zensursula«[166]. Das Zugangserschwerungsgesetz war ein Rohrkrepierer. Heute (2015) kümmert Ursula von der Leyen als Verteidigungsministerin sich um die Rohre schief schießender Gewehre[167] und hofft, dass ihr Image als tatsächlich siebenfache Mutter und potentielle Mutter der Nation nicht allzu viel Kollateralschaden nimmt.

Von der Leyens politischer Schaden war der Gewinn eines kleinen, geekigen, wenige Jahre zuvor gegründeten Politstartups namens »PIRATEN«. Diese Debatte, ob illegale Inhalte gelöscht oder gesperrt werden sollten, half der Piratenpartei zu einem Mitgliederanstieg über die 10 000er Marke. Eine Bewegung hatte Fahrt aufgenommen.

Der gesellschaftliche Erfolg der Piraten gipfelte in 2012. Nach einem Startschuss von 8,9 Prozent am 18. September 2011 bei der Wahl zum Abgeordnetenhaus in Berlin folgten 7,4 Prozent für den Landtag des Saarlands am 25. März 2012, 8,2 Prozent in Schleswig-Holstein am 6. Mai 2012 und schließlich 7,8 Prozent bei der vorzeitigen Landtagswahl am 13. Mai 2012 in Nordrhein-Westfalen, wo sie als »20 Piraten« einzogen, im Jahr 2015 nur noch 19 waren, sich aber noch immer eben »20 Piraten« nannten, wie ein alternder Jungsenior, der auf der Flirtwebsite mit nicht ganz frischen Fotos operiert.

Die bis dato bereits etablierten Parteien wurden nervös. Manche Reaktionen waren eher kindischer Natur, etwa als die CDU Ratingen die Domain »piratenratingen.de« reservieren ließ[168]. Durchdachter waren da die Gründungen von parteinahen »Internet-Vereinen«. Die »Süddeutsche« schrieb: »CNetz, D64 und Digiges heißen die Antworten der etablierten Parteien auf den Erfolg der Piratenpartei.«[169] Der Verein »CNetz« (was soll eigentlich ein »christliches« Netz sein?) sollte beispielsweise die Grundlagen für eine »bürgerliche und verantwortungsvolle« Netzpolitik suchen.

Selbst wenn sie persönlich mit den Themen nichts anfangen konnten (unvergessen bleibt Angela Merkels Formulierung bei der Pressekonferenz mit Barack Obama am 19. Juni 2013: »Das Internet ist für uns alle Neuland«), schauten die Politiker sich doch die neuen Werkzeuge an, wie etwa die »Etherpads«, also via Internet gemeinsam bearbeitbare Onlinedokumente. Die Piraten stellten sich als Alpha- und Betatester neuer technischer Werkzeuge zur Verfügung. Was funktionierte, wurde von den »seriösen« Politikern übernommen, was nicht funktionierte (etwa politische Debatten via Twitter), wurde belächelt und gar nicht erst angefasst. Die erstarkten Piraten wollten aber ihre Netzthemen um ein volles Parteiprogramm erweitern, das zu allen üblichen Politikthemen eine Stellung vertrat. Dabei verzettelten sie sich und zerfaserten sich nach und nach in internen Querelen.

Die Piratenpartei Deutschlands war eine Bewegung, die sich aufmachte, um verkrustete Strukturen aufzubrechen. Doch man zerschoss sich in Anfällen emotionaler Dummheit die eigenen Segel, der Wind war zwar weiterhin da, aber kein Tuch, um ihn zu nutzen. Es half nicht, dass die bestehenden Parteien sich die Ideen der Piraten zu eigen machten. Im Juli des Jahres 2015 schließlich schlägt eine CDU-Kommission implizit eine Art von Menschenrecht auf schnelles Internet vor[170] – die Piraten wären dafür ausgelacht worden, wahrscheinlich von denselben Leuten, die jetzt diesen Vorschlag machen. – Bemerkenswert ist bei diesem »Rechtsanspruch«, dass man einerseits das Internet in die Nähe der Daseinsvorsorge bringt, also vergleichbar etwa mit der Wasserversorgung, man es zugleich selbstverständlich »privaten Investoren« (es geht um international agierende Telekommunikationskonzerne, aber »privater Investor« klingt nach dem örtlichen Bäckermeister, der in die Autowerkstatt seines Freundes »investiert«) – »erleichtern«[171] will, die wirtschaftliche Kontrolle über die Verteilwege dieser Informationsgrundversorgung zu sichern.

So funktioniert es

Über die Knechte, die als Bauern im Mittelalter das Moor besiedelten, sagte man: »Des Ersten Tod, des Zweiten Not und des Dritten Brot.« Die erste Generation starb elend beim Versuch, das Moor urbar zu machen, die zweite Generation überlebte irgendwie und erst die dritte konnte wirklich vom Land leben.

Auch in der Wirtschaft sind nur selten die Ersten die langfristig Erfolgreichsten. Der »C64« von Commodore war eine Legende, das Unternehmen Commodore aber wurde 1994 aufgelöst. Vor Google versuchten sich Lycos, Altavista und ein Dutzend weiterer Unternehmen an Bau und Betrieb von Internet-Suchmaschinen. Schon 2000 wurde der »Microsoft Tablet PC« angekündigt und 2002 war er dann verfügbar, doch erst 2010 machte Apple mit dem iPad diese tastaturlosen PCs attraktiv für den Massenmarkt.

Ähnlich ist es mit manchen politischen Ideen. Wer eine Idee als Erster hatte, wird nur selten derjenige sein, der von ihr am meisten profitiert. Nicht alle politischen Ideen entwickeln in der Gesellschaft eine wahlrelevante Resonanz. Die meisten Ideen werden im besten Fall ein paar Mal in Lokalzeitungen und kurz im Internet erwähnt, um sich dann wieder erledigt zu haben. Selbst die Ideen, die Publikum und Anhängerschaft finden, bestehen praktisch nie in ihrer ersten Ausformulierung den »Reality-Check«. Und wenn eine neue Idee entgegen aller Wahrscheinlichkeit erfolgreich und in sich stimmig formuliert sein sollte, heißt das noch lange nicht, dass die Menschen hinter der Idee über die Strukturen und das Know-how verfügen, die es braucht, um erfolgreich über Jahre hinweg die gemeinsame Anstrengung auf die Umsetzung dieser Idee zu konzentrieren.

Es gibt kein Copyright auf politische Ideen. Wenn eine Idee erst einmal in der öffentlichen Debatte ist und Menschen sich bewegt fühlen, diese Idee stark zu machen, dann kann jede Politikerin und jeder Politiker versuchen, die Bewegung zu kapern, indem man sich selbst zum neuesten, lautesten Fürsprecher dieser Idee macht.

Warnung

Bei manchen »Bewegungen« ist es für die Bewegung und für die Politiker gleichermaßen besser, wenn die Bewegung an den Graswurzeln bleibt. Wenn eine Bewegung sich im Effekt gegen die Gesellschaft als Ganzes wendet (etwa tendenziell fremdenfeindliche Demonstrationen) oder wenn eine Bewegung mehr Emotionen als definierte Ziele hat (etwa die universalkritische Occupy-Bewegung), dann sollte Politik sich von der Bewegung fernhalten und die Bewegung von der Politik.

Wenn es dem Politiker gelingt, eine Bewegung zu »kapern«, wird man sagen, er habe das Thema »abgeräumt« – wenn es aber schiefgeht, wird man sagen, er habe sich »anbiedern« wollen. Der Unterschied zwischen »abräumen« und »anbiedern« ist, wie es scheint, der Erfolg.

Exkurs: Hold for applause

Die Applauszeile

»Alles, was ich sagen möchte, ist, dass wir denen egal sind. Dies wird in die Geschichte eingehen als die größte Demonstration für Freiheit in der Geschichte unserer Nation. Jeden Tag forme deine eigene Geschichte! Manche Dinge im Leben wollen wir einfach nicht wahrhaben, doch wenn Martin Luther [King] noch am Leben wäre, würde er dies nicht akzeptieren. Alles, was ich sagen möchte, ist, dass wir denen egal sind. Ich bin hier, um euch zu erinnern, dass wir denen egal sind.«

Haben Sie diese politische Rede erkannt? – Es ist eine freie Transkription des Songs »They Don't Care About Us« von Michael Jackson, wie dieser ihn in den letzten Proben vor seinem Tod aufführte. Nicht alles wird von Jackson selbst gesagt, die Passage mit der Demonstration ist ein Einspieler des Original-Anfangssatzes von Martin Luther Kings »I have a dream«-Rede.

Wenn Michael Jackson maximal relevant sein wollte, wurde er politisch. (Und prompt verpassten ihm die Heckenschützen der politischen Debatte einige Knieschüsse, als sie bestimmte Stellen dieses Lieds als antisemitisch anprangerten.[172] In seiner nächsten Single »Stranger in Moscow« klagte Jackson dann, wie missverstanden er sich fühlte.)

Die Probeaufnahmen enthalten ein nettes politisches Detail. Nach der Passage mit Martin Luther King und einer kleinen Tanzeinlage dröhnt die Stimme des Regisseurs durch den Saal: »Hold for applause, hold for applause!« – Die Halle ist zu dem Zeitpunkt bis auf Künstler und Techniker leer, doch auf der Bühne übt man, den Applaus entgegen zu nehmen.

Michael Jackson hat einen für ihn attraktiven Bestandteil des politischen Geschäfts extrahiert und setzt diesen als Showeffekt ein: die (politische) Applauszeile, im Politenglisch die »applause line« oder »zinger« genannt. Die Applauszeile ist eine Formulierung, die das Publikum aufwecken und, wie das Wort sagt, zum Applaus anregen soll.

So wie im deutschen Fußball wortstarke TV-Kommentatoren nach dem Spiel die stärksten Pässe und Tore analysieren, so werden in den US-Medien nach wichtigen Ansprachen und TV-Debatten nicht nur die Gesamtleistung, sondern im Detail auch einzelne Applauszeilen bewertet.

Obamas State of the Union 2015

Ein Beispiel von vielen: Am 20. Januar 2015, kurz nach neun Uhr abends Ostküstenzeit, verteidigte der Demokrat und amerikanische Präsident Obama in der »State of the Union Address« seine Politik vor dem von Republikanern dominierten US-Kongress[173]. Noch in der Nacht veröffentlichte MSNBC eine kommentierte Zusammenstellung der fünf erfolgreichsten Applauszeilen[174].

■ »Ich weiß es, denn ich habe beide gewonnen.«[175] – Obama hatte Republikanern eine Falle gestellt: Er hatte gesagt, dass er keine weiteren Wahlkämpfe mehr zu schlagen habe. Republikaner applaudierten hämisch… und er konnte seinen »zinger« platzieren. – Applaus bekommt, wer nach vorne prescht und den Feind angreift. Obama sieht hier dem Gegner ins Gesicht, führt ihn vor und begründet durch diese geistige Wendigkeit seinen Führungsanspruch. Der Applaus ist die Bestätigung des Publikums, einem so gewitzten wie erfolgreichen Feldherrn folgen zu wollen.

■ »Wir müssen unsere Perspektive weiter ansetzen als eine einzige Pipeline.«[176] – Republikaner hatten sich auf die Durchsetzung der Keystone XL-Pipeline eingeschossen. Kritiker dieses Projekts bemängeln die drohenden Umweltschäden und einige wirtschaftliche Verbindungen von Regierungsgutachtern und Investor[177]. – Wie auch bei der nächsten Applauszeile löst Obama hier eine festgefahrene Debattensituation auf. Es geht nicht mehr um ein Ja oder Nein, sondern um einen Perspektivenwechsel. Es ist eine rhetorische Rauchbombe, doch für den Augenblick nimmt es der Kontroverse ihre Schärfe, fühlt sich nach einem Ausweg an und erntet deshalb Applaus.

- »Nun, auch ich bin kein Wissenschaftler.«[178] – Einige »Klimaleugner« (ein ebenso doofes Wort wie »genfrei«) verweigern sich der Auseinandersetzung mit wissenschaftlichen Analysen der Klimaveränderung, mit der Begründung, sie seien keine Wissenschaftler. Obama zeigt einen einfachen Weg aus der Debattenparalyse: Fragt einfach einen anerkannten Wissenschaftler!
- »Es ist an der Zeit, etwas Neues zu versuchen!«[179] – Obama verteidigt seine politische Annäherung an Kuba. – Obama hat nicht in wohlfeilen Reden angekündigt, die Spannung mit dem Nachbarstaat aufzulösen, er ist tatsächlich vorgeprescht und die Nation ist so überrascht wie entspannt mitgekommen. Er muss es hier nur erwähnen, und das Publikum ist froh, dass es sich ihm anschließen durfte, was es natürlich durch Applaus bekräftigt.
- »Kongress, versucht ihr mal, von Mindestlohn zu leben!«[180] – Die US-Republikaner mögen den Mindestlohn nicht. Obama setzt dagegen, was man in der Philosophie ein »pragmatisches Argument« nennt, bei dem der Gegner die eigene Aussage durch seine Lebenspraxis entkräftet. – Dies ist wieder eine Kombination aus direkter Konfrontation des Gegners und der demonstrativen Gewitztheit. Wer uns das Gefühl gibt, geistig agil zu sein (wir realisieren ja im Moment der Rede nicht, dass jedes Wort von Schreibern vorbereitet wurde, jede Zeile auf Teleprompter projiziert wird und jede Geste tausendfach trainiert wurde) und auch noch dem Gegner mutig und mit offenem Visier entgegentritt, dem folgen wir gern, und im Applaus tun wir das kund.

Wenn Obama sich vorbereitet, dann ist er ein Meister der Applauszeile. Wie alle Meister der Applauszeile kombiniert er immer verschiedene Techniken miteinander. Im Folgenden schauen wir uns einzelne Techniken an, um besser zu verstehen, was uns, das Publikum, zum Klatschen bringt.

Auf zum Angriff

Der Politiker will, dass wir ihm »folgen«, wie die Soldaten ihrem General in die Schlacht folgen. Es gibt in Filmen die immer wieder beeindruckende Szene, dass ein Anführer einfach losgeht (meist nach viel Drama im Vorlauf) und darauf vertraut, dass seine Getreuen ihm schon folgen werden. Die Applauszeile ist dieser Moment des »Einfach-Losgehens«. Der Redner macht eine pointierte, nach vorne eilende Aussage. Das Publikum spürt, dass er sich voraus gewagt hat, und (im Idealfall) schließt es sich an, indem es applaudiert.

Applaus bedeutet, sich anzuschließen

Anders als Talkingpoints sind Applauszeilen nicht nur eine Frage des Inhalts, sondern ganz wesentlich auch des Vortrags. Begabte, erfahrene Redner können sogar allein durch Stimme und Körpersprache im Publikum frenetischen Applaus triggern – das (unalkoholisierte) Publikum wird aber nicht dauerhaft dranbleiben, wenn die Applaus-Trigger nicht auch die implizit versprochenen Meinungsfragmente transportieren. Der kluge Politiker wird also solide Talkingpoints und die hier beschriebenen Applausmethoden kombinieren.

Talkingpoints sollen die Macht des Politikers sichern. Talkingpoints sind das Angebot, uns zu führen. Im Talkingpoint fragt der Politiker: »Willst du, dass ich für dich spreche?« Die rechtsverbindliche Annahme dieses Angebots geschieht in der Wahlkabine, doch die sichtbare und hochemotionale Manifestation der Annahme des Angebots ist der Applaus am Parteitag, in der Talkshow oder schlicht bei der Wahlveranstaltung im Ortsverein. (Parteien lassen im Wahlkampf schon mal Getreue zu Veranstaltungen bringen, wie etwa die CDU im Wahlkampf 2013, die Busse aus ganz Deutschland nach Düsseldorf beorderte, damit Angela Merkel nicht vor leeren Rängen sprechen musste[181]. In den USA bieten Unternehmen wie »Crowds on Demand«[182] an, Veranstaltung mit jubelnden Fans zu versorgen.)

Damit das Publikum aber sein »Ja, ich will« gibt, müssen einige Faktoren zusammenspielen:

1. Es muss eine mehrheitsfähige Kampfrichtung geben, einen (in dem Moment) zentralen Talkingpoint.
2. Das Publikum braucht ein Signal, dass es jetzt seine Zustimmung äußern soll.

3. Talkingpoint und Applaussignale müssen so universal sein, dass der Einzelne nicht nur weiß, dass er selbst zustimmen soll, sondern auch, dass alle anderen wissen, dass sie zustimmen wollen.

Dieser letzte Punkt klingt zunächst esoterisch, doch unerfahrene Redner scheitern immer wieder eben daran. Wie peinlich ist es, allein loszuklatschen! Wenn wir klatschen, brauchen wir auch die Gewissheit, es in einer Menge zu tun.

Applaus ist das »Ja, ich will« des Publikums. Wenn ein Schlagersänger ruft »Und jetzt alle!«, dann ist dieses »alle« nicht »unpersönlich«, sondern notwendige Bedingung für den Einzelnen, Teil des Applauses zu werden. Weil der Schlagersänger gerufen hat, dass »alle« klatschen sollen, weiß der Einzelne, dass eben auch »alle« anderen dieses Signal bekommen haben und er in dieser Masse nun aufgehen darf.

Um beim Musikvortrag zu bleiben: Das Gegenstück zum »Und jetzt alle« ist die gehauchte Liebesballade an »die eine«. Es mag für den Politiker wie für den Rockstar nachhaltig wirksam sein, bei richtiger Gelegenheit den einzelnen Menschen anzusprechen – für den Applaus, und um den geht es hier, ist entscheidend, dass der Einzelne weiß und spürt, dass alle anderen Einzelnen wissen, dass sie sich genau jetzt anschließen sollen.

Gefühlen eine Stimme geben

Wir applaudieren, wenn ein Politiker einem zu wenig ausgesprochenen Gefühl eine Stimme gibt (siehe auch »Effekt: Vereinfachung«). Wenn der SPD-Mann vor Bergleuten spricht und wahrnimmt, dass diese Männer sich von der Politik benachteiligt fühlen, kann er die diffusen Selbstzweifel der Kumpel kanalisieren: *Wir sind das Rückgrat der deutschen Industrie, wir haben dieses Land neu aufgebaut, haben es stark gemacht, und jetzt trampeln diese Trampel in Berlin auf uns herum, das lassen wir uns nicht bieten!* [Hold for applause]

Wollen Sie Applaus? Einfach: Bringen Sie ein diffuses Gefühl prägnant auf den Punkt. Der Anfänger meint, nur das positive Gefühl würde Applaus bekommen, doch das negative Gefühl, das man endlich ausspricht, kann noch viel größere Emotionen entfesseln – und dennoch schadet es dabei nicht, ein »wir werden das nicht länger hinnehmen« hinterherzuschieben. Vergessen Sie nur nicht, durch Satzbau und Intonation allen Publikumsmitgliedern klarzumachen, dass alle wissen, dass jetzt applaudiert werden muss!

Geistige Überlegenheit zeigen

Der Cro-Magnon in uns verlangt, dass jene, die uns anführen, genetisch fit sind (siehe auch »Effekt: Biologische Fitness«). Der Homo sapiens in uns ist aber nicht minder happy, wenn die Fitness der Mächtigen nicht mit Keulen und Bizeps daherkommt, sondern als Fitness des Geistes. Wir applaudieren, wenn ein Politiker einen Standpunkt überraschend geistreich auf den Punkt bringt.

Witzig war etwa der Spruch der damaligen CSU-Generalsekretärin Christine Haderthauer: »Die Bayern-SPD hat eine lange Tradition unerfüllter Träume, und wir werden dafür sorgen, dass diese Tradition weitergeht.«[183] Kampfesmut, etwas Schadenfreude am Schmerz der Gegenseite und vor allem ein spritziger Gedankensprung – so einer Politikerin applaudiert man gern.

Wir gegen die

Applaus ist immer auch ein symbolischer Aufbruch in den bewaffneten Kampf. Kampf braucht einen Gegner und etwas Kriegsmetaphern helfen aufzuzeigen, was dem Gegner droht. Horst Seehofer beim politischen Aschermittwoch der CSU 2011: »Da werden wir uns in der Berliner Koalition sträuben bis zur letzten Patrone, liebe Freundinnen und Freunde, und niemals nachgeben, dass wir eine Zuwanderung in die deutschen Sozialsysteme bekommen. Das wollen wir nicht, liebe Freundinnen und Freunde.« Lauter Applaus. – Jörg Lau kommentierte im Zeit-Blog: »Horst Seehofer hat nun die Metaphorik bewaffneten Widerstands gegen Einwanderung bierhallenfähig gemacht. Was wird er sagen, wenn demnächst irgendjemand schießt und sich auf ihn beruft?«[184]

Angst auflösen

Wir alle haben Angst. Die große Welt und das eigene kleine Leben bieten genug Anlass dazu. Wenn ein Politiker uns einen Weg zeigt, unsere Furchtsamkeit zu überwinden, applaudieren wir gern. Das ist der Applaus der Erleichterung: Wir folgen dir, denn alles ist besser als der Abgrund unserer Angst!

Man kann, im extremsten Fall, wie König Leonidas I. im Film »300« der Gefahr ihren Angststachel ziehen, indem man den Kampf final verloren gibt und das Kämpfen zur Stilsache erklärt. Man kann auch den Gegner lächerlich machen oder schlicht behaupten, dass dieser mehr Angst habe als man selbst: *Unser politischer Gegner hat viel Schlimmes über uns behauptet, aber ich sage Ihnen, das ist nur das Pfeifen im Walde. Die haben die Hosen voll, und das ist unsere Chance! Die klappern, weil sie Angst haben, wir aber greifen an! Wir wollen aufbrechen, der Zeitpunkt war nie richtiger! Gemeinsam zeigen wir diesen Angsthasen, wie Wahlkampf richtig geht!*

Ausweg aufzeigen

Applaus bekommt, wer voranzugehen wagt. Nicht immer muss das Vorangehen auf dem Weg ein Angriff auf den Gegner sein. Manchmal folgt das Publikum viel lieber, wenn man einen neuen, noch nicht ausgelatschten Weg betritt.

In der erwähnten State-of-the-Union-Address von Obama war eine der Applauszeilen: »Nun, auch ich bin kein Wissenschaftler.« Es mag zunächst nicht einleuchten, wieso diese Zeile solchen Applaus generierte. Doch man muss verstehen, dass sich in der US-amerikanischen öffentlichen Debatte eine absurde Pattsituation ergab. Wissenschaftler warnen vor Erderwärmung, während »Climate change deniers«, gesponsert von interessierter Stelle, die wissenschaftliche Forschung anzweifeln. Wer sich an der öffentlichen Debatte beteiligt und vor Klimaveränderung warnt, bekommt – wenn er Publizist und damit wohl kein tätiger Wissenschaftler ist – von den »deniers« schnell um die Ohren geknallt, kein Wissenschaftler zu sein und deshalb Unsinn zu erzählen. Obama löst dieses Patt auf: Ja, man kann sich auch als Nicht-Wissenschaftler für den Erhalt des Planeten stark machen, wenn und weil man den eigenen Standpunkt von Wissenschaftlern hat prüfen lassen. Obama zeigt einen argumentativen Weg aus dem Patt – und das Publikum applaudiert.

Überraschung

Manchmal ist die bloße Überraschung genug Grund, Applaus zu geben. Eine beliebte Überraschung ist die Gegenthese, die so überraschend ist, dass das Gehirn erst gar keine Chance zum Faktencheck hat. In einem Autokonzern-Bundesland könnte man mit Folgendem einen soliden Applaus triggern: *Autos verschmutzen nicht die Umwelt, im Gegenteil! Niemand hat mehr Patente für Umwelttechnologie als die deutschen Autohersteller. Die deutschen Autofirmen, meine verehrten Damen und Herren, sind Deutschlands Umweltschützer Nummer eins!* – Wer überrascht, der führt, ob es Sinn macht oder nicht.

Um Applaus bitten

Eine Rede vor Publikum ist eine andere Situation als etwa die spontane Ansprache von Passanten im Kontext eines Wahlkampfstandes in der Fußgängerzone. Das Publikum ist, um es deutlich zu sagen, gekommen, um zu applaudieren – der Politiker muss nur noch die richtigen Applaustrigger aktivieren.

Der auf Applaus bedachte Politiker kann, auch, um erst mal mit der Menge warm zu werden, explizit zum Applaus auffordern.

Verkäufer wissen, dass es dem Kunden einfacher fällt, »Ja« zum Kauf zu sagen, wenn er bereits vorher ein paar Mal »Ja« gesagt hat, aber zu anderen, beliebigen Fragen. Natürlich möchte der Politiker jenen Ergebenheitsapplaus, der ihm und seinen Mitarbeitern die Gehälter sichert. Damit dem Publikum dieser wertvolle Applaus leichter aus dem Handgelenk geht, hilft es, »Trockenübungen« zu fahren – der Politiker als Einklatscher in eigener Sache.

Man »erzwingt« Klatschen, indem man Sachverhalte zum Applaus stellt, die nicht zu umjubeln geradezu unmoralisch wäre, etwa so: *Zuerst will ich den vielen Helfern danken, die den heutigen Tag möglich gemacht* haben. *Ich finde, das hat eine Runde Applaus verdient! Mitglied Max Mustermann hat zehnjähriges Jubiläum, auch da sollten wir mit einem Applaus gratulieren!* – Wenn die Menschen erst mal in Übung sind, geben Sie ihnen so viele Klatschanlässe, dass sie Ihnen irgendwann eben auch jenen wertvollen Ergebenheitsapplaus gewähren.

Witz erzählen

Wer einen (funktionierenden) Witz erzählt, führt. Ein funktionierender Witz löst immer eine Spannung. Beides, voranzugehen und Spannungen zu lösen, sind Applaus-Trigger.

Die Aufgabe des Witzes ist es, einen Schmerz, der sich in konzeptueller Unklarheit manifestiert, zuzuspitzen und aufzulösen. Wichtig ist dabei, Witze zu erzählen, die einen Schmerz des Publikums (!) aufgreifen – nicht einen, den man nur selbst hat.

Nehmen wir als Beispiel die Witze zweier FDP-Politker.

Hans-Dietrich Genscher: »Eva fragt Adam: ›Liebst du mich?‹ – Adam: ›Wen sonst?‹«[185] – Applaus in kleiner Runde. In der Sache geht es darum, dass es neben Adam keinen für Eva gab, doch der verklausulierte Schmerz ist, dass unsere eigene Partnerwahl uns als ein Sichfügen ins Schicksal vorkommen mag, nicht als eine wirklich »freie« Entscheidung. Witzcheck bestanden.

Dagegen etwa Philipp Rösler: »Angela Merkel gibt es jetzt auch als Barbie-Puppe – für 300 Euro. Das heißt, die Puppe kostet nur 20 Euro, aber richtig teuer werden die 40 Hosenanzüge.«[186] – Der »Witz« kam nicht an. Es gibt zwar neckische Kommentare, aber gewiss keinen latenten Schmerz hinsichtlich der Kleiderwahl der Bundeskanzlerin. Witzcheck nicht bestanden.

Wenn ein Witz auch Applaus bekommen soll, muss er tatsächlich witzig sein, sprich: einen latenten Schmerz pointiert aufarbeiten. Der Schmerz, der im Witz aufgearbeitet wird, kann auch vom Witzerzähler selbst mit verursacht sein. Überhaupt kommen Witze über die eigene Amtsführung bei der richtigen Gelegenheit gut an, denn sie scheinen zu belegen, dass man »über den Dingen steht«. – Während wir uns im Westen immer mehr damit abfinden, dass Angriffskriege im Ausland irgendwie unsere Freiheit und Werte verteidigen, so scheinen wir noch an einem gewissen Ehrenmythos zu leiden, wonach die kriegerische Konfrontation wenigstens von Angesicht zu Angesicht passieren sollte. Entsprechend haben einige Leute ein moralisches Bauchweh, wenn westliche Militär-Drohnen gezielt Terrorverdächtige (und aus Versehen von Zeit zu Zeit auch eine Hochzeitsgesellschaft, die vielleicht nur ihre Lebensfreude mit Schüssen in die Luft zum Ausdruck bringt) ferngesteuert aus der Luft töten[187]. Das Leid in Pakistan, Yemen und anderen Drohnen-Einsatzgebieten mag weit weg sein, doch inzwischen müssen wir auch mit dem Leid der westlichen Drohnen-Piloten umgehen, die vom Fernsteuern der bewaffneten Drohnen am Burn-out-Syndrom leiden.[188] – Beim »White House Correspondents Dinner« spricht Obama diesen ganzen Schmerzkomplex an, mit der Hilfe eines Witzes. Der Präsident wendet sich an einen anwesende Popband, die gerade von seinen beiden Töchter verehrt wird: »Aber, Jungs, kommt nicht auf dumme Gedanken. (Gelächter) Ich habe zwei Wörter für euch — Predator-Drohnen. (Gelächter.) Ihr werdet es nie kommen sehen. (Gelächter.) Ihr denkt, ich mache Witze. (Gelächter.)«[189]

Grinsen

Wer grinst, gewinnt. Bei unseren äffischen Verwandten ist das Zeigen der Zähne ein Zeichen von Panik. Bei uns Menschen sind gebleckte Zähne ein Zeichen von Überlegenheit. Es soll TV-Moderatoren geben, die ganze Comedy-Karrieren auf der perfektionierten Technik des Zähnebleckens als Applaus-Trigger aufgebaut haben. Zähne allein reichen nicht, doch wenn der Applaus ohnehin ansteht, nimmt der erfahrene Politprofi das Klatschen breit lächelnd entgegen.

Spannung aufbauen und auflösen

Selbst die Bodenturner der rhetorischen Hochseilartistik können Applaus generieren, wenn sie geplant Spannung in die Sache bringen. Man kann zu Beginn des Vortrags eine Rätselfrage stellen, während des Vortrags ein paar Mal nachhaken, und schließlich unerwartet die Auflösung liefern. Die gelöste Spannung lässt Menschen applaudieren, schließlich hatte ganz fühlbar der Redner uns etwas voraus, und so einem folgt man gern. Sie können sich ja beim Internet-Phänomen der »Curiosity Gap« bedienen, der bewusst konstruierten, Neugier weckenden Informationslücke, etwa so: *Ich habe vorhin, im Gespräch mit dem Vorsitzenden, eine Neuigkeit gehört, die wird Sie, meine Damen und Herren, ein wenig schocken – aber dazu komme ich gleich...*

Irritieren

Wenn der Redner die Kommunikationsebene zerbricht, etwa indem er sein angeblich vorbereitetes Manuskript mit Riesengeste zur Seite wirft und »spontan« ein paar Worte an uns richtet, hat er die Kommunikationsebene zumindest kurz zur Metaebene verlassen und dann die Richtung gewechselt. Wir haben gar keine andere Wahl, als zu folgen.

Im Kapitel »Waren an der Müritz« erleben wir, wie Angela Merkel mit einem simplen »Aber das ist eigentlich nicht das, was am 22. September das Allerwichtigste ist« mal eben dem Publikum den Boden unter den Füßen wegzieht. Applaus bedeutet, dass das Publikum dem Redner folgen möchte. Wenn der Redner spontan die Richtung wechselt und das Publikum noch immer folgt – nach einem spontanen Richtungswechsel ist die Aufmerksamkeit ja sowieso gerade neu geweckt –, dann wird der nächste Applaustrigger umso intensiver zünden.

> **Die Applauszeile ist das Yang zum Ying des Talkingpoints.**

Folgt mir!

Im Endspurt zum Applaus gilt das Gegenteil mancher Talkingpoint-Regel. Bei Talkingpoints geht es in der Tendenz um die Bewahrung von gemeinsam relevanten Strukturen, um größere, umfassende Strukturen wie Güte und Weisheit, oder vererbte Strukturrelevanz wie Nation, Kinderkriegen oder Problemverständnis. Das ist alles wichtig, und doch muss die Applauszeile das alles auch zurücklassen. Wer Applaus will, muss den Mut aufbringen, sich mit offenem Visier an die Spitze eines gefühlt neuen Kampfes zu setzen. Talkingpoints zeichnen den gemeinsamen Grundriss und festigen das gemeinsame Fundament, die Applauszeile aber stürmt von dieser gemeinsamen Startlinie aus nach vorne, und wenn wir als Publikum applaudieren, ist es, als ob wir dem Redner nun hinterher stürmten, wenn auch gerade unser Hintern fest mit den Parteitagsplastikstuhl verbunden ist.

Nehmen wir etwa folgende berühmte Zeile des damaligen FDP-Chefs Guido Westerwelle: »Auf jedem Schiff, das dampft und segelt, gibt's einen, der die Sache regelt, und das bin ich.« – Hold for applause – (Bei seinem Rücktritt als Parteichef ein Jahrzehnt später wiederholte Westerwelle diesen Satz, ergänzte aber »– jetzt nicht mehr«, und wieder bekam er Applaus.)

Crescendo

Wenn es in den Kampf geht, sind Menschen natürlich erregt. Die Kämpfer schreien sich gegenseitig Mut zu, der Anführer stößt seinen Urschrei aus – wir greifen an! Es ist so banal wie wirksam: Wenn die Stimme des Redners immer lauter wird, bereiten wir uns innerlich auf den Applaus vor. Besonders aber beim Crescendo als Applaus-Technik sehen wir, dass Applaus-Trigger meist kombiniert werden sollten. Etwa ein Crescendo, dann ein Wir-gegen-die und schließlich ein stolzes Grinsen, während man den Applaus entgegennimmt.

Es ist immer wieder unterhaltsam – wir nennen jetzt keine Namen –, wenn unerfahrene Politiker ein Crescendo einbauen, weil sie das mal so gehört haben, aber der erwartete Trigger verpufft wie ein feucht gewordener Knallfrosch zu Silvester. Crescendo allein macht uns Hörer taub und den Redner heiser. Bei einer politischen Rede mag es verzeihlich sein, dass sie kein Ziel hat, das Crescendo selbst aber braucht Höhepunkt und Entspannung, um zu wirken.

Rhythmus beschleunigen

Mit etwas Vorbereitung kann der Redner den Applaus einfordern, indem er seine Sätze immer kürzer werden lässt – gut kombinierbar etwa mit dem Crescendo der Sprache.

Zum Beispiel so:

- »Wir haben uns in der Vergangenheit viel zu viel gefallen lassen. [11 Wörter]
- Dieses Sich-gefallen-Lassen muss ein Ende haben! [8 Wörter]
- Es ist Zeit, etwas zu ändern! [6 Wörter]
- Diese Zeit ist jetzt! [4 Wörter]
- Packen wir's an!« [3 Wörter]

[Hold for applause…]

Verbeugen

Unsere Höflichkeit gebietet, dass wir wenigstens am Schluss eines Vortrags dem Redner für seine Mühe etwas klatschen. Doch vor allem bei den politischen Feierabendrockern auf Ortsebene passiert es gern, dass sie ihre Rede beenden wie ein Autofahrer, der in entspannter Fahrt vom Ende der unfertigen Brücke fällt – das Manuskript ist halt vorbei. Ein niedliches »Ich glaub, das war jetzt alles« – dabei die Rückseite des letzten Blattes prüfend –, ist menschlich, verspricht aber keine großformatige Politkarriere.

Es ist einfach, zumindest für den Schlussapplaus die notwendigen Marker zu setzen. Auch wenn es auf der Schlussgeraden zu spät sein mag, die Welt- oder Kommunalrevolution auszurufen, ein würdiges Weiter-so sollte schon drin sein.

So wie man den Applaus explizit einfordern kann, kann und sollte man auch das Ende ankündigen. Etwa so: Meine Damen und Herren, lassen Sie mich zum Schluss zusammenfassen: Erstens, zweitens, drittens. Unsere Aussichten sind gut, wir haben das notwendige Handwerkszeug, lassen Sie es uns anpacken! – Ich danke Ihnen!

Auch für das einfache Redefinale gilt, dass der Redner den erarbeiteten Applaus entgegennehmen muss. Also: nicht fliehen. Kurz stehen bleiben mit geradem Rücken und das Publikum offen anschauen. Der kleine, dankbare Applaus kann auch für den Redner sehr befriedigend sein.

Exkurs: Machiavelli

Denkt man an hinterlistige Machttechniken, so denkt man an das Buch »Der Fürst« von Niccolò Machiavelli. »Ein Machiavelli« zu sein ist Synonym für den so gerissenen wie erfolgreichen Machttaktiker. Diese Färbung seines Namens ist ein wenig ironisch, denn Machiavelli selbst war ein gescheiterter Machttaktierer. Als Sohn eines erfolglosen, verarmten Anwalts, schaffte es Machiavelli im Jahr 1498 bis zum Posten des Staatssekretärs der Republik Florenz, zuständig für Außen- und Verteidigungspolitik, ein Posten, den er bis 1512 hielt, als die Medici wieder die Macht in Florenz übernahmen. Machiavelli wurde zunächst gefangen genommen, dann begnadigt und lebte den Rest seines Lebens in Armut. Sein Werk »Il Principe«[190], erschienen 1513, ist eine erfolglose Bewerbung um eine Stelle am Hof der neuen Machthaber.

Machiavellis berühmtestes Werk leitete eine Wende im Denken über die Macht ein. Bis Machiavelli wollte Macht sich auch vor sich selbst immer moralisch begründet wissen – und im Zweifelsfall leitete man aus der Tatsache, dass man an der Macht sei, eben ab, dass dies der »Wille Gottes« sei, was genug begründende Moral darstellte. Machiavelli ersetzt in der Debatte um Macht das »Warum« durch das »Wie«. Er fragt nicht mehr nach Rechtfertigung, sondern nach der Erlangung und Sicherung von Macht.

Dass die Kinder des Schusters barfuß laufen, muss nicht heißen, dass Vater schlechte Schuhe macht.

Der größte Teil des Buches spricht von politischen Taktiken wie die Unterschiede zwischen erworbener und geerbter fürstlicher Macht, nicht von öffentlichen Auftritten. Neben der eigenen Wiedereinstellung ist Machiavellis Anliegen das Wiedererstarken Italiens.

Kapitel 9 wendet sich dann der wünschenswertesten, weil einfachsten Regierungsform zu, der vom Volk gestützten. Ab Kapitel 15 dann geht es immer wieder um die Außenwirkung des Herrschers. Während die Bedeutung des »Fürsten« für Talkingpoints vor allem die nicht-wertende Art der Denkens über Politik ist, so kann man doch aus Machiavellis Ratschlägen auch für den Talkingpoints-Konstrukteur einige Lektionen ableiten.

Außenwirkung zwischen Anspruch und Realität

Es ist interessant, dass Machiavelli seine Ausführungen über die Außenwirkung des Fürsten mit der scharfen Unterscheidung zwischen tradiertem Anspruch und tatsächlich funktionierenden Methoden einleitet.

Beginnend mit Kapitel 15 will er »prüfen, wie der Fürst sich gegen seine Untergebenen und seine Freunde benehmen muss«. Dabei ist ihm daran gelegen, »die Dinge so darzustellen, wie sie in Wirklichkeit liegen, als bloßen Fantasien über sie zu folgen«.

Machiavelli unterstellt seinen Vorgängern, in heutiger Sprache ausgedrückt, die Verwechslung von Deskription (Beschreibung) und Präskription (Vorgabe, meist moralisch angehaucht). Seine schreibenden Vorgänger waren in der Praxis nutzlos, denn obgleich sie zwar »Republiken und Monarchien erdacht« haben, so waren diese Entwürfe eben nicht »in der Wirklichkeit begründet«. Man könnte sagen: Seine Vorgänger waren Moralisten, Machiavelli ist Pragmatiker.

So wie zu Zeiten der Medici die »Untergebenen«, erwarten heute die Wähler, dass der Politiker eine Idealform aller Tugenden lebt. (Und messen ihn dann an ihrer idealisierten Vorstellung, gegen die jeder Mensch nur als Gauner wegkommen kann.) Es sei »wünschenswert«, schreibt Machiavelli, »die Fürsten möchten von allen benannten Eigenschaften die lobenswerten besitzen« – doch am Ende des Tages sind auch Fürsten nur Menschen. Deshalb sollen sie darauf achten, zumindest »den üblen Ruf solcher Laster zu vermeiden, über denen der Staat scheitern könnte«.

Ein etwas kryptischer Hinweis am Schluss des 15. Kapitels ist für die Talkingpoints-Herstellung wichtig: »Wenn man die Sache genau betrachtet, so gibt es scheinbare Tugenden, bei denen man zugrunde geht, und scheinbare Fehler, auf denen die Sicherheit und Fortdauer des Wohlbefindens beruht.«

Fremdes Geld und Freigiebigkeit

Eine jener »Tugenden«, die einen Herrscher die Macht kosten könnten, ist Freigiebigkeit mit *eigenem* Geld. Man könnte fast meinen, Machiavelli sei Sozialist, denn im Geiste jenes Bonmots, wonach Sozialisten nie müde werden, das Geld andrer Leute zu verteilen, spricht sich Machiavelli sehr dafür aus, durch Eroberungen oder politische Tricks verfügbares Geld unters Volk zu verteilen: »Wenn du nicht dein eigenes oder deiner Untertanen Gut vergeudest, so magst du wohl freigebig sein, wie Cyrus, Cäsar und Alexander: fremdes Gut durchbringen macht keinen schlechten Namen, sondern das Gegenteil. Nur die Verschwendung des eigenen schadet.«

Die Milde des Fürsten

Jeder Fürst sollte versuchen, »für mild gehalten zu werden«. Ob die Menschen einen »lieben«, hängt natürlich auch von ihren Vorlieben ab, doch zumindest sollte man darauf achten, nicht »gehasst« zu werden. – Das Kapitel »Effekt: Güte« zeigt Ansätze, wie Politiker sich als »mild« portraitieren können.

Wahrheit und Lüge

Wenn der Fürst sein Wort gibt, so geschieht es in bestimmten Umständen. Ändern sich die Umstände, muss der Fürst eben sein Wort revidieren: »Ein kluger Fürst kann und darf daher sein Wort nicht halten, wenn dessen Erfüllung sich gegen ihn selbst kehren würde und wenn die Ursachen aufhören, die ihn bewogen haben, es zu geben.« – Dieser Ratschlag ist auch heute gültig. Selbst wenn man versprochen hat, dass im Euroraum nie ein Staat für die Schulden eines anderen Staates bürgen wird (CDU 2010), so kann man später doch sagen, die Umstände hätten sich geändert, eben dahin, dass diese Bürgschaft notwendig geworden sei. Ganz allgemein: Jedes Wahlkampfversprechen kann mit diesem »machiavellischen« Trick aufgehoben werden: Die Umstände haben sich geändert – mindestens insofern als nach dem Wahlkampf eben kein Wahlkampf mehr ist.

Fazit

Machiavelli war kein Wissenschaftler und kein großer Systematiker. Er war ein Politiker mit sehr viel Erfahrung und gegen Ende seiner Karriere keiner guten Fortune. Seine Ratschläge sind teils sehr spezifisch, teils allzu allgemein. Und doch gibt es eine machiavellische Wende im Reden über Politik: von Platons Republik bis zu den klösterlichen Politik-Einflüsterern des Mittelalters und der Renaissance war Politikberatung immer hochmoralisch und präskriptiv – jedenfalls offiziell. Machiavelli schrieb als Erster auf, was erfolgreiche Fürsten »in Wahrheit« dachten – oder wonach ihr Handeln tatsächlich ausgerichtet war. Es sagt mehr über uns als über den Autor aus, wenn seine schlichte Beschreibung tatsächlicher sozialer Mechanismen als zynisch oder dämonisch erscheint. Machiavellis »Der Fürst« ist, würde man heute sagen, »nicht politisch korrekt« (siehe auch das Kapitel »Effekt: Politische Korrektheit«).

Effekt: Fußballfan

Regel

Der Alltag von Politikern ist anders als unserer – wenn Angela Merkel in den Supermarkt geht, ist das eine Zeitungsmeldung[191]. Der gute Politiker muss wieder und wieder seine »Verankerung« in Strukturen, die dem Wähler relevant sind, beweisen. Wenn er in Deutschlands Norden ist, isst er Hering, und wenn in Hamburg, geht er auch noch an der Alster spazieren. Wenn er in Bayern ist, trinkt er Weißbier. Doch egal, wo in Deutschland ein Politiker herkommt oder hinzieht, die einfachste Art, »Verankerung« zu belegen, ist es, in der Promiloge des lokalen Fußballvereins mit einem Fanschal um den Hals wild jubelnd fotografiert zu werden, vor allem, wenn dann gerade auch ein Fußballspiel stattfindet.

Beispiel

»Etwas Festes muss der Mensch haben, daran er zu Anker liege«, schreibt Matthias Claudius. Politiker sagen uns, ein innerer Kompass würde sie leiten. Doch in diesen Zeiten, wo das soziale Magnetfeld sich in Sprüngen verschiebt, ist wichtiger als der Kompass vielleicht der Anker, der das Schiff im Heimathafen hält, bis der Sturm sich legt.

Die vielleicht einfachste Art, die seelische »Verankerung« in einer Region spürbar zu machen, ist, sich öffentlich zu einer Sportmannschaft zu bekennen. Während in den USA die Politiker ihr Mannschaftsbekenntnis gleich drei Mal, nämlich für Baseball, Basketball und American Football abgeben müssen, hat man es in Deutschland leichter. Die einzig relevante Massensportart in Deutschland ist Fußball. Männerfußball ist, wie der Bild-Chef (und Arminia-Bielefeld-Fan) Kai Diekmann sagt, »das letzte große Gemeinschaftserlebnis«[192]. Das öffentliche Bekenntnis zum Fußballclub ist der Beleg der geteilten Verankerung.

Wer aus Bayern kommt, ist per weissblauem Gesetz natürlich Fan des FC Bayern München. Andere sind da flexibler. Franz Müntefering bringt es immerhin auf zwei Vereine, Borussia Dortmund und Schalke 04[193]. Gerhard Schröder hat gleich drei schlagende Fanherzen in der Kanzlerbrust: eines natürlich für den Heimatverein Hannover 96[194], eines für Energie Cottbus[195] und ein drittes für Borussia Dortmund, inklusive Ehrenmitgliedschaft[196].

Zu einer Mannschaft zu stehen, wenn sie gewinnt, das kann jeder. Die weitblickende Politikerin nimmt sich ein Beispiel an der auch sonst symbolbegabten Dorothee Bär. Als ihr FC Bayern vom FC Barcelona 0:3 vermöbelt wurde, zog sie am nächsten Tag im Bundestag demonstrativ ein Mannschafts-Trikot an, unter dem Blazer, und zog sich damit prompt den Zorn der gesetzteren Herren von der Partei Die Linke zu. Doch Dorothee Bär sagt richtig: »An schlechten Tagen muss man besonders zu seinem Verein stehen.«[197]

So funktioniert es

Bei Wochenende und Sonnenschein werden die Parks und Wiesen deutscher Großstädte von Picknickern und Einweggrillern heimgesucht, und das ist schön so.

Auch im Mittelalter gingen die Menschen picknicken, und manchmal breiteten sie ihre Decke auf einem Hügel aus und Mütter und Kinder sahen zu, wie unten im Tal die Väter zu Armeen geformt aufeinander einschlugen und die Zuschauer auf der Anhöhe zu Witwen und Waisen machten. Beim ersten Irakkrieg, der Operation »Desert Storm«, sah die Welt zu, wie die Soldaten einer Koalition aus 34 Staaten zur Verteidigung Kuweits gegen Saddam Hussein zogen – das Picknick war nur diesmal daheim und die Schlacht nicht im Tal, sondern als grüne Nachtsichtbilder auf CNN. Als im Jahr 2014 die Armee Israels gegen die Raketenstellungen der Hamas aufschlug, saßen wieder Menschen auf den Anhöhen, diesmal einem Berg nördlich von Sderot, auf Plastikstühlen, und aßen und rauchten und sahen den Bomben zu, die auf Gaza fielen[198].

Es ist der Menschheit angeboren, zusehen zu wollen, wie die eigenen Söhne gegen die Söhne der anderen in die Schlacht ziehen. Nur – so lukrativ der Akt der Rüstung auch sein mag – die eigenen Arbeitskräfte zu verbrauchen ist praktisch und psychologisch schlecht für die Wirtschaft. Also braucht es Ersatzschlachten – nicht umsonst nennt man einen mit seiner Mannschaft mitreisenden Fan einen »Schlachtenbummler«. Für die meisten Menschen kommt der Stadion-Fußball ausreichend nah an den Schlachtengenuss früherer Zeiten heran – und wenn einem dieser Ersatz nicht realistisch genug ist, kann man ja im Nachprogramm des Spiele als Hooligan seine Kräfte mit anderen Hooligans messen.

> Menschen wollen zusehen, wie die eigenen Söhne gegen die Söhne der anderen kämpfen – sei es auf dem Schlachtfeld oder im Fußballstadion.

So wichtig das Schlachtenerlebnis ist, die Schlacht muss nicht andauernd sein, nach der Schlacht ist vor der Schlacht. Wir müssen nicht im Kampf sein, um zu wissen, zu welcher Armee wir stehen. Was aber wichtig ist, sind die Insignien, die Standarten. Hängen Sie wie Müntefering die Fanschals »Ihrer« Mannschaft in Ihr Büro, schmücken Sie sich in den Medien mit dem Logo Ihres Teams.

Wenn Sie Kanzlerin der Bundesrepublik Deutschland sind, gehen Sie wenigstens zum Weltmeisterschaftsfinale (der Männer) und halten vielleicht bei der Gelegenheit einen Plausch mit Vladimir Putin und Sepp Blatter[199], ein Jahr später kann schon Krise sein und Sie haben Informationen, die Sie da noch nicht hatten, und Sie wollen plötzlich nicht mehr gesehen werden, wie Sie mit einem dieser beiden Männer tuscheln. Als Kanzlerin können Sie natürlich auch nach einem Qualifikationsspiel Ihr Recht des ersten Händeschüttelns wahrnehmen und sich nach dem Spiel in der Umkleidekabine (der Männer) von Ihrem PR-Team mit den halbnackten Fußballlegionären fotografieren lassen[200], das Volk liebt so etwas. Bauen Sie aber Ihre Fußballbegeisterung bereits früh in die Karriere ein, sonst geht es Ihnen später wie der Kanzlerin, da nämlich »streiten sich die Geister in der Politik und auch unter den Sportfunktionären, wann Merkel ihre

Liebe zum Fußball entdeckte«[201]. – Es wird nicht jeden Tag zur Schlacht gerufen – aber wenn, dann muss die Welt wissen, zu welcher Mannschaft Sie stehen, zu welcher Mannschaft Sie schon immer standen.

Warnung

Es gibt eigentlich nur einen Fehler, den Sie machen können als angehender Fußballfan, nämlich bei Inkompetenz erwischt zu werden. Nichts ist peinlicher, als sich Fan zu nennen und die Stärken und Schwächen des aktuellen Trainers nicht zu kennen. Wenn Sie sich als Fußballfan outen, dann müssen Sie eben zehn Minuten am Tag investieren, um informiert zu sein. Wer weiß, vielleicht entwickeln Sie sogar Freude daran, in Sachen »Ihres« Vereins auf dem Laufenden zu bleiben!

Effekt: Alte Werte

Regel

Nationalismus sei die Moral der Lumpen, sagt man. Nun ist Nationalismus im Europa und Deutschland des 21. Jahrhunderts zumindest für Politiker mit langfristigen Ambitionen ein Tabu, aber es gibt auch für Deutschland eine Alternative, nämlich die Anrufung »alter Werte«. In einer komplexen Zeit mit täglich neuen Fragen suchen wir Wähler einen Propheten, der die »alten Werte« hochhält. Als »alte Werte« akzeptieren wir, wie das Wort »alt« ja schon sagt, fast alles, was wir ohnehin schon glauben. Und weil es uns so schwer fällt, uns selbst daran zu halten – die Werte sind ja »alt« –, folgen wir augenzudrückend den Standartenträgern der alten Wahrheit.

Beispiel

Betrachten wir einmal das »Leitbild«[202] der Christlich-Sozialen Union, es liest sich recht erbaulich:

»Unser Menschenbild hat seine Grundlage im Christentum mit seinen jüdischen Wurzeln. Maßstab und Orientierung unseres Handelns ist das christliche Menschenbild mit der Entwicklung aus Antike, Humanismus und Aufklärung. Für uns gilt: Jeder Mensch ist einmalig. Das begründet seine unveräußerliche Würde. Alle Menschen haben Anspruch auf die gleichen Freiheiten und Rechte und auf Gleichheit vor dem Gesetz, unabhängig von Herkunft, Sprache und Hautfarbe, unabhängig von Geschlecht oder Religion, unabhängig von körperlichen oder geistigen Stärken und Schwächen.«[203]

Wer könnte da widersprechen?! Christentum! Jüdische Wurzeln! Antike! Aufklärung! Jeder Mensch einmalig! Gleiche Freiheiten! – Schauen wir uns doch einmal an, was diese Sachen eigentlich sind...

Das Jahr 48 nach Christus. Apostel Paulus und Team sind in Athen eingetroffen. Wir können uns Paulus ungefähr vorstellen, als ob der spanische Großinquisitor Torquemada zum Judentum konvertiert wäre. Paulus selbst war ja von Geburt an Pharisäer und hatte als solcher zunächst selbst Christen verfolgt[204]. Nach einem Erweckungserlebnis wird er zum fast ebenso rabiaten Pro-Christen. Er wirft wiederholt den Juden als Gesamtheit vor, den Gott und Erlöser Jesus Christus ermordet zu haben[205], überhaupt würdigte er sein eigenes Volk eher kritisch, sprach schon mal von den »Beschnittenen [gr.: περιτομῆς], denen man das Maul stopfen muss«[206], und schafft es immerhin, der einzige Apostel zu sein, dessen Gottesmord-Beschuldigungen seit damals durchgehend von allen Antisemiten christlicher Prägung aufgegriffen wurden.

Es ist von Paulus an über die Inquisition bis hin zu Luther und Juden-für-Jesus ein wesentliches Merkmal der christlichen Dogmatik, die spirituelle Legitimation des Judentums zu negieren. Es ist also kulturhistorisch mindestens etwas schillernd, wenn sich Organisationen wie CSU oder Pegida auf die jüdischen Wurzeln des Christentums berufen. Aber für den gemeinen Katholiken, der nur bei seiner Taufe, zu Weihnachten und dann wieder bei seinem Begräbnis in der Kirche ist, für den fühlt sich das gut an.

Betrachten wir aber den nächsten »alten Wert«, auf den sich die CSU beruft: »Alle Menschen haben Anspruch auf die gleichen Freiheiten und Rechte.«

Das antike Athen, in das hinein der Apostel Paulus sein Evangelium predigt, war eine »Demokratie«, zumindest dem Wort nach. In der Realität durften nur die »freien« Bürger wählen, also die eingesessenen vermögenden Männer. Sklaven durften in der Athener Demokratie nicht wählen, Ausländer nicht und Frauen ebenfalls nichts. Im Grunde war diese »Demokratie« näher an einer Oligarchie als an einer »Herrschaft des Volkes« im heutigen Sinn.

Überhaupt waren einige gesellschaftliche Normen der Antiken deutlich anders, als man es aus der heutigen aufgeklärten Perspektive erwarten könnte. Im Römerbrief schreibt der erwähnte Paulus über die Griechen: »Ihre Frauen haben den natürlichen Verkehr vertauscht mit dem widernatürlichen; desgleichen haben auch die Männer den natürlichen Verkehr mit der Frau verlassen und sind in Begierde zueinander entbrannt und haben Mann mit Mann Schande getrieben«[207] – und wenn es »nur« die Homosexualität wäre, die des Ex-Pharisäers Herz betrübte, ginge es ja noch, aber seine Einordnung der antiken Mores ist umfassender, er sieht die Heiden als »voll von aller Ungerechtigkeit, Schlechtigkeit, Habgier, Bosheit, voll Neid, Mord, Hader, List, Niedertracht; Zuträger, Verleumder, Gottesverächter, Frevler, hochmütig, prahlerisch, erfinderisch im Bösen, den Eltern ungehorsam, unvernünftig, treulos, lieblos, unbarmherzig«[208]. – Und wir wollen gar nicht erst anfangen mit dem damals üblichen Deal »Bildung gegen Nacktkuscheln«, der es immerhin dem männlichen Nachwuchs ärmerer Schichten ermöglichte, etwas Bildung in den klassischen Disziplinen zu bekommen – was die Lutherbibel als »Knabenschänderei« brandmarkt.

Aus all diesen Merkwürdigkeiten ziehen die Bayern irgendwie den Schluss: »Jeder Mensch ist einmalig. Das begründet seine unveräußerliche Würde. Alle Menschen haben Anspruch auf die gleichen Freiheiten und Rechte und auf Gleichheit vor dem Gesetz.«

Kann man den Schlussfolgerungen der CSU dem Inhalt nach zustimmen? Ja. – Ergeben sie sich aus den Prämissen? Nein.

In Potsdam gibt es ein bekanntes Ensemble von Pseudoruinen, die Friedrich Wilhelm IV. auf einer Anhöhe anlegen ließ, den sogenannten »Ruinenberg«. Diese Ruinen wurden im 18. Jahrhundert künstlich hergestellt und von einem Theatermaler in Szene gesetzt. Die dorischen und ionischen Säulen und übrigen Baufragmente »tun so«, als stammten sie aus der Antike, aber es ist eine Fantasie-Antike, die es so eher nur im Kopf des preußischen Königs und seiner Hofkünstler gab. Das Fachwort ist »Antikisierung«. – Auch die Werte, auf die sich die CSU bezieht, könnte man als »antikisiert« bezeichnen.

Die Antike war so facettenreich und das Christentum hat seine Werte so häufig geändert, dass sich auch das komplette Gegenteil unserer »westlichen Werte« aus derselben Tradition ableiten ließe, und gelegentlich geschieht dies auch.

Wir müssen aber gar nicht so weit zurückgreifen: Nicht einmal die Werte der CSU lassen sich ganz verrenkungsfrei aus den Werten der

CSU ableiten. Im Leitbild der Bayern heißt es (Stand 2015, Papier ist von 2010): »Alle Menschen haben Anspruch auf die gleichen Freiheiten und Rechte.«[209] Das ist etwas abenteuerlich, wenn zugleich offiziell gilt: »Die CSU lehnt eine Gleichstellung von Ehe und Familie mit gleichgeschlechtlichen Lebenspartnerschaften ab.«[210]

Es ist erbaulich, sich auf »alte Werte« zu berufen, selbst wenn die Werte, auf die man sich tatsächlich beruft, heute illegal wären. Hauptsache, man beruft sich auf diffuse alte Werte oder verkündet sie gleich selbst. Wie man in Bayern sagt: Es ist »a guads Gfui« – ein gutes Gefühl.

So funktioniert es

Weil wir auf den Schultern von Giganten stehen, sind wir verpflichtet, weiter zu sehen als diese.

Die alten Giganten der Massenpsychologie nannten die Regierungskommunikation noch »Propaganda« – aber sie nahmen ja auch noch Sigmund Freuds Lehre als Wissenschaft. Die mächtigsten Talkingpoints entstehen, wenn wir die Weisheit der Alten und die eigene Erfahrung des Offensichtlichen vereinen mit der neuesten Forschung. Für manche Kommunikatoren wird Wahlkampf erst so richtig spannend, wenn sie die Muster von 3D-Scans des menschlichen Gehirns mit bekanntem Wahlverhalten korrelieren – und so die Effektivität von Talkingpoints testen.

Der wichtigste heutige Name, den man zum Thema »alte Werte im Wahlkampf« kennen muss, ist »George Lakoff«[211]. Lakoffs erfolgreichstes Buch, das alle Talkingpoints-Konstrukteure gelesen haben (sollten), trägt auf Englisch den Titel »The Political Mind: A Cognitive Scientist's Guide to Your Brain and Its Politics« – wörtlich übersetzt: »Der politische Geist: der Blick eines Kognitionswissenschaftlers auf Ihr Gehirn und seine Politik«.

Lakoff begann seine wissenschaftliche Laufbahn nicht mit explizit politischen Themen, sondern mit der linguistischen Untersuchung von Metaphern. In seinem ersten Schlüsselwerk von 1980, »Metaphors We Live By«, stellt Lakoff die These auf, dass die Verarbeitung von Metaphern in unser Gehirn fest einprogrammiert ist und dass wir, meist unbewusst, unser Leben nach bestimmten Metaphern leben. (Beispiel: »Zeit ist Geld.« – Zeit und Geld sind zwei sehr unterschiedliche Konzepte. Dennoch verstehen wir intuitiv, was diese Metapher »sagen möchte«, und richten unser Leben nach ihr aus.)

Genauso spannend wie Lakoffs frühe Forschungen zur Verknüpfung von Metaphern und Gehirnfunktionen ist sein erstes explizit politikwissenschaftliches Werk, »Moral Politics«. Lakoff stellte fest, dass Leute sich mit Ronald Reagan und George W. Bush identifizieren, wenn diese von »Werten« und »Amerika« reden – und sie dann auch wählten. Wenn man aber dieselben Menschen nach den einzelnen Punkten und politischen Position befragte, lehnten sie überraschend viele der tatsächlichen politischen Ziele der gewählten Akteure ab.

Lakoff bringt den Unterschied zwischen den Demokraten und Republikanern in den USA auf den Punkt: Republikanern fokussieren sich auf das Zuhause, die Demokraten wollen sich um den Mitmenschen kümmern. Bin ich ein Mensch, der sein Zuhause verteidigt, notfalls mit Waffengewalt, oder bin ich ein Mensch, der sich zuerst um seine Mitmenschen kümmert, dabei den Reicheren etwas nehmen will, um den Ärmeren zu geben?

»Alte Werte« sind ein nützlicher Talkingpoint-Trick. Der Preis ist, dass man sich selbst dran halten muss.

Um das metaethische Strukturenkonzept aufzugreifen: Jeder Mensch hat ein sich entwickelndes Muster ihm wichtiger Strukturen, dieses Muster ist seine ethische Identität. Welche ethische Identität angesprochen wird, ist oft wichtiger als der konkrete Inhalt politischer Aussagen. George Lakoff bringt es auf den Punkt: »People vote their identity.«

Warnung

Das Problem der »alten Werte« ist, dass sie, wie der Ausdruck schon sagt, »alt« sind. Und »alt« kann hier bedeuten, dass wir uns falsch an sie erinnern. »Alt« kann auch mit sich bringen, dass die Rahmenumstände und kollektive Erkenntnis sich verschoben haben, die diese Werte hervorbrachten. Sprich: Es ist nicht immer einfach, sich selbst an diesen alten Wert zu halten – so nützlich das Predigen dieses Wertes auch sein mag.

Wie alle Talkingpoints hat auch der Effekt »Alte Werte« den Sinn, die Menschen zu motivieren, sich hinter Ihnen zu scharen. Die Menschenwissen, oder ahnen zumindest, dass der Glaube an die »alten Werte« manchmal eine Lüge ist – aber was für eine süße Lüge! Die Menschen scharen sich um Sie, weil offenbar Sie einer der Wenigen sind, für den diese alten Werte noch Gültigkeit haben. Vielleicht ist es doch wahr, vielleicht leben die alten Werte ja noch, eben in Ihnen. Die Menschen glauben an Sie, weil Sie an die alten Werte glauben – enttäuschen Sie sie nicht.

Exkurs: Edward L. Bernays – Propaganda

1928 erschien ein Büchlein, das sofort und nachhaltig viel Empörung verursachte: »Propaganda«[212] von Edward L. Bernays, einem Neffen Sigmund Freuds.

Lassen Sie uns eines der größten Missverständnisse zu diesem Schlüsselwerk der Wortklempnerei klären: Bernays wurde berühmt und reich als Consultant, nicht als Politikwissenschaftler. Sein Buch hat zuerst das Ziel, seine Beratungsdienstleistung an die gutzahlende Kundschaft zu verkaufen. Sein Buch ist (auch) eine Provokation, beginnend mit dem Titel »Propaganda«, der auch 1928 schon nicht unproblematisch war.

Bernays eröffnet sein Buch mit der Behauptung, dass unsere Meinung von einer »geheimen Elite« gesteuert wird, die mit Hilfe von »Propaganda« die Kaufentscheidungen und auch politischen Meinungen der Masse steuern.

Diese These von der geheimen Propaganda-Elite dient natürlich seitdem allen möglichen Verschwörungstheoretikern als Vorlage. Deutlich aufschlussreicher ist aber, die steilen Thesen der Eröffnung im Geist des restlichen Buches zu lesen.

Die Kernaussage von »Propaganda« ist schlicht, dass die Menschen aus ganz anderen (nämlich tiefenpsychologischen) Gründen kaufen, als sie selbst angeben könnten. Das »alte« Marketing sagte den Menschen, »kaufen Sie diese billigen Gummisohlen!«, das »neue« Marketing sagt, »diese Schuhe werden von den feinen Damen in Paris getragen« – und sorgt so für einen psychologischen Druck, dazuzugehören und dieselben Sohlen zu kaufen. Im alten »Push-Marketing« wollte man den Kunden etwas aufdrücken, im neuen Marketing wird durch geschickten Einsatz von Psychologie ein »Pull« erzeugt.

So kann (und sollte wohl) die Eröffnung des Buches »Propaganda« gelesen werden: Bernays beschreibt eine geheime Elite, die via Propaganda die Meinung und Kaufentscheidungen der Masse formen. (Falls der Leser sich fragt, wieso er noch nie von dieser Elite gehört hat, erklärt Bernays einfach, dass die Mitglieder derselben sich untereinander oft nicht kennen – eine merkwüdige Elite, die er da beschreibt...) Im Leser wächst das seelische Bedürfnis, selbst Teil dieser Elite zu sein. Praktischerweise erklärt Bernays im Rest des Buches, wie man das bewerkstelligt. Die meinungsbildende Elite stellt Propagandisten ein – wie Bernays eben einer ist – ,die mit Analysen und PR-Arbeit die öffentliche Meinung steuern und ihre Auftraggeber zur »geheimen Elite« machen.

Filtert man die Selbstverkaufe heraus, so markiert Bernays' »Propaganda« durchaus eine wichtige psychologische Wende in der öffentlichen Kommunikation.

Erfolglose Politiker versuchen, den Wähler über den praktischen »Nutzen«, den sie dem Volk bringen, zu gewinnen. Die SPD versuchte 2014 recht plump, ihre pensionierte und pensionsnahe Kernwählerschaft mit »Mütterrente« und »Rente mit 63« zu begeistern – doch es half in den Umfragen genau gar nicht – es war sogar eher kontraproduktiv, spätestens als die Gesamtdebatte implizierte, die Beschenkten würden die Rentenkassen für nachfolgende Generationen plündern.

Die Talkingpoints-Effekte in diesem Buch sprechen praktisch ausschließlich diese »eigentlichen«, psychologischen Tiefenmechanismen an. Erfolgreiche Politiker bringen ihr Land in Ordnung und zugleich verkaufen sie sich täglich neu ihrem Volk – diese beiden Tätigkeiten mögen Berührungspunkte haben – es sind aber verschiedene Aufgaben auf ganz verschiedener Ebene. Hier finden wir bei Bernays ein Zitat von Disraeli: »Ich muss dem Volk folgen. Bin ich nicht sein Anführer?« Bernays ergänzt, dass zur Vervollständigung des Satzes noch angefügt werden sollte: »Ich muss das Volk anführen. Bin ich nicht sein Diener?« Der erfolgreiche Politiker kümmert sich darum, dass der Wähler einen vollen Bauch und heile Knochen hat, doch das macht er nebenbei. Um gewählt zu werden, spricht der erfolgreiche Politiker vor allem Herz und Seele an, denn nicht der satte Magen oder die gesunden Knochen wählen, sondern die in Watte gepackte Seele und das gerührte Herz machen am Wahltag das Kreuzchen.

Dieser Bernaysche Ansatz begegnet uns viele Jahrzehnte später im Motto des US-Talkingpoints-Guru Frank Luntz: »Es kommt nicht drauf an, was du sagst – es kommt darauf an, was die Leute hören.«[213]

Effekt: Kümmern

Regel

Smartphones, Pay-TV, das neue Auto und der letzte Urlaub – all diese Dinge müssen gekauft, benutzt und vor allem abbezahlt werden. Das stresst! Wenn dazu noch die Nachhilfelehrer für die Kinder und die Bedürfnisse der alternden Eltern kommen, braucht es mindestens eineinhalb Jobs. Man arbeitet rund um die Uhr, und ganz schlimm wird es, wenn ehrenamtliche Verpflichtungen dazukommen. Der Körper pumpt am Limit, die Nerven sind zum Zerreißen gespannt und das schlechte Gewissen frisst einen auf. – Was für eine Lichtfigur ist ein Mensch, der uns dann einfach nur sagt: »Ich kümmer' mich.«

So funktioniert es

Jede Profession hat ihre Legenden und Mythen. Eine Legende der Politkommunikatoren ist die vom »Kümmerer« beziehungsweise der »Kümmerin«.

»Macht« bedeutet, dass Sie Entscheidungen für Menschen treffen. Die brutalste, kostspieligste und zugleich labilste Form der Macht ist die Macht der Waffen. Viel sanfter scheint die Macht des »Kümmerns«, auch wenn man aus Buchtiteln wie »Der Weg zur Knechtschaft«[214] fast schließen kann, dass das Ergebnis von Waffengewalt und Kümmergewalt vergleichbar sein könnte.

Wer sich kümmert, trifft Entscheidungen für Menschen. Kümmern ist Macht.

Wer andere Menschen beauftragt »sich zu kümmern«, der gibt ein Stück der eigenen Verantwortung auf.

In Nordrhein-Westfalen fuhr die SPD mit Hannelore Kraft gemeinsam mit der Grünen Sylvia Löhrmann im Spontan-Landeswahlkampf 2012 eine erfolgreiche Kümmerin-Kampagne. (Schräger Plakatslogan der Grünen: »Schön, wenn wieder Frauen den Haushalt machen.«)[215] Gemeinsam errangen sie 128 von 237 Sitzen und bildeten die neue Landesregierung.

Wer Verantwortung abgibt, der gibt auch ein Stück Freiheit auf. Mit Talkingpoints wollen Sie Menschen bewegen, eigene Lebensverantwortung an Sie zu übertragen. Das Angebot, sich zu »kümmern«, ist die vielleicht direkteste Form, den Menschen zur Übertragung von Macht zu verführen.

Beispiel & Warnung

Wer in der bundesdeutschen Politik des noch jungen dritten Milleniums so richtig was werden will, muss vielleicht »Kümmerin« sein. Angela Merkel ist Kümmerin[216]. Die Ministerpräsidentin von Nordrhein-Westfalen, Hannelore Kraft, ist Kümmerin[217]. Lebensabschnittsverteidigungsministerin Ursula von der Leyen ist »Kümmerin für die Truppe«[218] – und wird von ihrem Team (unklar, ob mit oder ohne oder gegen den Willen der derzeitigen Kanzlerin) zur kommenden Kümmerin der Nation aufgebaut.

Dem Politkommunikations-Anfänger scheint dieser Trick ach so einfach zu sein: Der Politiker muss sich einfach »nur« um die Sorgen der einfachen Menschen »kümmern«, muss einfach die Brot-und-Butter-Themen aufgreifen, und schon fliegen ihm die Herzen der Wähler zu. Dass das in der Praxis nicht so ohne Weiteres funktioniert, liegt zuverlässig daran, dass man die Rollenverteilung des »Kümmerns« nicht verstanden hat. Je nach Rolle und Aufgabe kann »Kümmern« sehr verschiedene Dinge bedeuten.

Der Wähler will eine Kümmerin an der Macht haben – stimmt. Und er will, dass jemand sich kümmert – stimmt auch. So weit ist das zumindest für die meisten Wähler wahr. Daraus folgt aber noch lange nicht, dass dies dieselbe Person sein muss – oder sollte.

Auch hier ist Merkel das prototypische Beispiel. Ihr gesamtes Auftreten ist das einer »Kümmerin«, wie wir auch im Kapitel mit dem Hubschrauber gelernt haben. Sie weckt ein »Kümmer-Gefühl« in uns, ein Gefühl der Geborgenheit. Sie versichert uns, dass sich gekümmert werden wird. Nur eines macht sie sehr selten (außer vielleicht bei richtig großen Angelegenheiten), nämlich sich tatsächlich selbst zu kümmern, in dem Sinne, dass sie uns beim Ausfüllen der Formulare oder beim Schneiden unsrer Hecke helfen könnte. (Beides wäre bei noch sich zu etablierenden Politikern zumindest als Wahlkampfaktion ja denkbar.)

Merkel »lässt« kümmern – wie sollte es auch sonst sein? Für die Details sind rangniedere Politkräfte da. Beamte, Angestellte, Referenten, Männer mit merkwürdig langen Titeln, direkt an die Kanzlerin referierend. Diese in ihr abgegrenztes Zuständigkeitsgebiet eingezäunten Fachkräfte sind vielleicht auch die einzigen biologischen Männer, die Merkel (freiwillig) in ihrer Nähe erträgt. Altmaier, Schäuble, Pofalla. Sie waren und sind Erlediger, die Erfüller des Merkelschen Kümmer-Versprechens.

Der Kümmerer-Effekt wirkt schnell schief, wenn man diese Aufgabentrennung missachtet. Ein schmerzliches Beispiel für eine solche Verwechslung war der Wahlkampf von Renate Künast in Berlin.

Künast wollte im Jahr 2011 Regierende Bürgermeisterin von Berlin werden. Und sie hatte auch reale Chancen, den beliebten, aber in der Praxis strauchelnden Wowereit abzulösen. Die Grünen, um uns hier eine düstere Metapher zu gönnen, surften noch auf der Fukushima-Welle. In den Berliner Umfragen näherte sich die Öko-Partei tatsächlich der SPD.

Die sonst recht fitte Agentur »Zum goldenen Hirschen« schrieb für Künast eine wohl moderne und auf jeden Fall multimediale Kümmerer-Kampagne.

Das ging so weit, dass Wähler sich via iPhone-App über Problemfälle in der Stadt Berlin beschweren konnten und Künast dann, zumindest implizit, versprach, sich um jeden einzelnen davon zu kümmern. Ganz abgesehen davon, wie realistisch ein solches Versprechen für einen tatsächlich Regierenden Bürgermeister wäre, geschweige denn für eine Kandidatin noch ohne rechtliche Autorität, wurde hier schlicht missverstanden, was genau der Kümmerer-Anspruch des Wählers bedeutet.

Der Wähler wählt Volksvertreter, nicht Beamte. Ein Vertreter soll uns vertreten, sprich: Er soll unsere Weltsicht vertreten. Unsere Weltsicht ist ein Set von Erwartungen, die wir an das Leben und unsere Umgebung haben. Um unserer Weltsicht eine kräftigere Stimme zu geben, fasst der Vertreter sie zusammen mit der Weltsicht anderer, ähnlich fühlender und fordernder Menschen. Natürlich passen nicht alle Weltsichten deckungsgleich zusammen, auch mit Kompromissen nicht. Also werden Weltsichten in mehrere leicht abweichende Forderungs-Sets gebündelt, die »Parteien«. – Vom Vertreter erwarten wir auch, dass er Beamte einstellt, die sich dann kümmern, aber deshalb wählen wir ihn nicht. Wenn wir Beamte hätten wählen wollen, dann hätten wir das getan. Was wir wollen, ist ein Politiker im Geist des Kümmerers, der unsere Erwartung vertritt, dass sich um uns gekümmert wird.

Das »Kümmern«, das von Politikern erwartet wird, ist eben keine Arbeit, sondern ein emotionaler Zustand, ein auch inneres Zugewandtsein. Der Wähler setzt ja bereits voraus, dass der Politiker auch in der Lage ist zu garantieren, dass irgendwer irgendwelche praktischen Folgen realisieren wird.

Gegenbeispiel: Auch die Wähler eines zu Guttenberg oder eines Berlusconi haben erwartet, dass irgendwer in der Regierung sich um die Sicherung ihres Wohles kümmert. Aber diese Politiker wurden wegen ihrer Star-Power und gewiss nicht als »Kümmerer« gewählt.

Vor allem wenn ein Politiker, zu dessen Gestus und Erscheinungsbild es überhaupt nicht passt, dass er als Kümmerer auftritt, das dann doch versucht, werden wir schnell misstrauisch. – Der Wähler fragt sich: »Warum versprichst du mir eine Selbstverständlichkeit?« – In einem modernen, demokratischen Sozialstaat kann der Wähler ja sogar vor den Gerichten einklagen, dass sich um ihn praktisch gekümmert wird. Das praktische Kümmern ist nicht der Mangel. Woran es mangelt, ist die emotionale Zuwendung.

Echte emotionale Zuwendung sind nicht die Versuche, etwas zu sein, was man nicht ist. Wir meinen mit »emotionaler Zuwendung« nicht Politiker, die auf dem Oktoberfest den Mann des Volkes geben um dann heimlich Apfelschorle aus den Maß-Krügen zu trinken. Erst recht in der Zeit von YouTube, Smartphones und Online-Diskussionen in den sozialen Medien werden gefälschte Gefühle schnell als solche entlarvt.

Der moderne erfolgreiche Politiker hat längst aufgehört, einen Mann oder eine Frau »aus dem Volke« darstellen zu wollen. Er ist es nicht. Wer seinen Tag in Kommissionen und verdunkelten Limousinen verbringt, wer ein komfortabel fünfstelliges Monatseinkommen bezieht und sich dennoch nicht erinnern kann, wann er das letzte Mal sein Portemonnaie öffnen musste, der ist schon lange kein »Mann aus dem Volke« mehr und hat keine Chance, einen solchen glaubwürdig darzustellen. (Wir denken hier an Günther Jauch, der in seiner Sendung spontan belegen wollte, dass auch er die Sorgen der Normalsterblichen kenne und »viel herumkommt« – und es irgendwie schaffte, sofort im Nebensatz seinen letzten Besuch bei Harrod's in London zu thematisieren.[219]) – Was er oder sie aber jedoch durchaus tun kann, ist, über alle sozialen Gräben hinweg glaubhaft zu machen, dass er oder sie ähnlich empfindet wie wir und die gleichen Dinge wirklich wichtig findet.

In einem früheren Buch[220] führte ich Dieter Bohlen als Beispiel für emotionale Kongruenz über soziale Distanz hinweg an. Als Gegenbeispiel führte ich einen »kleinen« Geisteswissenschaftler mittlerer Einkommensstufe an. Dieter Bohlen macht aus Sicht der Gleichberechtigung eher problematische Sprüchlein und ist auch sonst recht nahe am emotionalen Kostüm des mythischen »durchschnittlichen TV-Zuschauers«, finanziell aber lebt Bohlen in ganz anderen Sphären. Der Geisteswissenschaftler dagegen ist hinsichtlich seines finanziellen Status viel näher am durchschnittlichen TV-Publikum, er zitiert jedoch Kant und Goethe und was Geisteswissenschaftler eben so zitieren und ist damit dem Zuschauer sehr fremd. Die emotionale Nähe entsteht nicht durch die tatsächliche soziale Ähnlichkeit, sondern im bewussten Akt, durch wohlgesetzte Äußerungen zu implizieren, dass man ähnlich »tickt« wie die Einzelmitglieder der Zielgruppe.

Nun wird ein (moderner, dauer-öffentlicher) Politiker keine Witze im Dieter-Bohlen-Stil machen. Der Politiker spricht ja auch andere Aspekte der menschlichen Seele an. Bei beiden aber soll der Zuschauer/ Wähler sagen können: »Ja, so fühle ich auch!«

Dieter Bohlen ähnelt uns, weil auch wir manchmal gerne den Leuten ins Gesicht sagen würden, für was für Deppen wir sie halten. Thomas Gottschalk ähnelt(e) uns, weil auch wir manchmal nicht umhin können, Alltagsbanalitäten leicht anzüglich zu kommentieren. – Der Politiker, so erwarten wir, sollte uns in ganz anderen Dingen ähnlich sein, aber eben doch ähnlich. Ein Politiker ähnelt uns etwa auf die richtige Art, indem er unsere Gefühle und Erwartungen an Leben und Gesellschaft teilt. Der Politiker muss uns nicht tatsächlich ähnlich sein, er muss nur in dem für einen Politiker relevanten Gebieten ähnlich fühlen.

Es erstaunt einen zuweilen, welche inneren Widersprüche der Wähler zu akzeptieren bereit ist, solange die emotionale Vertretung nur gut geleistet wird. Es sind nicht selten Millionäre, die selbst in Schlössern leben und mit Hummerfleisch im Mundwinkel laut nach dem Kommunismus rufen. Einige der kantigsten Moralisten der öffentlichen Debatte haben mehr als null außereheliche Kinder. Und Deutschland hat es jüngst gesehen, dass Zehntausende hinter einem vorbestraften Flüchtling herlaufen, um mit ihm die Ausweisung krimineller Flüchtlinge zu fordern.

Hier wäre es wenig zielführend, dem Wähler bloß Blindheit oder Inkonsequenz vorzuwerfen, wie Politiker es gelegentlich tun. »Volksvertreter« ist ein Arbeitsverhältnis mit einer eindeutigen Jobbeschreibung: Vertritt meine Lebenssicht gegenüber der Gesellschaft. So wie ein üblicher Arbeitgeber Zeugnisse und Referenzen heranzieht, um die Behauptungen des Bewerbers zu verifizieren, braucht der Wähler sichtbare Zeichen, aus denen er schließen kann, dass dem sich bewerbenden Politiker die gleichen Dinge wichtig sind wie ihm, dem Wähler, selbst. Und, um Godwins Regel wahrzumachen, wonach jede Argumentationskette irgendwann das Dritte Reich als Beleg für irgendwas heranzieht, erinnern wir uns, dass die Deutschen einmal einem Österreicher mit schwarzen Haaren und schmalen Schultern gefolgt sind, als dieser die Wertüberlegenheit breitschultriger, blonder nordischer Männer verkündete. Und wenn wir uns schon hierher verlaufen haben, dann als Randnotiz, ein Witz aus jenen unschönen Zeiten: »Nachtgebet eines jüdischen Kindes im Dritten Reich: Lieber Gott, mach mich blind, dass ich den Führer arisch find.« – Doch genug hiervon.

Randnotiz zu etwas anderem: Im Marketing werden alle möglichen Mechanismen durch Beispiele aus der Werbung der Firma Apple exemplifiziert. Man könnte fragen, ob die jeweiligen Mechanismen deshalb als wichtig betrachtet werden, weil die erfolgreiche Firma Apple sie einsetzt, oder ob Apple deshalb erfolgreich ist, weil sie wirksame Mittel wirksam einsetzen. Letzteres scheint mir plausibler. Mit Merkel und der Politkommunikation ist es ähnlich. CDU und Merkel sind erfolgreich in der Wahlkabine, weil sie wirksame Kommunikationsmechanismen wirksam einsetzen. Wenn wir also in diesem Buch immer und immer wieder Angela Merkel und die von ihr verwendete Partei als Beispiel aufführen, dann weil sie es eben ist, die am häufigsten und professionellsten die wirksamsten Mittel der politischen Kommunikation einsetzt. Würde jemand anderes es so konsequent tun, wäre er oder sie eben unser präferiertes Beispiel.

Es ist also nicht überraschend, dass Merkels Interpretation des Kümmerer-Motivs so klar abgegrenzt ist. Um selbst als Kümmerer dazustehen, muss man zwei Dinge tun: 1. Dem Wähler signalisieren, dass man die gleichen Emotionen gegenüber den hier relevanten Strukturen hat, 2. sicherstellen, dass sich andere um die tatsächliche Detailarbeit »kümmern«. – Die zwei zu vermeidenden Risiken des Kümmerer-Images sind: 1. Abzuheben, indem man vergisst oder schlicht verlernt, was dem tatsächlichen Wähler wirklich wichtig ist, und 2. sich selbst um die Details kümmern zu wollen.

Angela Merkel musste das richtige Kümmern erst lernen. Zu Anfang ihrer bundesdeutschen Politikkarriere, als sie noch »Kohls Mädchen« getitelt wurde, war sie bekannt für das Tragen schlechter Frisuren und dicker Aktenordner. Wer hat Zeit für aufwändiges Haargedöns, wenn es einen Staat zu verwalten gilt! Spätestens aber mit Schröders TV-Debakel am Wahlabend (Zitat Schröder: »Es gibt einen eindeutigen Verlierer: Und das ist nun wirklich Frau Merkel!«), als sich ihr die reale Chance zur Machtübernahme bot, lernte die damalige Oppositionsführerin schnell, dass sie ein Stück weit »über den Dingen schweben« muss.

Auch Gerhard Schröder hatte in seiner Zeit zuvor dies begriffen und praktiziert. »Darum kümmern sich meine Mitarbeiter« war eine stehende Redewendung des Kanzlers Schröder. – Hierzu ist es lohnenswert, sich die Harald-Schmidt-Folge 1125 vom 29. August 2002 noch einmal anzuschauen. Schmidt spricht von einem Bericht über den Besuch einer Sinti- und Roma-Delegation im Kanzleramt. Schröder hatte exakt 30 Minuten für die Delegation reserviert. Dieses Zeitfenster war nicht verhandelbar. Am Ende der 30 Minuten aber war der Delegationsleiter gerade erst mit der Vorstellung der eigenen

Mannschaft in Fahrt gekommen, doch Schröder stand auf, stellte sich hinter seinen Sessel, bedankte sich, empfahl sich und bat, alles weitere mit seinen Mitarbeitern zu besprechen. – Natürlich hatte das einen ganz praktischen Grund, der Kanzler musste zu einem weiteren Termin. Doch der Abschluss ist typisch: »Alles weitere besprechen Sie mit meinen Mitarbeitern.« – Sprich: Ihr Anliegen liegt mir am Herzen, liegt mir ehrlich, wirklich am Herzen, aber das heißt noch lange nicht, dass ich selbst in die Details einsteigen muss.

Exkurs: Nudge

Der Chip

Nehmen wir einmal an, dass in Ihrem Kopf ohne Ihr Wissen ein Chip installiert wurde. Der Chip »hilft« Ihnen bei Entscheidungen. Es ist ein Prototyp und wird nur aktiv, wenn Sie sich zwischen Äpfeln und Birnen entscheiden müssen. Wenn Sie sich für einen Apfel entscheiden wollen, greift der Chip ein und lenkt Ihren Willen um, so dass Sie sich für die Birne entscheiden. Wenn Sie sowieso Birne wählen wollten, bleibt der Chip inaktiv.

Würde ein solcher Chip Ihren freien Willen einschränken? Wenn Sie sich ohnehin für die Birne entschieden hätten, ist er ja nicht angesprungen, also waren Sie zumindest dann frei, oder? Was, wenn dieser Chip nur in 90 Prozent der Fälle erfolgreich ist und in 10 Prozent dennoch die Wahl des Apfels erlaubt? Was, wenn der Chip zulässt, dass Sie unter Willensaufwand sich doch gegen ihn entscheiden können?

Dieser »Entscheidungs-Chip« ist an ein Gedankenexperiment des Philosophen Harry Frankfurt angelehnt, mit dem unsere Begriffsintuitionen zum freien Willen getestet werden. Der Gedanke an einen solchen Entscheidungs-Chip fühlt sich etwas gruselig an. Der Chip scheint Freiheit wegzunehmen. Ein Mensch ohne Freiheit ist nicht ganz Mensch. Ein solcher Entscheidungs-Chip würde die Grenze zwischen dem freien Menschen und einem nur Befehle ausführenden Roboter in Frage stellen.

Die Nudge-Idee

Die Idee hinter einem »sanften« Entscheidungs-Chip, also einem Chip, der zwar Entscheidungen beeinflusst, aber mit Willensstärke dann doch »überstimmt« werden kann, steht auch hinter dem Konzept des »Nudge«.

»Nudges« sind psychologische Werkzeuge zur Beeinflussung der öffentlichen Meinung, die über Talkingpoints hinausgehen, weil sie ohne Sprache auskommen. Anders ausgedrückt: Nudges sind Talkingpoints ohne Sprache. Und sie können wirksamer als Sprache sein.

Das Wort »Nudge« ist englisch und bedeutet wörtlich »Stupser«. Es wird nicht mehr ge- oder verboten, es werden »Stupser« gegeben. Statt einem Menschen zu sagen, was er tun soll oder nicht, wird von Psychologen, die sich selbst »choice architects« nennen, die Umgebung derart manipuliert, dass das Subjekt (also: Sie!) mit großer Wahrscheinlichkeit doch wählen wollen, was Sie wählen wollen sollen.

Die Vordenker des Nudge, die Obama-Berater Richard Thaler und Cass Sunstein[221], sehen den Menschen als Wesen mit »begrenzter Rationalität« (»bounded rationality«) und wollen ihn durch Kontextveränderung zu »gemeinwohlvergrößerndem« Verhalten bewegen. Nudge sind Psychotricks, immer zum Wohl der Gemeinschaft. (Der aufmerksame Leser stellt hier bereits die Frage: Wer legt denn fest, was »zum Wohl der Gemeinschaft« ist?)

Wirksam regieren

Anfang 2015 wird im Kanzleramt ein neues, geheimnisvolles Team mit dem Titel »Wirksam regieren« eingerichtet[222]. Die 3 Profi-Nudger sind der Stabstelle »Politische Planung; Grundsatzfragen; Sonderaufgaben« untergeordnet, welche von Eva Christiansen geleitet wird. Eva Christiansen gilt als eine der beiden engsten Beraterinnen der Kanzlerin (die andere ist Angela Merkels Büroleiterin Beate Baumann).

Der Name »Wirksam regieren« lässt fragen: Wieso »wirksam«? »Wirksam« wodurch? Sind Gesetze, Gerichte und Polizei allein nicht schon wirksam genug? Braucht es eine neue Art der Machtdurchsetzung an Legislative und Exekutive vorbei?

Der Bundesjustizminister Heiko Maas (der Deutschland unter anderem die präventive digitale Überwachung aller Bürger bringen will) bestätigt, dass Nudges den Bürger besser steuern, als Gesetze und Polizei allein es können: »Mit einem kleinen Stups in die richtige Richtung lässt sich manchmal mehr für Verbraucherinnen und Verbraucher erreichen als mit mehr staatlichem Zwang und Verboten.«[223]

Es ist bemerkenswert, wenn der deutsche Justizminister die eigenen Gesetze flapsig als »Zwang und Verbote« abwertet. Diese angedeutete Verachtung soll dann als Begründung dienen, an den plötzlich schlechten Gesetzen und Machtinstanzen vorbei eine neue Form des »wirksamen Regierens« zu etablieren.

Gesetze sind hinterfragbar, Talkingpoints sind aufdeckbar, Nudge dagegen ist unsichtbar. Talkingpoints sind ein Spiel zwischen Sprecher und Hörer. Gesetze sind ein Zaun, den die Verwaltung den Verwaltete zum Schutz gegeben hat. Nudge aber ist die unsichtbare, mentale Hundeleine.

Effekt: Minderheitsmeinung

Regel

In Filmen und TV-Shows mögen wir, wenn jemand mal eine ganz andere Meinung hat. In der Realität finden wir Meinungsabweichler mindestens nervig, wenn nicht sogar gefährlich. Politiker können unangenehme Meinungen diskreditieren, indem Sie ihnen vorwerfen, Teil einer vernachlässigbaren Minderheit zu sein. Die Mehrheit verachtet die Meinungen der Minderheit und fürchtet diese so sehr, dass viele Länder eine Sperrklausel eingefügt haben, um die Meinung kleiner Minderheiten aus Parlament und Regierung herauszuhalten.

Beispiel

Haben Sie schon einmal einen Satz gesagt, der zwar völlig wahr war, aber ihn zu sagen völlig falsch war – so falsch, dass Sie ihn ein Leben lang bereuen?

Der eine Satz, den wohl Renate Köcher Ihr Leben lang bereuen wird, lautet: »Wir wollten nicht durch die Veröffentlichung der Umfragedaten vor der Wahl eine Sensation schaffen in dem Sinne, dass dann jeder nur noch über die Republikaner gesprochen hätte.«[224]

Frau Köcher war dereinst Studentin von Elisabeth Noelle-Neumann, der Gründerin des »Instituts für Demoskopie« (»IfD«), das im am Bodensee gelegenen Städtchen Allensbach (Sehenswürdigkeiten: Nikolauskirche, eine Grund-, eine Hauptschule und ein katholischer Kindergarten) gemeldet ist und in Fachkreisen meist nur »Allensbach« gerufen wird. Renate Köcher schrieb ihre Diplomarbeit bei Noelle-Neumann, seit 2003 ist Köcher selbst Professorin und Doktorin sowieso – und nicht ganz überraschend auch in die Rolle der Chefin des IfD hineingerutscht.

Bei den Landtagswahlen in Baden-Württemberg am 24. März 1996 errangen die inzwischen untergegangenen Republikaner immerhin 9,1 Prozent – Allensbach hatte 4,5 Prozent prognostiziert ... um nicht »eine Sensation [zu] schaffen«[225].

Das Geständnis mit den Republikanern machte Renate Köcher, die damals nur »designierte« Chefin war, aber heute natürlich Chefin ist, im Radiointerview des Südwestrundfunks, am 25. März 1996, einen Tag nach der baden-württembergischen Landtagswahl. Frau Köcher ist nicht der einzige Vorstand eines Umfrageinstituts, das eine politische Neigung erkennen lässt. Der Chef von Forsa, Manfred Güllner, ist SPD-Mitglied und hat schon mal deftige Politikmeinungen (nicht immer zum Wohl der SPD, wohlgemerkt). Aber Köcher ist die Einzige – wir müssen hier vorsichtig formulieren –, von der gesagt wird, öffentlich impliziert zu haben, Umfrageergebnisse in politischer Absicht ohne unmittelbaren Zusammenhang mit den Rohdaten herausgegeben zu haben.

Der Grund? Vielleicht, um nochmal Frau Köcher zu zitieren: »Wir wollten nicht durch die Veröffentlichung der Umfragedaten vor der Wahl eine Sensation schaffen in dem Sinne, dass dann jeder nur noch über die Republikaner gesprochen hätte.«

So funktioniert es

Im Jahr 1907, die Arbeiterunruhen waren gerade ausgeklungen, die Revolution abgeschlossen und das Land in neue Verwaltungsbezirke aufgeteilt, wurde im Königreich Polen der Junge »Solomon Asch« geboren. Weitere Geschichte passierte und 1932 berief man Solomon Asch zum Professor für Psychologie am Swarthmore College (Pennsylvania, USA).

Fünf Jahre nach dem Ende des Zweiten Weltkriegs veröffentlichte Asch ein wissenschaftliches Papier mit den Ergebnissen seiner Konformitätsexperimente, die wissenschaftlich im Kleinen messbar machten, was sich das 20. Jahrhundert eben selbst schlimmstmöglich praktisch vorgeführt hatte.

Das Experiment war denkbar einfach. Wie bei Psychologie-Experimenten bis heute üblich wurden Testpersonen in ein spartanisches Testlabor einbestellt und mit einer Aufgabe konfrontiert. Die Personen bekamen von Aschs Assistenten erst eine Referenzlinie präsentiert, und dann drei Linie, die deutlich unterschiedlich lang waren, wobei genau eine Linie exakt so lang war wie die Referenzlinie. Die Testpersonen sollten angeben, welche der drei Linien der Referenzlinie am ähnlichsten war.

Unter »sauberen« Umständen machten die Testpersonen praktisch nie Fehler. Aber die Umstände waren nie »sauber«, die Umstände waren »unsauber«.

Solomon Asch bezahlte eine ganze Mannschaft von Studenten als Amateurschauspieler. Die Testpersonen gaben ihr Urteil gemeinsam mit den »Agenten« ab. Zunächst wählten die Agenten alle die offensichtlich richtige Antwort. Nach einer Zeit jedoch gaben die Agenten einheitlich eine falsche Antwort. Und da geschah etwas Allzumenschliches: Über ein Drittel der Testpersonen änderten ihre Meinung in Richtung der vermeintlichen Mehrheitsmeinung.

Wer jemals selbst an einem Psychologie-Experiment teilgenommen hat, weiß, dass diese nicht immer kompatibel zur realen Welt sind. Man gibt schon mal eine gewünschte Antwort, nur um den Test hinter sich zu haben. Doch selbst die Vorwürfe, die gegen das Konformitätsexperiment angebracht wurden (etwa: die Teilnehmer glaubten das falsche Ergebnis nicht wirklich und wollten in Wahrheit nur einem Konflikt aus dem Weg gehen) bestätigen, dass Einzelmenschen einen Drang in sich spüren, ihre Meinung zur Meinung der Mehrheit emporzuheben.

Bei der Meinung der Mehrheit gilt auch für die Minderheit: Mitgehangen, mitgefangen.

Selbst wenn Menschen die Meinung der Mehrheit nicht als die ihre annehmen, so hat es doch eine legitimierende Wirkung, wenn und dass die Mehrheit eine bestimmte Meinung vertritt. Es ist vergleichbar mit der Erfahrung des Weltreisenden, sich für die Handlungen seines Heimatlands rechtfertigen zu müssen, auch wenn er nichts mit diesen zu tun hat. Menschen sagen schulterzuckend über ihre Regierung, »das sind nun mal die Leute, die wir gewählt haben«, auch wenn sie selbst nicht oder sogar eine Oppositionspartei gewählt haben.

Bei Wahlen kommt zur moralischen Abwertung die demokratische Abwertung. Bei den Wahlen zum Deutschen Bundestag verhindert die als »Fünf-Prozent-Hürde« bekannte »Sperrklausel«, dass Menschen, die eine Partei gewählt haben, die im Ergebnis weniger als fünf Prozent erreicht, eine demokratische Repräsentation im Bundestag bekommen, ob in Regierung oder Opposition. Bei der Bundestagswahl 2013 wanderten auf diese Weise 15,7 Prozent der Stimmen[226], also der Wunsch nach politischer Vertretung von 6,7 Millionen Menschen, in den demokratischen Papierkorb.

Ob im Wahlkampf oder im täglichen politischen Hickhack: Wenn Sie nicht auf Argumente eingehen wollen, sei es weil sie tatsächlich doof, plump geschmacklos oder einfach in der Sache unangenehm sind, dann qualifizieren Sie sie doch als Minderheitsmeinung ab.

Sie können sich inspirieren lassen von Volker Tauber. Auf Twitter wirft ihm ein Bürger vor, die CDU schön zu machen für die Koalition mit den Grünen. Tauber antwortet mit einer schlichten Zahl: »97,04 Prozent.«[227] – Auf die erstaunte Rückfrage, was das für eine Zahl sei, pampt Tauber: »Mein Wahlergebnis als Generalsekretär. Ihnen ein schönes Wochenende.«[228] Doch selbst nach diesem Schlag mit der Minderheitsmeinung-Keule zuckt der Querulant noch und verlangt: »Lassen Sie doch uns als Basis über Ihren linken Kurs mal abstimmen.«[229] Tauber ist gar nicht amüsiert, dass hier ausgesprochen wurde, worin sich viele Politikbeobachter einig sind, nämlich dass CDU und SPD kaum noch unterscheidbar sind. Der christdemokratische Generalsekretär holt ein weiteres Mal die Minderheitsmeinung-Keule heraus und stellt sicher, dass er diesmal ganz sicher die argumentative Schläfe trifft: »Es gibt keinen linken Kurs. Wir sind Volkspartei der Mitte. Und die Unfragen (sic!) sind klar. Ihre Meinung ist Minderheit.«[230] – Der Querulant meckert noch rum, dass es keine »Unfragen« gibt, die irgendwie festlegten, ob die CDU nach links gerückt sei oder ob dies wünschenswert wäre, aber Herr Tauber reagiert nicht mehr – wieso sollte er sich auch mit einer Minderheitsmeinung abgeben?

Warnung

Die Behauptung, eine abweichende Meinung sei eine Minderheitsmeinung, funktioniert am einfachsten, wenn Sie die Meinungsdistributoren auf Ihrer Seite haben. Die Meinung der Medienkonsumenten wird sich über die Zeit immer auf die Meinung der Medienmacher zu bewegen. Doch behalten Sie die Minderheitenmeinung im Auge, auch wenn Sie sie ablehnen. Wer heute in der Meinungsminderheit ist, kann dennoch einen Einfluss haben auf die Wahl in ein oder zwei Jahren – selbst wenn er weitere Jahre später doch wieder auf dem Weg nach draußen sein sollte.

Exkurs: Selbst Talkingpoints bauen!

Selber machen

In diesem Buch bewundern wir die Arbeit der Talkingpoint-Meister. Für Talkingpoints, die den Test der Zeit bestehen, braucht es Talent, Handwerkzeug und natürlich dann das Quentchen Glück, das dem Anwender Ihrer Talkingpoints (der oder die ja auch Sie selbst sein können) zur richtigen Zeit am richtigen Ort der passendste Talkingpoint in der wirksamsten Intonation »spontan« von den Lippen kullert.

Talent lässt sich nicht erlernen, nur entdecken. Glück produziert man durch Vorbereitung und Ausdauer. Glück hat, wer gut vorbereitet sich wieder und wieder in Situationen bringt, in denen seine Fähigkeiten zur Anwendung kommen könnten. Der Golfprofi Bernhard Langer wird zitiert: »Golf ist ein Glückssport, aber je mehr ich übe, umso mehr Glück habe ich.« – So ist es auch mit dem Glück brillant platzierter Talkingpoints.

Während Sie also Talent und Glück selbst mitbringen müssen, lässt sich das Handwerk hinter Talkingpoints durchaus üben, und das wollen wir hier in einem kleinem Exkurs tun!

Nehmen wir zur Übung ein Thema, das immer wieder Menschen bewegt und sehr schnell mit allen möglichen ethischen Konnotationen aufgeladen ist, nämlich das Thema »verpflichtende Impfung«.

Strukturen

Wenn es um »Impfung« geht, haben Sie bestimmt eine »Meinung«. Eine »Meinung« zu haben bedeutet, dass eine Veränderung verschiedene Strukturen berührt, wobei manche dieser Strukturen sich für Sie relevanter anfühlen, während andere, ebenfalls in der Sache betroffene Strukturen, Ihnen vergleichsweise egal sind. Ihre »Meinung« ist Ihr individuelles Muster stärker und schwächer relevanter Strukturen. Sich über Meinungen zu streiten bedeutet, sich an den Kopf zu werfen, welche Strukturen man jeweils relevanter findet.

Es geht bei guten Talkingpoints nicht (in erster Linie) um die eigene Meinung, es geht auch nicht um das Muster von Strukturrelevanzen des politischen Gegners. Um gute Talkingpoints zu entwickeln, müssen wir uns vorübergehend von »unserer« Meinung lösen und sehen, welche Strukturen der Gegenseite relevant sind. Wirksame Talkingpoints stehen immer in direkter Beziehung zu den Strukturrelevanzen des Publikums. Das Handwerk der Talkingpoints beginnt deshalb immer damit, zu listen, welche von einer Veränderung betroffenen Strukturen sich für das Publikum relevant anfühlen könnten.

Wer guter Talkingpoint-Handwerker werden möchte, muss immer auch die Position und Argumente des Gegners verstehen.

Einige Strukturen, die im Kontext von Impfung und »Durchimpfung« als relevant fungieren könnten: »Gesundheit der eigenen Kinder«, »Gesundheit anderer Kinder«, »wirtschaftliche Kraft des eigenen Landes«, »Gerechtigkeit«, »Ordnung«. (Weitere Strukturen sind denkbar, zum Beispiel »Freiheit«, »Umweltbelastung«, »Unabhängigkeit von Pharmakonzernen« et cetera, doch für diese Übung wollen wir mit diesen fünf Strukturen beginnen, später können wir sie ja noch um weitere Strukturen ergänzen.)

Ein Schachspieler darf nicht nur über seine eigenen Züge nachdenken, sondern denkt sich auch in den Kopf des Gegners hinein. Vorherzusagen, welche Figur der Gegner wohin ziehen wird, ist nicht weniger wichtig als der Plan für die eigenen Figuren. Deshalb werden wir Talkingpoints konstruieren sowohl für als auch gegen eine verpflichtende »Durchimpfung« aller Kinder.

Pro Impfung

Talkingpoints »für« eine Veränderung konstruiert man, indem man aufzeigt, dass diese Veränderung solche Strukturen stützt, die der Zuhörer als »relevant« empfindet.

- Eine konsequente Durchimpfung stärkt die Gesundheit (praktisch) jedes einzelnen Kindes.
- Eine konsequente Durchimpfung erfüllt die Verantwortung gegenüber allen Kindern.
- Eine konsequente Durchimpfung stärkt unser Land auch wirtschaftlich, denn kranke Menschen sind nicht nur unglücklich, Krankheit kostet auch mehr, als sie dem Land einbringt.
- Konsequente Durchimpfung ist eine Frage der Gerechtigkeit. Kinder aus wirtschaftlich schwächeren Familien sollten denselben Schutz bekommen wie Kinder aus wirtschaftlich stärkeren Familien.
- Konsequente Durchimpfung senkt nicht nur die allgemeine Krankheitsrate, sie macht auch eine ordentliche Gesundheitsversorgung planbar.

Es genügt nicht zu zeigen, dass wir etwas Gutes wollen – wir müssen auch belegen, dass der Gegner nur Böses will. Wir müssen zeigen, dass die Position des Gegners, der diese Veränderung verhindern möchte, relevante Strukturen schwächt.

- Mit seinem unwissenschaftlichen Aberglauben gefährdet der Gegner die Gesundheit unserer Kinder.
- Der Gegner nimmt es in Kauf, dass Kinder in ganz Deutschland schwer erkranken werden, obwohl sie es nicht müssten.
- Der Gegner nimmt es in Kauf, dass Deutschland einem Epidemierisiko ausgesetzt ist und massiv auch wirtschaftlich geschwächt wird.
- Kinder aus wirtschaftlich schwächeren Familien haben ein statistisch höheres Risiko, lebensbedrohlich zu erkranken. Der Gegner nimmt deren Gefährdung in Kauf.
- Es ist (sozial) ungerecht, dass einzelne Gruppen geschützt sind und andere einem höheren Risiko ausgesetzt sind. Das schafft gefährliche Ungleichgewichte in der deutschen Gesundheitslandschaft.

- Der Gegner verhindert die Ausrottung der Krankheit, gefährdet also ein wichtiges Menschheitsprojekt.
- Der Gegner glaubt irgendwelchen impfkritischen »Verschwörungstheoretikern« und widerspricht so dem gesunden Menschenverstand.

Contra Impfung

Wir wollen bei unserer Übung auch noch Talkingpoints explizit gegen die konsequente Durchimpfung konstruieren.

Bei Talkingpoints für eine Veränderung haben wir gezeigt, dass eine Veränderung dem Publikum relevante Strukturen stärkt. Bei Talkingpoints gegen dieselbe Veränderung müssen wir zeigen, wie diese Veränderung diesmal eben dieselben relevanten Strukturen schwächt.

- Einem potentiellen, nicht hundertprozentigen Schutz steht eine konkrete Körperverletzung am Kind gegenüber.
- Ich habe nicht das Recht, auch nicht zum Wohl der eigenen Kinder, andere Kinder dazu zu zwingen, Gift selbst in allerkleinsten Dosen in ihre Körperchen gepumpt zu bekommen.
- Jedes Jahr erkranken tausende Kinder durch Impfschäden, manche sind daraufhin ein Leben lang eingeschränkt. Dies ist eine konkrete, auch wirtschaftliche Belastung für Deutschland.
- Verschiedene Kinder können verschieden auf die teilweise giftigen Impfsubstanzen reagieren, etwa auf das enthaltene Quecksilber. Eine erzwungene Gleichbehandlung von Natur aus ungleicher Kinder ist ungerecht.
- Bislang haben wir als Gesellschaft auch überlebt, mit freiwilliger Impfung und Überzeugungsarbeit. Eine Impfpflicht würde alles auf den Kopf stellen, die Ordnung der Dinge durcheinanderbringen...
- Dann zeigen wir, dass, indem wir diese Veränderung ablehnen, wir eine relevante Struktur stärken beziehungsweise deren Schwächung verhindern.
- Wenn Kinder die Chance bekommen, selbst ein Immunsystem aufzubauen, wie die Natur es vorgesehen hat, hält diese Immunität im Gegensatz zur Impfung ein Leben lang, anders als die unzuverlässige Fake-Immunität vom Pharmakonzern.

- Es gibt gute Gründe für Masernparties, die frühere Generationen gefeiert haben. Wer Kinderkrankheiten künstlich unterdrücken möchte, schadet auch der Gemeinschaft, die so insgesamt keine Immunität aufbauen kann.
- Wenn wir als Gesellschaft natürliche Immunität gegen Erreger aufbauen, stärken wir die Gesamtgesellschaft besonders im Hinblick auf die globale mobile Arbeitswelt. Zudem sind Menschen mit lebenslanger Immunität nicht nur glücklicher, sie sind über das Leben hinweg produktiver, auch im wirtschaftlichen Sinn.
- Eine gerechte Gesundheitsversorgung bedeutet auch, dass jedes Kind nach bestem Wissen und Gewissen seiner Eltern geschützt und vor Schaden bewahrt wird. Deshalb ist es ein Gebot der Gerechtigkeit, den Wunsch der Eltern zu respektieren, denn nur sie sind es, die am Ende die Verantwortung tragen können, sei es für den konkreten Impfschaden oder die statistisch mögliche Krankheit selbst.
- In der westlichen Gesellschaft hat sich eine gewisse Ordnung etabliert, ein Gleichgewicht zwischen Krankheit und Medizin, diese Ordnung müssen wir schützen vor fragwürdigen Experimenten!

Fazit

Diese systematisch entwickelten Talkingpoints sind nicht gleich stark und sie sind nicht alle »talkshow-tauglich«, doch das haben wir auch nicht erwartet. Durch systematische Konstruktion von Talkingpoints schaffen wir einen Grundstock. Aus diesem Ausgangsmaterial wählen wir vielversprechende Ansätze aus und entwickeln sie weiter.

Ist es zynisch, Talkingpoints zu entwickeln für Punkte, die man nicht vertritt? Im Gegenteil! Die Welt wäre ein besserer Ort, wenn Menschen sich häufiger Gedanken machten, was ihre Mitmenschen bewegt. Klar, man könnte Talkingpoints immer nur für den eigenen Standpunkt entwickeln, aber dann würde man ja nichts dazulernen! Ob Sie sich wie der erwähnte Schachspieler in den Gegner hineinversetzen wollen, um ihn besser angreifen zu können, oder ob Sie einfach mehr über ihre Mitmenschen lernen möchten – entwickeln Sie immer auch die Talkingpoints der Gegenseite mit.

Effekt: Verführerisches Paradox

Regel

Jeder von uns ist gelegentlich mit sich selbst uneins. Der kluge Politiker zelebriert diesen zutiefst menschlichen Widerspruch und die Zerrissenheit der Wählerseele. Er setzt in seinen Äußerungen zwei Positionen nebeneinander, die beide irgendwie Sinn machen, obgleich sie sich auf den ersten, ungeübten Blick zu widersprechen scheinen. Wir wollen Optionen, aber hassen Entscheidungen. Und wenn die Republik an der Weggabelung steht, wollen wir, dass die Politiker uns versprechen, eben beide Wege zu gehen, gleichzeitig.

Wer sich nicht zerrissen fühlt, der hat bloß nicht genug nachgedacht.

Beispiel

»Ich will so bleiben, wie ich bin. Du darfst!« – Kennen Sie diesen Werbeslogan? »Du darfst« ist eine 1973 eingeführte Marke für Diätprodukte aus der Unilever-Familie. Der Slogan von »Du darfst« und das Produkt dahinter beschreiben überraschend genau das gesellschaftliche Angebot der Grünen: Du musst dich ändern, aber mit uns kannst du dich ändern, ohne dich zu ändern. Diätprodukte und Grüne predigen die fast schon moralische Notwendigkeit, den Gürtel enger zu schnallen, ob metaphorisch oder buchstäblich. Wenn wir erst einmal den moralischen Impetus akzeptiert haben, verkaufen uns Grüne und »Du darfst« das verführerische Paradox, dass sich der Energie-Grundumsatz ohne wesentliche Änderung des Lebensstils reduzieren ließe. Die einen tauschen Zucker gegen Süßstoffe aus, die anderen tauschen Autos mit Verbrennungsmotoren gegen E-Autos mit Akku-Batterien.

Sehr ernst genommene Paradoxien sind ja üblicherweise eine Sache der Religion, und so passt es, dass aktuell die Frau an der Spitze der Grünen, Katrin Göring-Eckardt, zeitgleich auch als Synodenmitglied der evangelischen Kirche fungiert, deren Vorsitzende sie sogar eine Zeit lang war – eine bemerkenswerte Leistung, wenn man bedenkt, dass sie ihr Theologiestudium abbrach und die Mitarbeit an der protestantischen innerkirchlichen Gesetzgebung neben dem harten Politikjob leisten muss. Noch so eine Paradoxie. Es passt, dass der mit Abstand beliebteste Politiker der Grünen, Winfried Kretschmann, der aktuelle Ministerpräsident von Baden-Württemberg und deutschlandweit der erste Grüne auf diesem Posten, ein praktizierender Katholik ist, der schon mal einen Auftritt in Günther Jauchs TV-Talkshow ablehnt, weil er für den Termin bereits eine Predigt in Schemmerhofen zugesagt hat[231].

Kretschmann wurde schon »Vermittler« und »Moderator« genannt – genauer wäre: Kretschmann ist ein verführerisches Paradox. Er verspricht wirtschaftliches Wachstum und ökologische Selbstbeschränkung zusammenzubringen, ökonomische Vernunft und katholischer Glauben, das Gute und Notwendige. Wir reden hier nicht von Kompromissen, denn Ideale vertragen sich nicht mit Kompromissen, Ideale transformieren und manifestieren in der Verschmelzung von Ebenen: das verführerische Paradox.

So funktioniert es

Wir denken in Begriffen, also kleinen Konzepteinheiten wie »Tisch«, »Sonne« oder »Brot«. Der Begriff »Tisch« etwa besagt, dass ein Tisch ein Möbel ist und dass wir meist Sachen darauf stellen, die wir mit den Händen zu benutzen gedenken. Auch haben wir eine ungefähre Vorstellung davon, wie ein Tisch typischerweise aussieht, etwa dass er vier Beine und eine hölzerne Platte aufweist.

Unsere Begriffe sind »Denkwerkzeuge«, sie sind dabei nur so scharf, wie es bislang für uns selbst notwendig war – man beachte etwa die Debatte darüber, was alles »Gerechtigkeit« ist und wie viel davon aus Sozialkassen zu finanzieren sei. Manchmal werden Worte samt Begriffen dahinter von der Politik auf ungewohnte Weise benutzt – wie etwa beim »War on Terror«, was wörtlich ja »Krieg gegen Angst« bedeutet – wie aber soll man Krieg gegen ein Gefühl führen, zumal Krieg eben dieses Gefühl auslöst?

Begriffe sind Gebrauchswerkzeuge, jeder muss nur für sich funktionieren. Wenn nun zwei Begriffe, die jeder für sich funktionieren, nicht gleichzeitig einsetzbar sind und man es doch versucht, entsteht das *Paradoxon*. (Und manchmal ist auch ein einziger Begriff »gut genug« für viele Anwendungszwecke, um in Einzelfällen eben doch auseinander zu brechen, wie etwa beim Kreter, der sagt, dass alle Kreter lügen.)

Es gibt im Prinzip drei Arten, dem Paradoxon zu begegnen:
- Man ignoriert das Paradoxon.
- Man erklärt das Paradoxon für »heilig«, also für unhinterfragbar.
- Man denkt nach und verbessert seine Begriffe, bis das Paradoxon sich auflöst.

Die erste Lösung, also das Ignorieren bis es akut wird, ist das gesellschaftliche wie politische Default. Wenn eine neue Idee auftaucht, ignoriert man sie so lange, wie sie keine Probleme macht. Die zweite Lösung, also das Verklären des Widerspruchs, wird versucht, wenn das Paradox nicht zu leugnen ist, aber man keine Lösung herbeiführen will oder kann. Die dritte Lösung, also das Nachdenken und Auflösen, ist die anstrengendste.

Was für Begriffe gilt, gilt auch für unsere Wünsche: Wir wollen etwa gesund sein und wir wollen leckeren Kuchen essen. Solange wir jung sind und einen guten Metabolismus haben, ignorieren wir die Widersprüchlichkeit dieser beiden Wünsche. Irgendwann lässt sich der Widerspruch nicht mehr leugnen und wir sehen ein, zu kurz für unser Gewicht zu sein. Dann können wir entweder anstrengende, aber realistische Lösungswege angehen – Fitness, Diät, et cetera –, oder wir erklären in einem Akt des »heiligen Paradoxon« das Ungesunde für Gesund. (Siehe auch den Talkingpoint-Effekt »Politische Korrektheit«.)

Die Absegnung von Widersprüchen war früher die Domäne der Religion, heute muss die Politik unsere Paradoxie reflektieren.

Wir wollen Strom, der zu 100 Prozent von Wind und Sonne ge-
schenkt ist, und doch soll er zuverlässig sein, auch nachts und bei
Windstille – und ohne dass dafür neue Stromtrassen gebaut oder Berg-
spitzen zum Bau von Pumpspeicherwerken abgesprengt werden.

Wir wollen im Supermarkt nur garantiert keimfreie Hühnchen haben – die garantiert frei von Antibiotika und Chlor zugleich sind.

Wir wünschen uns vollständige Gleichberechtigung aller Ge-
schlechtsidentitäten und sexuellen Ausrichtungen – und fordern zugleich die vorurteilsfreie Toleranz gegenüber Weltbildern, die solche
Gleichberechtigung nicht identitätskompatibel leisten können.

Manche »gestandene« Politiker macht solch innerer Widerspruch
ratlos. Wie können die Wähler etwas wählen, was so offensichtlich
im Widerspruch zur eigenen Realität ist?!

Hier kann man den verzweifelten, hilflos dreinblickenden Verwal-
tungsprofis zurufen: Macht doch einen Blick über den Tellerrand!
Denn wenn beide Wahrheiten eines Widerspruchs jede auf ihre Weise
den Wähler emotional berühren, ist dieser Widerspruch kein »Fehler«, sondern bewegt eben in seiner Widersprüchlichkeit sublime Gefühle in uns. Der innere Widerspruch ist transzendent und menschlich zugleich. Mensch zu sein bedeutet, zerrissen zu sein.

Es soll ja Leute geben, die nicht jenes Auto fahren, das sie sich
wünschen, sondern nur das Auto, dass sie sich leisten können. Wenn
man sie fragte, was ihr Lieblingsauto ist, würden sie nicht das tatsächliche Auto, sondern dass erträumte Auto anführen. So wie der
materielle Geschmack größer sein kann als die materiellen Möglichkeiten, so kann auch die Lebenshaltung und persönliche Ethik größer
sein, als die akute Situation es möglich macht. Ich bin ethischer als
ich es mir leisten kann. Oder, um es mit Horváth zu sagen: »Ich bin
nämlich eigentlich ganz anders, aber ich komme nur so selten
dazu.« – Dieser Oberflächenwiderspruch ist für einige Politiker kaum
zu ertragen, während andere Politiker diese Spannung nicht nur zu
ertragen, sondern einzusetzen verstehen.

Ein Wähler, der beispielsweise im Stadtgeländewagen zum Wahl-
lokal fährt, um dann vielleicht eine Öko-Partei zu wählen, leidet
nicht am Widerspruch zwischen Lebensstil und der im Wahlkreuz-
chen manifestierten Lebenshaltung – im Gegenteil, er lebt das Paradoxon gern aus!

Diese Dichotomie, diese Spannung, diese Multifacettierung der (post-)modernen politischen Positionierung, sie sind gespiegelt im inneren Paradoxon des Wählers. Vielleicht ist die Wahl einer Partei, die unseren Lebensstil kritisiert, wie ein Akt der Buße, der praktischen Katharsis. Der Wähler ist dann wie jene Romanfigur, die im Zug sitzend eine ganze Pralinenschachtel futtert, und bei jeder Praline sagt: »Ich sollte das nicht tun!« – Jeder Mensch hat Widersprüche, eine Spannung zwischen den einen Gefühlen und den anderen Bedürfnissen. Wo Menschen noch diese innere Zerrissenheit abarbeiten innerhalb einer heiligen und damit widerspruchslegitimierenden Religion, ist es vielleicht einfacher, eine vernünftige in sich schlüssige Politik durchzusetzen. Wo den Menschen jedoch dieses kathartische Werkzeug nicht mehr zur Verfügung steht, da kann Politik in die Bresche springen, indem sie diese innere Zerrissenheit aufgreift und widerspiegelt.

Warnung

Nur jener Widerspruch, der die Seelenlage des Wählers auch wirklich widerspiegelt, kann erfolgreich sein. Sich ohne ausreichenden Bezug zur Realität des Wählers einfach selbst zu widersprechen, ist schädlich. Als Beispiel sei hier Heiko Maas genannt, der deutsche Justizminister. Maas verkündete noch bis Januar 2015, mit ihm werde es keine »Totalüberwachung von uns allen ohne jeden Anlass«[232] geben. Wenige Wochen später war er in einer dunklen Ecke, als höhere Mächte ihm befohlen hatten, die anlasslose Totalüberwachung umzuetikettieren von »Vorratsdatenspeicherung« nach »Höchstspeicherfrist«[233] – und plötzlich verteidigte er sie als guten »Kompromiss« zwischen Sicherheit und Freiheit (womit er ja implizit zugab, Freiheit beschädigt zu haben…). Die Wende des Maas war ein banaler Widerspruch zur selbst zuvor proklamierten Haltung, es war kein Paradox – schon gar kein verführerisches. Es ist auch solches Hakenschlagen, wieso SPD-Chef und Vize-Kanzler Sigmar Gabriel wohl in der Sache nicht ganz falsch liegt, wenn er angeblich intern bereits im Frühjahr 2015 die Bundestagswahl 2017 verloren gibt[234].

Effekt: Der gerechte Zorn

Regel

Sich aufzuregen ist notwendig, aber ach so anstrengend! Wie froh sind wir, wenn jemand uns die Mühe des ethisch notwendigen Zürnens abnimmt. Wir erwarten vom modernen Politiker, dass er nicht nur auf das Wirken höherer Mächte reagiert, sondern eben auch mit Schweißperlen auf der Stirn für die eigene Idee von der »guten Sache« kämpft. Was »die gute Sache« ist, mag ja wechseln, was heute alternativlos erscheint, kann schon morgen das Geschwätz von gestern sein, doch wenn eine uns relevante Struktur angegriffen wird, soll der dafür bezahlte Politiker gefälligst den »gerechten Zorn« entfachen!

Beispiel

Der wohlplatzierte Zorn ist wie der Revolver im Cowboygürtel. Man muss den Revolver nicht immer ziehen und muss den Revolver schon gar nicht ständig abfeuern, doch der Revolver muss in makellosem Zustand und der Cowboy auf den Gebrauch vorbereitet sein.

Ein legendärer Zürnender war Herbert Wehner, bis 1983 Vorsitzender der SPD-Fraktion im Bundestag. Es passt, dass er mit 57 Ordnungsrufen (je nach Quelle und wenn man die Ordnungsrufe aus seiner Zeit als Kommunist im Sächsischen Landtag dazuzählt, dann sind es bis zu 77 Ordnungsrufe) den Rekord in dieser sehr speziellen Kategorie hält. Man könnte Wehners politisches Leben zusammenfassen mit den drei Worten, die er wieder und wieder sagte: »Wir, die Sozialdemokraten«, den Zeigefinger auf die eigene Brust trommelnd.

Angriffe auf ihn deutete Wehner schnell und laut um, als Angriffe auf die Sozialdemokratie oder gleich auf die Bundesrepublik Deutschland.

Es gibt viele Wehnersche Kleinodien, kleine halbspontane Meisterstücke zorniger Angriffslenkung. Einen schönen Zornesausbruch (wenn auch in freier Rede ohne Gegenrede) produzierte Wehner im Jahr 1968 bei einer Veranstaltung von Heimatvertriebenen, als er seinen Gegnern so zornig wie implizit androhte, dass sie sich für ihre Anfeindungen dereinst vor der Geschichte (oder vor Gott selbst? Aber nein, ein Ex-Kommunist würde nicht Gott anrufen) verantworten müssten: »Ich bin es gewohnt, ausgepfiffen und niedergebrüllt und geschlagen zu werden. Dessen schäme ich mich nicht. Es werden sich andere einmal dafür schämen müssen.«[235]

Der gerechte Zorn ist immer eine Reaktion. Der gerechte Zorn ist eine als Entrüstung verkleidete Drohung an den Gegner: Du hast eine rote Linie überschritten – weiche nun zurück oder verantworte selbst die Konsequenzen!

So funktioniert es

»Μῆνιν ἄειδε«, »den Zorn besinge«, beginnt die Ilias des Homer. Die Handlung der Ilias, des ersten großen Familienbuchs der griechischen Götter, ist der Trojanische Krieg. Aber das innere Feuer der 51 Tage und 15 693 Verse ist μῆνις, der Zorn. Zorn treibt Götter wie Menschen. Im Zorn entlarvt sich der Gott als menschgemacht und im Zorn macht sich der Mensch selbst zum Gott[236].

Zorn ist das Zen des wütenden Mannes, Zorn ist die zur Verteidigung gebündelte Kraft.

Zorn ist die Bündelung der Energie auf die Verteidigung einer einzelnen bedrohten Struktur. Im Moment des Zorns richten Sie alle Ihre emotionale Energie auf eine singuläre Struktur, die beschädigt wurde oder beschädigt zu werden droht.

Der Zorn unterscheidet sich von der Wut durch seine Beherrschtheit und seine Neigung zur Gerechtigkeit.

Mensch »wird« wütend und seine Wut trifft zuerst den Menschen selbst, aber Mensch »richtet seinen Zorn« gegen einen Dritten. Wut ist hilflos, doch Zorn ist der Nukleus einer besonders kraftvollen Handlung. Wut beendet die Geschichte, Zorn beginnt sie. Das Kleinkind ist wütend, wenn man sein Spielhaus umwirft – Gott ist zornig, wenn man seinen Tempel beschmutzt.

Bereits seit der Rückkehr des Moses vom Berg Sinai kennen wir die Kraft des gerechten Zorns, doch Zorn ist nicht nur energiegeladen, Zorn kann auch einend und einnehmend wirken. Es gibt ein Charisma des Zornes.

Wer zürnt, scheint ehrlich, denn eine so grundlegende menschliche Gefühlslage lässt sich nur schwer schauspielern. Dem Zürnenden wird die Echtheit seiner Gefühle zugestanden. Wenn der Zuhörer diesen Zorn spiegelt und seine eigene Wut darin wiedererkennt, dann können zürnender Redner und mit wütender Zuhörer die freigesetzte Energie bündeln und in Taten umwandeln… zum Beispiel einem Kreuzchen an der »richtigen« Stelle am Wahltag.

Warnung

Wenn das letzte Gebiss des Elefanten abgenutzt ist, zieht er sich in sumpfige Ebenen zurück. Dort sind die Blätter weicher und also leichter zu kauen. So endet der Elefant seine Tage in Würde und an einem schönen Ort.

Wenn die politische Zeit des gewählten Volksvertreters dem Horizont näher als dem Mittag ist, wird seine Haut dünn und immer häufiger verwechselt er Zorn mit blanker Wut. Die Nähe zur Wut in eigener Sache ist ein zuverlässiges Vorzeichen für das bevorstehende Ende des politischen Weges bei Alphamännchen beider Geschlechter.

Kurt Beck ist der Helmut Kohl von Rheinland-Pfalz, Träger von Auszeichnungen, darunter dreier verschiedener Großkreuze (BRD, Rumänien, Malteserorden), bis 2013 der Ministerpräsident seines Bundeslandes (Ministerrente: 8 426 Euro, steigend), seitdem Berater einer Pharmafirma (Gehalt unbekannt) und Vorsitzender der Friedrich-Ebert-Stiftung (jährlich bekommt die SPD-nahe Stiftung mind. 143 Millionen Euro vom Bund, Tendenz ebenfalls steigend, erarbeitet durch den Steuerzahler, also um Kurt Beck zu zitieren, der »Dachdecker, Maurer oder die Krankenschwester«.[237])

Dass Kurt Beck seine politische Karriere beendete, hatte, sagte er, nichts mit der »Nürburgring-Affäre« zu tun. Am Nürburgring hatte Beck einen Freizeitpark direkt an der Rennstrecke quasi »aus dem Nichts« kreiert (was ein wenig an kommunistische Länder erinnert, wo die Mächtigen sich und dem Volk nach eigenen Plänen günstige Vergnügungsparks erbauen, oder an Michael Jacksons Neverland-Ranch. Der Kurt-Beck-Vergnügungspark sollte den Steuerzahler, so Kurt Beck, keinen Euro kosten und am Ende kostete er den »Dachdecker, Maurer oder die Krankenschwester« von SPD und Grünen abgesegnete 254 Millionen Euro[238]. Beck beging das Karriereende aus gesundheitlichen Gründen – umso bewundernswerter ist, dass er auch als Rentner die Kraft findet für die Arbeit als Pharmaberater und Stiftungsvorsitzender.

Kurt Beck mag es nicht, hinterfragt zu werden. Am 29. März 2012, sieben Monate vor seiner Rücktrittserklärung und damit nur einen Wimpernschlag im politischen Leben des Fünf-mal-Wiedergewählten saß Kurt Beck in der Talkshow von Maybrit Illner. Ebenfalls in dieser Talkshow saß der damals für die Piraten sprechende und 2015 den Springer-Verlag beratende Christopher Lauer. Lauer hinterfragte Beck und das Ergebnis ging ins kollektive Gedächtnis deutscher Talkshowjunkies ein.

Es ging, auch, um das Nürburgringdramolett. Der Rechnungshof hatte Fragen gestellt. Aus dem »keinen Euro« waren 210 Millionen Euro geworden, welche die 4 Millionen Rheinland-Pfälzer, zum Beispiel »Dachdecker, Maurer oder die Krankenschwester«, würden zahlen müssen. Am Tag vor diesem TV-Auftritt hatte Kurt Beck sich dafür stark gemacht, dass der Staat eine Auffanggesellschaft für die Filialleiterin der pleitegegangenen Drogeriekette »Schlecker« gründet – und er ließ Fragen offen: Wieso nannte er die meist weiblichen Angestellten, etwas herabwürdigend, »Schlecker-Frauen«? Wieso tat er, als gäbe es kein deutsches Sozialsystem? Hatte er bedacht, dass es durch eine Auffanggesellschaft unmöglich wurde, dass die FilialleiterInnen gegen die in Insolvenz befindliche Firma zwecks Abfindung klagten?

Kurt Beck versuchte, den Fall Nürburgring gleichzusetzen mit anderen Fällen von staatlicher Investitionshilfe: »Das ist bei uns an ganz vielen Stellen, wo vorher Kasernen und Militärflugplätze waren [Illner fragt nach Beispielen, aber Beck rollt weiter] vorbildlich gelungen und an einer Stelle haben wir ein Problem in der Umsetzung…« – Doch Lauer hakt nach: »Haben Sie an allen Stellen 330 Millionen Euro investiert oder ist das jetzt hier nur an der einen Stelle?« Beck wird gereizter: »Also ich habe es Ihnen gerade hier erklärt, wenn Sie zugehört hätten … « Einiges Hin und Her zwischen Beck und Lauer. »Ich sage nur, dass in der Zukunft man sehen muss […], was ist eben wirtschaftlich hereinzuholen durch Pachten und Mieten und das, was dort entstanden ist.« So lässig wie tödlich hakt Lauer wieder nach: »Was ist denn herauszuholen?« Beck: »Da sind wir grad dabei das hinzukriegen und nach unserer Rechnung ist ein Löwenanteil hereinzuholen.« – Man könnte fast meinen, dass Beck Zusagen über dreistellige Millionenbeträge gegeben hatte und erst als das Ganze in Richtung Süden ging, anfing, ernsthaft nachzurechnen, was wieder hereinzuholen wäre. Lauer murmelt: »Irre!« – und da übermannt Beck die Wut: »Sie sagen ›irre‹, Sie haben keine Ahnung jetzt, wovon Sie reden! Wieso nennen Sie das irre? Sagen Sie das mal! Das sind Hunderte von Arbeitsplätzen dort entstanden, auch wenn's ein Problem gibt. Warum ist das irre? Nicht alles, was man nicht weiß, kann man beurteilen.« – Doch Lauer spielt nicht mehr Landesliga, er lässt sich nicht von Kurt Beck niederschreien. »Herr Beck, ich glaube, der Unterschied zwischen uns beiden ist, dass ich wirklich zu meinen Lücken offen stehe und auch gar nicht den Eindruck erwecke, [aber] Sie es noch immer verzweifelt tun […]«. Das Publikum applaudiert.

Becks Wut wandte sich gegen ihn selbst, und so wurde Beck sich selbst zur Gefahr. Lauer setzte zum Sermon an und versprach Beck, dass der Wähler ihm das quittieren werde. Das war eine Falle und Beck ging selbstbewusst hinein: »Sie haben mich auf jeden Fall schon fünf Mal wiedergewählt!« – Bis hierhin hätte man seine Erregtheit noch als gerechten Zorn in Sorge um Arbeitsplätze und Region werten können. Doch zusammen mit einem freundlichen rheinland-pfälzischen Beck-Grinsen scheint ihn diese nur an der Oberfläche harmlose Feststellung zu entlarven: Es geht wohl Beck zuerst um Beck. Beck hält seine Worte für magisch wahr, weil er fünf Mal gewählt wurde. Christoph Lauer muss den Strauchelnden nur noch stupsen: »Ja, vielleicht war das ein paar Mal zu oft.« Das Publikum johlt und Becks Gesichtsmuskulatur tanzt plötzlich einige mögliche

Stellungen durch – bis ihn die Regie durch Schnitt auf Lauer erlöst. Doch Beck, fast panisch, setzt neu an: »Ihre Arroganz wird Ihnen auch noch vergehen!« – Becks Überlebensinstinkt ist zuerst richtig: »Wenn Sie mal ernsthaft versuchen, Politik zu machen und für Menschen da zu sein...« – doch wie ein schwarzes Loch das Licht umlenkt, lenkt auch Becks Ego seinen Blick gleich wieder von »den Menschen« auf ihn zurück: »... statt so einen Schnickschnack von sich zu geben, dann werden Sie mal erleben, wie schwer dieser Job ist.« Das Publikum applaudiert wieder, doch es ist nicht sicher, ob Becks Theatralik beklatscht wird oder Lauers psychologischer Punktsieg.

Es ist ein zuverlässiges Zeichen des sich abzeichnenden politischen Endes, wenn ein Politiker von gerechtem Zorn in weinerliche Wut umschlägt. Wenn Politiker siegen, erwartet man, dass sie ihren ehrenamtlichen Helfern und dem Wahlvolk zurufen: »Es geht hier nicht um mich, es geht um euch, dies ist euer Sieg!« Dies mag abgedroschen sein, aber es wirkt, weil es ethisch klug ist. – Dieselbe Klugheit müssen Politiker auch beim Zorn einsetzen: »Dies ist in Wahrheit kein Angriff auf mich, dies ist ein Angriff auf die Menschen und die Sache selbst!«

Exkurs: Ein-Wort

Haben Sie den Mut zum Einzelschlagwort! Es ist eine interessante Übung, die eigene politische Position (und das eigene Leben, wenn man schon dabei ist) auf eine einzige simple Idee zu reduzieren.

Konrad Adenauer könnte, trotz seines bei Dienstantritt als Kanzler fortgeschrittenen Alters, für »Neuanfang« stehen. Ein fast ganz zerstörtes und demoralisiertes Land musste neu anfangen.

Ludwig Erhard, der Mann mit der Zigarre, stand in seiner Zeit als Wirtschaftsminister für »Wirtschaftswunder«, später wurde er Kanzler.

Willy Brandt steht international für den »Kniefall«, als Brandt 1970 spontan bei einer Kranzniederlegung in Warschau der Toten des Zweiten Weltkriegs gedachte, indem er vor dem Ghetto-Ehrenmal niederkniete und so, obwohl selbst nirgendwie mit dem NS-Regime verbandelt, symbolisch die Schuld und Verantwortung auf sich nahm.

Helmut Kohl, auf ein Wort reduziert, wird wahrscheinlich »Wiedervereinigung« sein. Bei Kanzler Gerhard Schröder wird es wahrscheinlich die »Agenda 2010« sein, die von den einen Kommentatoren gepriesen und den anderen zutiefst verdammt wird. Angela Merkel wollte wohl, wie auch im Slogan der CDU zur Bundestagswahl 2013, mit »Gemeinsam erfolgreich« in Erinnerung bleiben, es wird aber vielleicht eher »alternativlos« sein.

Medien haben für prominente Politiker bereits zu Lebzeiten einen fertigen Nachruf in der digitalen Schublade. Und wenn sie dann tatsächlich sterben, sind es oft überraschend wenige Zitate, auf die man ihr Wirken reduziert – und dieser ist dann der wichtigste Talkingpoint ihrer Karriere. Ob Sie nun prominent genug für vorbereitete Nachrufe sind oder »bloß« Politikzuschauer: wenn die Menschen dereinst auf Ihre (politische) Arbeit zurückblicken, welcher Talking-point wird ihnen einfallen? Und welcher *soll* ihnen einfallen? Legen Sie diesen Talkingpoint für sich fest – und dann wiederholen Sie ihn wieder und wieder.

Effekt: Flügel verleihen

Regel

Es gibt diese großen Menschen, da können wir uns sehr genau erinnern, wo wir waren und was wir taten, als wir hörten, dass sie gestorben sind. So ganz haben sich die USA bis heute nicht vom Attentat auf John Fitzgerald Kennedy (1917-1963) erholt. Bis heute klingt bei den Machern und Bewegern der Internetgesellschaft bei jeder Entscheidung im Hintergrund die Frage mit, was Steven Paul Jobs (1955-2011) wohl an ihrer Stelle gemacht hätte. Wer uns inspiriert, das Beste aus uns selbst herauszuholen (Psychologen haben gezeigt, dass bereits das Anschauen des Apple-Logos die Probanden »kreativer« macht[239]), der wird zu einem »Teil von uns«.

Beispiel

Fast alles, was man über Inspiration in der Politik wissen muss, kann man von jenem Vorhaben lernen, das bis heute das Paradigma inspirierender Großvorhaben ist: Kennedys Mondfahrtprojekt.

Am 12. September 1962, unter der noch immer heißen Texas-Sonne von Houston, rief JFK im Stadion der Rice University den Honoratioren und Studenten zu: »Wir beschließen, zum Mond zu fliegen. Wir beschließen, zum Mond zu fliegen in diesem Jahrzehnt und die anderen Dinge zu tun [gemeint: Berge besteigen, Football-Meisterschaften auskämpfen], nicht weil sie einfach sind, sondern weil sie schwer sind, weil dieses Ziel uns dienen wird, unsere besten Kräfte und Fähigkeiten zu ordnen und zu messen, weil diese Herausforderung eine ist, die wir willens sind, anzunehmen, und eine, welche wir gewinnen wollen, und die anderen auch.«[240]

John F. Kennedy trifft einen Entschluss, stellvertretend für das amerikanische Volk. Dieser Entschluss hatte einen Kontext. Am 4. Oktober 1957 hatte die Sowjetunion den »Sputnik 1« als ersten künstlichen Satelliten in die Erdumlaufbahn gehoben und damit das Zeitalter der Raumfahrt eröffnet. 1961 demütigte die Sowjetunion die USA ein zweites Mal, als sie mit Juri Gagarin den ersten Menschen erfolgreich ins All brachte (und lebendig wieder zurück, anders als 1957 die Hündin Leika).

Man rutscht nicht in die Inspiration, man muss eine Herausforderung annehmen und diese Annahme wird dann zur Inspiration. JFK deutet die doppelte Demütigung durch die Sowjetunion zur Zwischenetappe um – auf einem weit größeren Weg. JFK nennt das Ziel (Mond) und gibt diesem Ziel, damit es nicht nur ein Traum bleibt, auch eine Frist (innerhalb desselben Jahrzehnts, also etwas mehr als acht Jahre). An anderer Stelle formuliert er, dass die USA schlicht noch gar nicht wissen, wie dieses Ziel erreicht werden soll, mit welcher Technik oder mit welchem Treibstoff – aber eben dieses Nochnicht-Wissen ist kein Grund dagegen, sondern gerade ein Grund es anzugehen. Nicht so sehr das Ziel, als vielmehr die Suche nach dem Weg wird Amerika zum Guten, ja zum Allerbesten verändern.

Das sind die Bausteine der Inspiration: Ein verwegen hohes, aber im Prinzip erreichbares, vor allem aber irgendwie faszinierendes Ziel. Hindernisse, die zu überwinden einen verändern wird. Ein charismatischer Mensch, der uns überzeugt, uns auf den Weg zu diesem Ziel zu machen.

So funktioniert es

Die großen Geschichten der Menschheit, von Moses bis »Stirb langsam«, von Odysseus bis »Findet Nemo«, sie basieren alle auf dem Schema der »Heldenreise« (»Hero's Journey«), wie Joseph Campbell diesen Prozess äußerer und innerer Veränderung nennt. Die zwölfstufige Heldenreise lässt sich so zusammenfassen: Ein Held nimmt widerstrebend eine Herausforderung an, mit etwas Glück überwindet er die riesigen Hindernisse, um dann als veränderter Mensch von dem Abenteuer zurückzukommen.

Zu inspirieren bedeutet, den Menschen auf seine Heldenreise zu schicken. Die großen Männer und Frauen der Geschichte haben uns auf die Reise geschickt zu einem Ziel, dessen schiere Verwegenheit uns Angst machte und doch und deswegen, eben, inspirierte. Auf der Reise wurden wir zu neuen Menschen, vielleicht auch zu besseren.

In Chuck Palahniuks »Fight Club« zerrt Tyler Durden den Angestellten eines Nacht-Supermarkts, Raymond K. Hessel, auf einen dunklen Parkplatz, zwingt ihn dort auf die Knie und hält ihm eine Pistole an den Hinterkopf. Hessel heult. Durden findet einen abgelaufenen Studentenausweis in Hessels Portemonnaie. Durden stellt Hessel vor die Wahl: Wenn du in sechs Wochen nicht wieder auf dem Weg bist, Tierarzt zu werden, töte ich dich. – Tyler Durden fragt und löst nicht, wie Raymond K. Hessel sein Studium denn finanzieren soll, wie er die Zeit zum Studieren finden soll oder wie er sich überhaupt wieder einschreiben soll, das muss Hessel alles selbst herausfinden. Tyler Durden stellt nur fest, was Hessels wahrer, eigentlicher Wunsch ist – und zwingt ihn dann, diesen Wunsch zu leben. – Natürlich ist die Convenience-Store-Szene überdreht, wie nur Literatur und Film es dürfen, doch sie beschreibt, was Inspiration, auch politische Inspiration, im Kern ausmacht: Bewege den Menschen, seinem urureigentlichen Wunsch zu folgen, und du wirst Teil seines Lebens.

> **Inspiration gibt ein Ziel, überlässt den Weg dahin aber dem Inspirierten.**

Inspiration braucht Freiheit und die Möglichkeit, selbst den Weg zum Ziel zu suchen. Es muss eine Unklarheit geben, denn wenn außer dem Ziel auch der Weg feststeht, wenn alles vorgeschrieben ist, lässt sich nicht inspirieren, lässt sich nur mit der Peitsche vorantreiben, sei diese auch monetär.

Warnung

Talkingpoints sind es, wieso wir anderen Menschen folgen, wieso Menschen Seite an Seite marschieren, wieso sie Berge besteigen oder Berge aushöhlen, um Tunnel durch das Gestein zu bauen, oder die Berge gleich ganz wegsprengen, um Bodenschätze aus der Erde darunter hochzuholen.

Worte sind eine Waffe, sind eine Schaufel, ein Bagger, ein warmes Bett oder eine Stange Dynamit mit brennender Lunte. Worte können Weltreiche bauen und Worte können die Geschichte plötzlich umdrehen. Aber das ist eigentlich nicht das, was an Talkingpoints das Allerwichtigste ist. Alle Talkingpoints, die Sie der Welt erzählen, sie können und werden zurückgenommen werden, relativiert werden, widersprochen und neu gesprochen werden. Die Talkingpoints, die wir an unseren Mitmenschen anwenden, sie sind im Palimpsest der Ideen nur so lange real, bis wir, oder unsere Gegner, sie wegkratzen und einen neuen Talkingpoint darüberschreiben.

Die Talkingpoints, die Sie anderen vermitteln, sie verändern nur das Leben der anderen. Die wichtigeren, die realen Talkingpoints, die Talkingpoints, die darüber bestimmen, wie es mit Ihrem persönlichen Leben weitergeht, das sind die, die Sie sich selbst erzählen.

Nachwort: Die Macht und die Grenzen von Talkingpoints

Mittwoch, 15. Juli 2015, Paul-Friedrich-Scheel-Schule in Rostock – wieder Deutschlands Norden, eineinhalb Fahrstunden von Merkels Wahlkreis *Vorpommern-Rügen – Vorpommern-Greifswald I* und eine Fahrstunde von Waren an der Müritz entfernt. Eigentlich wieder ein Heimspiel für Angela Merkel – aber diesmal sollte alles anders werden.

Die Kanzlerin hat zum »Bürgerdialog« geladen. Man macht sich gar nicht mehr die Mühe, das sture Abhaken der Talkingpoints und relevanten Strukturen zu verschleiern. Die Headline ist eine Weiterentwicklung der »Gutes Leben«-Kampagne – um eine weitere relevante Struktur. Ähnlich wie »Gemeinsam erfolgreich« hat man eine Struktur gewählt, die für alle Anwesenden sicher relevant ist: das Land selbst.

Das Jahr 2015 ist ein weiteres Krisenjahr, wie sie wohl die Merkelsche Kanzlerschaft ausmachen werden – Ukraine, Griechenland, ISIS – und da ist es nützlich, den Halt der Menschen innerhalb der relevanten Struktur »Nation« zu festigen. So wurde aus »Gutes Leben« eben »Gutes Leben in Deutschland« – ein Fehler, wie sich an dem Tag herausstellen sollte.

Als »Volkspartei« will man Projektionsfläche für möglichst viele Lebensentwürfe sein. Das Lebensgefühl der (wahlrelevanten) Deutschen laviert 2015 zwischen saturiertem Wohlstand und ganz persönlicher Verlustangst. Merkel muss den Egoismus des wählenden Mittelstands ansprechen und doch die Gemeinschaft in die Pflicht nehmen. Also wird das »Gut leben in Deutschland« um einen 2015 stärker werdenden Trend, persönliche Werte, ergänzt: »Was uns wichtig ist.«

Rechts und links von Merkel fungieren zwei Moderatoren – einer ist hochgewachsen und kommt von KiKa, dem ARD/ZDF-Kinderkanal, einer ist kleiner und kommt von »Think Big«, einem Projekt der Deutschen Kinder- und Jugendstiftung. Optisch haken sie alles ab, was Berliner Agenturen meinen, dass Deutschland derzeit »hip« findet: Zwei junge Männer in Stoffhosen, Jackett, keine Krawatte, Stoff-Sneakers mit hellen Sohlen, adrett, aber ohne Modelmaße. (Hier greift eine Regel, die wir aus dem TV kennen: Ein Feuerwehrmann muss *aussehen,* wie sich der gemeine Zuschauer einen Feuerwehrmann vorstellt, also mit Helm und Feuerwehrmannjacke – hier muss ein Berufsjugendlicher eben aussehen, wie sich CDU-Wähler vorstellen, dass »moderne« Menschen aussehen, also mindestens Sneaker, Jackett und krawattenlos.) Die jungen Herren sprechen jede Silbe deutlich aus und ihr Tonfall erinnert an die Aufgekratztheit von Quizshow-Pilotsendungs-Moderatoren.

Das Publikum sind Schülerinnen und Schüler der Paul-Friedrich-Scheel-Schule, die zugleich Förderzentrum für Körperbehinderte und Grundschule ist. Die Schülerinnen und Schüler werden Fragen stellen.

Es sind scheinbar unverfängliche Themengebiete, die die Schüler vorab bearbeitet haben: Umwelt, Freiheit, Gleichberechtigung, Inklusion. Ein Feuerwerk der relevanten Strukturen.

Gleich die erste Schülerin steigt in den »persönliche Werte«-Talkingpoint der Regierungskampagne ein: »Uns war wichtig, dass…« – sie schlägt dann vor, dass »Massentierhaltung artgerecht wird«, und berichtet von ihren Überlegungen, was man tun sollte, wenn »man sieht, dass jemand Müll auf den Boden wirft« – und fragt schließlich, was man tun kann, »damit Politik mehr umweltfreundlich wird«.

Während die Ukraine köchelt und Griechenland kocht, hört Merkel geduldig zu und erklärt den Schülern, dass eine Stärkung des Tierschutzes in Deutschland im Alleingang schlicht die Abschaffung der hiesigen Hühnerzucht zur Folge hätte, weil dann eben etwa Polen den Markt mit böse gezüchteten Hähnchen versorgen würde, man also eine europaweite Gesetzgebung braucht.

Angesichts des späteren Schockers im Mittelteil dieser Veranstaltung fallen in der medialen Berichterstattung einige durchaus spannende Nuancen unter den Tisch. Es wird etwa diskutiert, wie man Unternehmen »zwingt«, mehr Behinderte einzustellen, und wie man sie »bestraft«, wenn sie es nicht tun. Erst scheinen sich Schüler und

Kanzlerin auf Bußgelder zu einigen, da bringt Angela Merkel eine weitere Möglichkeit in die Diskussion: »Wenn das einer nicht macht, dann muss ich ihn ja bestrafen. Und welche Sorte Strafe könnte ich außer Geldbuße [anwenden]?« – Ein Schüler schlägt vor, dass man das Unternehmen zwingt, eigene Leute zu entlassen. – Merkel: »Was man vielleicht tun könnte, dass man solche Unternehmen auch noch stärker publiziert. Dass man dann auch eine öffentliche Diskussion dazu hinbekommt.« – Die Kanzlerin der Bundesrepublik Deutschland bringt im Jahr 2015 eine mögliche Wiedereinführung des öffentlichen Prangers ins Gespräch, um Unternehmen bloßzustellen, welche die politischen Ziele der Regierung nicht ausreichend unterstützen.

Doch der »Hammer«, der dieser Veranstaltung erst bundesdeutsche Aufmerksamkeit geben würde, folgt in Minute 38. Der KiKA-Redakteur meint, eine Frage zum Thema Integration aufzurufen. Die 14-jährige Reem Sahwil aus dem Libanon schildert in perfektem Deutsch, dass ihr Vater mangels genehmigten Asylantrags nicht arbeiten darf und welche Ängste sie selbst durchmacht, dass ihre Familie wohl bald wieder abgeschoben wird.

Die Kanzlerin ist sichtlich verunsichert. Sie lobt das Mädchen dafür, dass sie Deutsch gelernt hat und gut integriert ist – und begründet dann juristisch korrekt, wieso das Mädchen dennoch abgeschoben wird: »Auf der anderen Seite haben wir Menschen, die sind in noch größerer Not, weil sie vor dem Bürgerkrieg fliehen. Und denen müssen wir erst einmal den Asylantrag genehmigen.«[241] Merkel erklärt den Schülerinnen und Schülern, wie ihre Regierung »all die Fälle« schneller abarbeiten will – sprich: schneller abschieben –, da bricht das 14-jährige Mädchen in Tränen aus.

Sofort kombiniert Merkel zwei Talkingpoint-Effekte: Sie nimmt das Angebot an, das ethische Problem auf eine Emotion zu reduzieren und versucht gleichzeitig, die Situation zu ihrem Vorteil umzudeuten, also zu framen. Im Sinne des Effekts »Intention zuschreiben« versucht Merkel, das Weinen auf die Aufgeregtheit angesichts des medialen Auftritts zu schieben. (Eine identische Erstreaktion zeigt auch der Regierungsblog zum Event, der erst schreiben wird: »Vor lauter Aufregung musste das Mädchen schließlich weinen«, um nach einiger Internet-Häme schnell zu korrigieren: »Das Mädchen musste weinen und wischte ihre Tränen mit einem Taschentuch weg«[242]. Die

Angabe einer Intention, die Merkel »schuldfrei« sprechen würde, aber eher unrichtig war, wurde von den Regierungsschreibern ersetzt durch einen merkwürdig auslöserfreien Emotionsausbruch. Star-Twitterer @gutjahr nennt es »zynisch«[243].

Merkel geht also zum Mädchen und tätschelt es mit den Worten »das hast du doch prima gemacht«.

Im KiKa-Moderator springt der Journalisten-Reflex an. Während die Kanzlerin sich herabbeugt und tätschelt, sagt er: »Ich glaube nicht, Frau Bundeskanzlerin, dass es ums Primamachen geht, sondern [dass es] eine sehr belastende Situation ist…«

Die Kanzlerin, für ihre Verhältnisse sichtlich angekekst, richtet sich kurz auf und schnappt zurück: »Das weiß ich, dass das eine belastende Situation ist.«

Merkel wendet sich wieder dem Mädchen zu, tätschelt weiter und sagt: »Und deshalb möchte ich sie trotzdem einmal streicheln, weil ich, weil wir ja euch nicht in solche Situationen bringen wollen und weil du es ja auch schwer hast und weil du ganz toll aber dargestellt hast für viele, viele andere, in welche Situation man kommen kann. Ja?«[244]

Es braucht nicht viel, um dieser Tage ein Entrüstungsstürmchen in den sozialen Medien zu entfachen – doch die Empörung unter dem Hashtag »#merkelstreichelt« hat eine neue, schmerzlichere Qualität.

Merkel hat nichts falsch gemacht. Merkel ist schlicht an die Grenzen der Talkingpoints gestoßen. Eine linke Tageszeitung fasst zusammen: »Gut leben in Deutschland? Nur Du nicht.«[245]

Alle wirksamen Talkingpoints haben ein gemeinsames Grundschema: Du und ich, wir haben die gleichen relevanten Strukturen. Was dir wichtig ist, ist mir wichtig – und deshalb sollte auch ich dir wichtig sein.

Merkel sagte der 14-jährigen Schülerin: Als Mensch finde ich deine Strukturen ein wenig relevant – deshalb das Tätscheln –, aber als Kanzlerin sind mir andere Strukturen relevanter. Das Mädchen war aber nicht zum »Menschen«, sondern zur »Kanzlerin« Angela Merkel gekommen. Und alle Talkingpoints implodierten.

So herzzerreißend das Schicksal des 14-jährigen Mädchens Reem ist – dass sie all die gedrechselten Talkingpoints der Regierungsteams zerlegte, beweist, dass wir nicht wehrlos sind. Spätestens wenn Realität und Spin unrettbar auseinanderbrechen, erkennen auch wir unbedarften Politikzuschauer, dass Talkingpoints auch ein Versprechen sind, dessen Einhaltung wir immer wieder überprüfen sollten.

Natürlich hat die Geschichte ein gutes Ende! Durch ihr öffentliches Weinen wurde das hübsche, gut frisierte Mädchen zu einer relevanten Struktur für Millionen Deutsche. Eine konservative Tageszeitung berichtet, dass Reem die Einzige in ihrer Klasse »mit einer 1 in Deutsch«[246] ist. Der Oberbürgermeister von Rostock beschließt, dass die Familie des Mädchens wohl doch nicht abgeschoben wird[247].

Anmerkungen

1   Marc Beise: Breitseite gegen Merkel, *Süddeutsche Zeitung*, 6.7.2012

2   Umfrage: Schäuble übertrifft Merkel bei Kompetenzwerten, *RP-Online Berlin*, 26.5.2015

3   Hans Monath und Antje Sirleschtov: Merkel hat auch was zu sagen, *Der Tagesspiegel Online*, 1.5.2010

4   Mit Trinkgeld zum Führerschein, *BILD.de*, 9.11.2006

5   Frank Newport: ›Presidential Job Approval: Bill Clinton's High Ratings in the Midst of Crisis, 1998‹, *Gallup.com*

6   Mahatma Gandhi: Letter to Adolf Hitler, online unter: http://www.mkgandhi.org/letters/hitler_ltr1.htm

7   Bund der Steuerzahler: Politikfinanzierung. Die Finanzierung der Bundesminister, online unter: http://www.steuerzahler.de/wcsite.php?wc_c=8697

8   Jessica Durando: BP's Tony Hayward: »I'd like My Life Back«, *USAToday.com*, 1.6.2010

9   Christiane Hoffmann, Eckart Lohse und Markus Wehner: Peer Steinbrück im Gespräch »Bundeskanzler verdient zu wenig«, *Frankfurter Allgemeine Zeitung*, 29.12.2009

10 Merkel verteidigt Diäten-Erhöhung, *BZ – Berlin.de*, 10.5.2008

11 Giovanni di Lorenzo: Deutscher Herbst. Ich bin in Schuld verstrickt, *Die Zeit*, 30.8.2007

12 Helmut Schmidt bei Sandra Maischberger zur Peer-Steinbrück-Kandidatur, 7.8.2012

13 Wie viel Anatolien verträgt Europa?, *Hamburger Abendblatt*, 24.11.2004

14 Giovanni di Lorenzo: Fragen an den Altkanzler: Verstehen Sie das, Herr Schmidt?, *Die Zeit*, 11.1.2014

15 Jost Kaiser: *Typisch Helmut Schmidt. Neue kleine Geschichten über einen großen Mann*, München 2013

16 Die Wahrheit über das Mandolinen-Foto, *BILD.de*, 19.12.2013

17 Anmerkung: Während ich diese Zeilen schreibe, formt sich in Griechenland eine neue Regierungskoalition aus Links- und Rechtspopulisten, die sich eigentlich nur darin einig sind, dass für sie das kurzfristige Wohl der Griechen über das langfristige Wohl aller anderen geht. Die deutsche Re-

gierung und die regierungsnahen Medien, die eben noch den sogenannten »Grexit« als Schreckensszenario malten, müssen jetzt Sachargumente produzieren, wieso alles halb so wild ist.

18 »Eine Flasche Pinot Grigio unter 5 Euro würde ich nicht kaufen!«, *BILD.de*, 3.12.2012

19 GfK Roper Public Affairs: National Geographic-Roper Public Affairs 2006 Geographic Literacy Study – Final Report, online unter: http://www.natio nalgeographic.com/roper2006/pdf/FINALReport2006GeogLitsurvey.pdf

20 Integration: Merkel erklärt Multikulti für gescheitert, *Spiegel Online*, 16.10.2010

21 eigene Transkription

22 Joh 14,6

23 Joh 18,37

24 Hans-Olaf Henkel: Europa-Reden und die halbe Wahrheit, *Handelsblatt*, 12.11.2012

25 Jürgen Möllemann: *Klartext. Für Deutschland*, München 2003

26 Mt 9,13

27 Miriam Hollstein: Linke verschärft Attacken gegen Reiche, *Welt Online*, 10.9.2013

28 Neil Burger: *Limitless* (Film, deutscher Titel: *Ohne Limit*), 2011

29 Gustave Le Bon: Psychologie der Massen, Hamburg 1895

30 Mt 5,3

31 Thomas Eisinger: »Christliche Alternative für Deutschland« FAS vom 9. März 2014

32 Offenbarung 21,5

33 Möllemann, 2003

34 Apple Computer Inc., 1997

35 Mt 12,30a

36 wörtlich: »Either you are with us, or you are with the terrorists.« – Quelle: George W. Bush, ›Address to a Joint Session of Congress and the American People‹ (The White House, 2001), online unter: http://georgewbush-whitehouse.archives.gov/news/releases/2001/09/20010920-8.html

37 Rainer Leurs: Schreckensinsel North Sentinel Island. Von allen guten Gästen verlassen, *Spiegel Online*, 9.9.2013

38 Verdacht auf Brandstiftung: Feuer in künftiger Asylbewerber-Unterkunft in Meißen, *Spiegel Online*, 28.6.2015

39 Hannes Leitlein: Flüchtlinge in Bayern. Einer von uns? Undenkbar, *Die Zeit*, 17.7.2015

40 Anschlag auf Asylunterkunft. Opposition wirft CSU »geistige Brandstiftung« vor, *sueddeutsche.de*, 16.7.2015

41 My Experience in Gaol, Indian Opinion (7.3.1908), siehe auch: *Collected Works of Mahatma Gandhi*, op cit., Vol. 8, S. 199.

42 Mt 15,26

43 Jennifer Wilton: EU-Wahl. Die ziemlich deutsche SPD und ihr Martin Schulz, *DIE WELT*, 24.5.2014

44 Mt 10,34

45 Möllemann, 2003

46 Anmerkung: Berliner nennen das Kanzleramt schon mal »Waschmaschine«. Wie das kommt, wird schnell klar, wenn man im Internet mit den Stichworten »Waschmaschine« und »Berlin« nach Bildern sucht.

47 Mt 23:3b,4a

48 Möllemann, 2003

49 Lena Jakat: Gysi bei Anti-Atom-Demo. Polizeiliche Parkplatzeinweiser, *sueddeutsche*.de, 11.11.2010

50 Linke-Politikerin in der Kritik. Sahra Wagenknecht will keine Fotos vom Hummer-Essen, *RP ONLINE*, 15.12.2007

51 Mt 21, 13b

52 BT-Fraktion Die Linke, Büro Ulrich Mauer: – Pressemitteilung Zumwinkel, Siemens & Co. – Der Sittenverfall grassiert, 15.02.2008

53 Hoeneß-Rücktritt. Merkel zollt Hoeneß Respekt‹, *Zeit Online*, 14.3. 2014.

54 Steuerfall Uli Hoeneß. Anwälte beklagen »Sittenverfall« in der Justiz, *N24.de*, 29.04.2013

55 Grünen-Politiker attackiert Kardinal. Volker Beck nennt Meisner »Hassprediger«, *sueddeutsche.de*, 17.5.2010

56 Mt 5,27.28

57 Mt 5,21-22

58 Höhere Strafen für Menschenhandel, *DW.com*, 28.01.2015

59 Eckart Lohse: Folgen der Edathy-Affäre. Härtere Strafen für Kinderpornographie, *Frankfurter Allgemeine Zeitung*, 11.4.2014

60 Joh 14,9

61 Joh 14,6

62 http://www.gandhiserve.org/video/mahatma/commentary13.html

63 TV-Duell zur BT-Wahl, 1.9.2013

64 Florian Kain und Karina Mößbauer: CDU-General Tauber. Spott wegen Jogging-Tweets, *BILD.de*, 22.2.2015

65 Le Bon, 1895

66 Karin Priester: Wesensmerkmale des Populismus, in: *APuZ* 5-6/2012

67 Elna Utermöhle: Kanzler in Kaschmir, *Spiegel Online*, 29.3.1999

68 ebd.

69 Carsten Volkery: Wahlparteitag der SPD: Kirchhof, Schröders neue Wunderwaffe, *Spiegel Online*, 31.8.2005

70 Giovanni di Lorezo: Schmidt über Kohl: Verstehen Sie das, Herr Schmidt?, *Zeit Online*, 31.3.2010

71 Chuck Palahniuk: *Fight Club*, London 1997

72 Steven R Hurst: Obama Doctor: President Still Smoking Cigarettes, Needs To Lower Cholesterol, *The Huffington Post*, 1.5.2010

73 Mary Frances Berry und Josh Gottheimer: *Power in Words: The Stories behind Barack Obama's Speeches, from the State House to the White House*, Boston 2010

74 Transkript: Illinois Senate Candidate Barack Obama, *The Washington Post*, 27.7.2004 (auch alle folgenden Zitate aus der Rede)

75 live im US-Sender »PBS«, am Abend des 27. Juli 2004

76 Der ganze Absatz dieser Rede lautet im Original: »This year, in this election, we are called to reaffirm our values and our commitments, to hold them against a hard reality and see how we are measuring up, to the legacy of our forbearers and the promise of future generations.«

77 Majid Sattar: In der Kantine sind alle gleich. So schmeckt die Egalität, *Frankfurter Allgemeine Zeitung*, 14.9.2013

78 Rabbi Yaakov Kleiman: The Cohanim – DNA Connection. The fascinating story of how DNA studies confirm an ancient biblical tradition, *Aish.com*, 2012

79 Kohanim, *Wikipedia*

80 Aaron des Y-Chromosoms, *Wikipedia*

81 Bin ich Jude? Gentest zur jüdischen Abstammung (DNA), *igenea.com*

82 Genetik-Äußerungen. Sarrazin räumt »Riesenunfug« ein, *FOCUS Online*, 2.9.2010

83 Daniel Bax: Journalistin Mely Kiyak: Feindbild der Sarrazin-Fans, *Die Tageszeitung*, 29.5.2012

84 Michael Ginsburg: entgleiste Rhetorik, *Der Freitag*, 14.6.2012

85 ebd.

86 *Tagesschau* am 29.08.2010

87 Thilo Sarrazin, *Wikipedia*

88 Verständigung mit Bundesbank. Sarrazin-Kompromiss empört Zentralrat der Juden, *Spiegel Online*, 9.10.2010

89 Dt. Bundestag: Plenarprotokoll 18/109. Sitzung des Bundestags, 11.6.2015

90 Annett Meiritz: Zwischenruf zur Homo-Ehe. Steinmeiers Staatsminister thematisiert Merkels Kinderlosigkeit, *Spiegel Online*, 11.6.2015

91 Meiritz, 2015

92 Peter Carstens: Kinderlose Kanzlerin Staatsminister schreibt nach umstrittenem Zwischenruf an Merkel, *Frankfurter Allgemeine Zeitung*, 13.6.2015

93 Bernd Matthies: Vollpfosten im Businessanzug, *Der Tagesspiegel Online*, 16.2.2015

94 Volker Beck: Strafanzeige gegen unbekannt wegen Strafvereitelung im Amt u.a., 15.12015, online unter: https://mopo24.de/files/presse/images/re daktion/archiv/jahr-2015/monat-01/tag-15/01/150115_Strafanzeige%20 Dresden.pdf

95 Ines Kappert: Kommentar Anzeige gegen Volker Beck. Blutige Gleichgültigkeit in Dresden, *Die Tageszeitung*, 20.1.2015

96 Slavoj Žižek: Political Correctness is a More Dangerous Form of Totalitarianism, Big Think, April 2015

97   Hochwasser in Mitteleuropa 2002, *Wikipedia*

98   Elbe-Hochwasser. Der gestiefelte Kanzler, *Die Zeit*, 16.8.2012

99   Hochwasser in Dresden. Feuerwehr gibt Zwinger und Semperoper verloren, *Spiegel Online*, 16.8.2002

100 Prototype Theory, *Wikipedia* (en)

101 Kate Zernike: Who Among Us Does Not Love Windsurfing?, *The New York Times*, 5.9.2004

102 Wolfgang Schäuble im Stern-Interview.»Das letzte Jahr war teilweise lausig«, *Stern.de*, 27.7.2011

103 Bundesfinanzminister Schäuble warnt vor Gefahr der lockeren Geldpolitik, *Frankfurter Allgemeine Zeitung*, 27.12.2014

104 @NikolausBlome, ›Finanzminister Schäuble hat eine sehr kluge, sehr gelassene Erklärung, was hinter #Pegida wirklich steckt ... Im neuen @DerSpiegel‹, 2015

105 Anti-Islam-Bewegung: Schäuble bezeichnet Pegida als Phänomen der alternden Gesellschaft, *Spiegel Online*, 17.1.2015

106 Erkens koordiniert Europawahlkampf der AfD, *Politik & Kommunikation*, 11.3.2014

107 Kein TV, kein Auto, kein Luxus. AfD-Chef Lucke plaudert über sein Privatleben, *BILD.de*, 3.12.2014

108 Alexander Rackow: Euro-Protestpartei Alternative für Deutschland (AfD): Wir koalieren mit Niemandem!, *BILD.de*, 13.4.2013

109 Inga Frenser:»Alternative für Deutschland« will zur Bundestagswahl antreten: Wie gefährlich wird die Anti-Euro-Partei?, *BILD.de*, 3.3.2013

110 Fabian Hartmann: Bei Anne Will. Stoiber geht auf Anti-Euro-Professor los!, *BILD.de*, 31.3.2013

111 Inga Michler: Dorothee Bär. Im Schwimmbad, außerhalb der Komfortzone, *Welt Online*, 6.1.2015

112 Grüne bezeichnet Tracht von Dorothee Bär als »rückständig«. Dirndl-Zoff um bayrische Staatssekretärin!, *BILD.de*,11.9.2014

113 Zusammengefasste Fruchtbarkeitsziffer, *Wikipedia*

114 Napoleon A. Chagnon: *Yanomamo: The Fierce People*, New York 1984

115 Daniela Münkel: Als »deutscher Kennedy« zum Sieg?, in: *Zeithistorische Forschungen* 2/2004

116 Eiszeit mit der FDP, Flirten mit Steinbrücks SPD, Plant Merkel schon die Große Koalition?, *BILD.de*, 30.1.2013

117 SPD und FDP. Heimlicher Flirt mit den Gelben, *Zeit Online*, 16.2.2015

118 Katharina Hamberger: CDU und die Grünen. Ein Flirt ganz besonderer Art, *Deutschlandfunk*, 11.6.2015

119 Jacques Ellul: *Propagand. The Formation of Men's Attitudes*. New York 1973

120 Heiko Maas: #VDS lehne ich entschieden ab – Verstößt gg Recht auf Privatheit u Datenschutz. Kein Deutsches Gesetz u keine EU-RL!, @HeikoMaas, 2014

121 Heiko Maas: Vorschlag zu #Höchstspeicherfrist ist nicht »Alte VDS«, Setzt klare Grenzen +kurze Fristen. Interview @morgenmagazin @HeikoMaas, 2015

122 Rolf Zundel: »Schwindel des Monats«: Robben und ihre Väter, *Die Zeit*, 28.1.1983

123 ebd.

124 Veronique Rüssau und Ingrid Raagaard: Giraffen-Drama: BILD verhört herzlosen Zoo-Chef!, *BILD.de*, 2014

125 zitiert nach: Formallogischer Widerspruch, dialektischer Widerspruch, Antinomie. Reflexionen über den Widerspruch, in: Stefan Müller: *Jenseits der Dichotomie*, Wiesbaden 2013, pp. 15-38

126 Ein länger vorbereiteter Terroranschlag, *Deutschlandfunk*, 16.4.2013

127 Zwickauer Terrorzelle: Innenminister Friedrich plant Zentralregister für Neonazis«, *Spiegel Online*, 16. November 2011

128 Anonymous hackt CSU-Politiker, *Spiegel Online*, 20.10.2011,

129 ebd.

130 Unfalltote und Unfallverletzte 2012 in Deutschland, online unter: http://www.baua.de/de/Informationen-fuer-die-Praxis/Statistiken/Unfaelle/Gesamtunfallgeschehen/Gesamtunfallgeschehen.html

131 Bundestagswahlprogramm »Farbe bekennen« der Grünen, Bonn 1987

132 Engl.: »shoot first, ask questions later«

133 »Merkel-Dogtrin«. Keine Köter im Kreml, *Cicero Online*, 9.6.2013

134 Ben Ellery: 62p AN HOUR: What Women Sleeping 16 to a Room Get Paid to Make Ed and Harriet's £45 »This Is What A Feminist Looks Like« T-Shirts, Mail Online, 1.11.2014

135 J. Gielen und G. Altenhofen: Plakat-Firmen weigern sich, dieses Schock-Foto aufzuhängen. Ist eine tote Kuh unzumutbar für Düsseldorf?, *BILD.de*, 29.5.2015

136 ebd.

137 Michael Bauchmüller: Bayern schürt Widerstand gegen Trasse bei Nachbarn, *sueddeutsche.de*, 17.5.2015

138 Dt. BT: Plenarprotokoll 10/91, 1984, online unter: http://dip21.bundestag.de/dip21/btp/10/10091.pdf

139 ebd.

140 André Haller: *Dissens als kommunikatives Instrument: Theorie der intendierten Selbstskandalisierung in der politischen Kommunikation*, Bamberg 2014

141 siehe auch: Hans Mathias Kepplinger, Simone Christine Ehmig und Uwe Hartung: *Alltägliche Skandale: Eine repräsentative Analyse regionaler Fälle*, Konstanz 2002

142 CDU-Abweichler: Pofalla entschuldigt sich für Pöbeleien gegen Bosbach, *Zeit Online*, 4.10.2011

143 Merkel und Steinbrück im Wortlaut: »Die Spareinlagen sind sicher«, *Spiegel Online*, 10.5.2008

144 Spareinlagen in Deutschland bis 2013 , Statista, 2013, online unter: http://

de.statista.com/statistik/daten/studie/37218/umfrage/sparguthaben-in-deutschland-seit-2006/

145 Peter Zudeick hat ein ganzes Buch so betitelt: Peter Zudeick: ›Ich bejahe diese Frage mit Ja‹: Die famosen Leistungen unserer Damen und Herren Politiker, Frankfurt 2011

146 Angela Merkel: Regierungserklärung der Bundeskanzlerin Angela Merkel zur aktuellen Lage in Japan (Mitschrift), 17.3.2011, online unter: http://www.bundeskanzlerin.de/ContentArchiv/DE/Archiv17/Regierungs erklaerung/2011/2011-03-17merkel-lage-japan.html

147 ebd.

148 ebd.

149 Claudia Roth am 11.3.2013 auf facebook, online unter: https://www.face book.com/Roth/posts/10151525525735664

150 Merkel, 2011

151 Merkel, 2011

152 Deutsche Stromimporte aus Europa nach Ländern 2014, Statista 2015

153 So geht das Ausland jetzt mit der Atomkraft um, Welt Online, 30.3.2011

154 Thorsten Knuf: EU kurz vor Genehmigung: Großbritannien subventioniert Atomkraft, Mitteldeutsche Zeitung, 8.3.2015

155 Gauck wünscht sich europäischen Patriotismus, Spiegel Online, 22.2.2013

156 Pegida. NRW-Innenminister nennt Initiatoren »Neonazis in Nadelstreifen«, Zeit Online, 11.12.2014

157 Antje Sirleschtov: Angela Merkel warnt vor »Hass im Herzen« bei »Pegida«, Der Tagesspiegel Online, 31.12.2014

158 ebd.

159 Herbert Grönemeyer: »Jedes Gestammel von Überfremdung ist kalte verbale Brandstiftung«, MDR Sachsen, 26.1.2015

160 Pegida-Kundgebung: Islamkritiker bedrängen Flüchtlingscamp, Spiegel Online, 3.2.2015

161 Thomas Holl: Einwanderungsgesetz SPD will Punktesystem wie in Kanada, Frankfurter Allgemeine Zeitung, 3.3.2015

162 Roman Eichinger und Miriam Hollstein: CDU-Generalsekretär Peter Tauber. Darum will CDU kein Einwanderungsgesetz, BILD.de, 8.3.2015

163 »Amygdala«, Wikipedia

164 »Hypothalamus«, Wikipedia

165 Ulf Poschardt: ›Die Grünen, eine Spaßpartei minus Spaß‹, Welt Online, 10.3.2015

166 Gerd Eist: Kennt ihr das Märchen von Zensursula und den sieben Zwergen? Ist ein Leyhenstück, @erdgeist, 2009

167 Matthias Gebauer: De Maizière und von der Leyen zu G36: Fehler? Macht ein Minister nicht, Spiegel Online, 10.6.2015

168 Michael König und Antje Sirleschtov: CDU-Ortsverband registriert Piraten-Adressen. Unter falscher Flagge, sueddeutsche.de, 27.3.2012

169 Michael König und Johannes Kuhn: Netzpolitikvereine der Parteien: Was CNetz, D64 und Digiges wollen, *sueddeutsche.de*, 5.5.2012

170 Breitbandausbau. CDU verspricht Recht auf schnelles Internet, *Frankfurter Allgemeine Zeitung*, 2.7.2015

171 ebd.

172 Bernard Weinraub: In New Lyrics, Jackson Uses Slurs, *The New York Times*, 15.6.1995

173 Barack Obama: Remarks by the President in State of the Union Address, 20.1. 2015, *Whitehouse.gov*, 2015

174 Frumin Aliyah: Obama's Top Five State of the Union Zingers, *MSNBC*, 2015. Diese Auswahl ist als Zitat von der Autorin übernommen, die Erklärungen sind von mir.

175 Frumin, 2015, eigene Übersetzung

176 ebd.

177 Andy Kroll,: EXCLUSIVE: State Dept. Hid Contractor's Ties to Keystone XL Pipeline Company, Mother Jones, 2013

178 Frumin, 2015, eigene Übersetzung

179 ebd.

180 ebd.

181 Peter Müller: Wahlkampf in Düsseldorf: Merkel kriegt die Halle nicht voll, *Spiegel Online*, 4.9.2013,.

182 http://crowdsondemand.com/

183 Aschermittwoch. Derbe Sprüche in Niederbayern, *FOCUS Online*, 6.2.2008

184 Jörg Lau: Seehofer. Bis zur letzten Patrone gegen Zuwanderung, *ZEIT ONLINE*, 10.3.2011

185 Britta Schultejans: Diese Witze erzählen Politiker am liebsten, *Welt Online*, 23.4.2013

186 ebd.

187 Es gibt professionelle Projekte, die diese Toten zu zählen versuchen: https://www.thebureauinvestigates.com/category/projects/drones/drones-graphs/; http://web.law.columbia.edu/human-rights-institute/counter terrorism/drone-strikes/counting-drone-strike-deaths

188 Christopher Drew und Dave Philipps: As Stress Drives Off Drone Operators, Air Force Must Cut Flights, *The New York Times*, 16.6.2015

189 Barack Obama: Remarks by the President at White House Correspondents Association Dinner, *Whitehouse.gov*, 2010

190 Niccolò Machiavelli: *Der Fürst*, Frankfurt am Main 2001

191 Angela Merkel, Morgens Sparpaket, abends sparsam im Supermarkt, *BILD. de*, 5.3.2012

192 Sarah Heinrich: SpoBiS 2015: Fußball ist für Diekmann »das letzte Große Gemeinschaftserlebnis«, *SportPressePortal*, 1.2.2015

193 Hans Leyendecker: Altkanzler. Schröders Verrat, *sueddeutsche.de*, 19.5.2010

194 Antrag eingereicht. Altkanzler Gerhard Schröder wird Mitglied bei Hannover 96, *Hamburger Morgenpost*, 19.12.2013

195 Matthias Wolf: Fußball-Bundesliga Cottbus und die Kanzlerhilfe, *Frankfurter Allgemeine Zeitung*, 22.4.2001

196 Bundeskanzler ist seit langem Borussen-Fan. Gerhard Schröder ist BVB-Ehrenmitglied, *RP ONLINE*, 9.3.2001

197 Miriam Hollstein: Linke ärgern sich über CSU-Politikerin. Irre Posse um Bayern-Trikot im Bundestag, *BILD.de*, 9.5.2015

198 Robert Mackey: Israelis Watch Bombs Drop on Gaza From Front-Row Seats, *The New York Times*, 14.7.2014

199 Merkel und Putin beim WM-Finale: Was tuscheln die denn da?, *Spiegel Online*, 14.7.2014

200 Christian Kamp: Kabinen-Kommentar Schnappschüsse im Sperrgebiet, *Frankfurter Allgemeine Zeitung*, 21.10.2010

201 Günter Bannas: Kanzlerin beim WM-Finale Merkel und ihre Liebe zum Fußball, *Frankfurter Allgemeine Zeitung*, 13.7.2014

202 CSU: Leitbild Der CSU, 2010, online unter: http://www.csu.de/common/_migrated/csucontent/gsp_werte_01.pdf

203 ebd.

204 1. Kor 15,9

205 Apg 4,10 und weitere

206 1.Tit 1,10-11

207 Röm 1,26-27

208 Röm 1,29-31

209 CSU, 2010

210 Präsidium der CSU: Für Privilegierung von Ehe und Familie – CSU, 2013, online unter: http://www.csu.de/aktuell/meldungen/2013/maerz-2013/fuer-privilegierung-von-ehe-und-familie

211 Website mit vielen Texten: http://georgelakoff.com

212 Edward Bernays: *Propaganda: Die Kunst der Public Relations*, Freiburg im Breisgau 2011

213 Es ist der Untertitel seines Buches: Frank I. Luntz, *Words That Work: It's Not What You Say, It's What People Hear*, New York 2007

214 Friedrich A. von Hayek: *Der Weg zur Knechtschaft*, München 1944

215 Sylvia Löhrmann: Strategin der NRW-Grünen, *Spiegel Online*, 26.4.2012

216 Martina Fietz: CDU-Chefin als Kümmerin. Merkel hat im TV-Duell die Sympathien auf ihrer Seite, *FOCUS Online*, 2.9.2013

217 Kristian Frigelj: Hannelore Kraft im Strudel der Notlüge, *Welt Online*, 26.9.2014

218 Stefan von Borstel und Flora Wisdorff: Stets zur Hilfe – Kümmerin Ursula von der Leyen, *Welt Online*, 10.6.2012

219 ARD: Günther Jauch, 14.12.2014

220 Dushan Wegner: *Der Videojournalist. Wie man mit DV-Kamera und Computer erfolgreich für das Fernsehen arbeitet*, Gau-Heppenheim 2009

221 Richard H. Thaler und Cass R Sunstein: *Nudge: Improving Decisions About Health, Wealth, and Happiness*, London 2009

222 Jan Dams et. al.: Merkel will die Deutschen durch Nudging erziehen, *Welt Online*, 12.3.2015,

223 Bundesregierung: Maas wirbt für »Stups« Zur Lenkung der Bürger, *FOCUS Online*, 15.3.2015

224 Meinungsforschung Unheil aus der Urne, *Der Spiegel*, 4.1.1996

225 ebd.

226 Fast sieben Millionen verlorene Stimmen: Debatte um Fünf-Prozent-Hürde neu entfacht, *Stern.de*, 25.9.2013

227 @PeterTauber, ›@VolkerHellein @CDU @theeuropean 97,04 Prozent.‹, 2014, online unter: https://twitter.com

228 @PeterTauber, ›@VolkerHellein @CDU @theeuropean: Mein Wahlergebnis als Generalsekretär. Ihnen ein schönes Wochenende.‹, 2014, online unter: https://twitter.com

229 Volker Hellein: ›@petertauber Dann lassen sie doch uns als Basis über ihren linken Kurs mal abstimmen. Brauchen ja dann keine Angst zu haben. :)‹, 2014, online unter: https://twitter.com

230 @PeterTauber, ›@VolkerHellein Es gibt keinen linken Kurs. Wir sind Volkspartei der Mitte. Und die Unfragen sind klar. Ihre Meinung ist Minderheit.‹, 2014, online unter: https://twitter.com

231 Jürgen Dahlkamp und Simone Kaiser: BADEN-WÜRTTEMBERG. Das Experiment, Der Spiegel, 19.3.2012

232 Heiko Maas ist gegen die Vorratsdatenspeicherung, RP ONLINE, 12.1.2015

233 Twitter-Account @HeikoMaas, 'Klare Regeln für #Höchstspeicherfrist: Enge Grenzen, kurze Fristen. Auf einen Blick: pic.twitter.com/KtVQwsozwg‹, @HeikoMaas, 2015

234 Große Koalition: SPD-Chef Gabriel gibt Wahl 2017 de facto verloren, *Spiegel Online*, 13.3.2015

235 Sebastian Großert: Herbert Wehner zum 100. »Der Herr Bundeskanzler badet gerne lau«, *Handelsblatt.com*, 11.7.2006

236 Peter Sloterdijk: *Zorn und Zeit: Politisch-psychologischer Versuch*, Frankfurt am Main 2008

237 Interview mit dem früheren SPD-Chef. Kurt Beck: Finger weg von der Rente, *RP ONLINE*, 30.5.2009

238 Nürburgring-Insolvenz: Rheinland-Pfalz stellt Viertelmilliarde bereit, *Spiegel Online*, 1.8.2012

239 Laura Brinn: Logo Can Make You »Think Different«, Duke Today, 18.3.2008

240 John F. Kennedy: Moon Speech – Rice Stadium, 12.9.1962, eigene Übersetzung

241 Was Merkel und das Mädchen wirklich besprochen haben, *Welt Online*, 16.7.2015

242 Merkels Begegnung mit Flüchtling: Bundesregierung schreibt Bericht über weinende Schülerin um, *Spiegel Online*, 16.7.2015

243 Richard Gutjahr: Zynisch. Der offizielle Regierungs-Blog zu #merkelstrei-
chelt, online unter: https://twitter.com/gutjahr/status/621615152845205504

244 Was Merkel und das Mädchen wirklich besprochen haben, *Welt Online*,
16.7.2015

245 Martin Kaul: Merkel trifft geflüchtetes Mädchen: Heult doch!, *Die Tageszeitung*, 16.7.2015

246 Merkels Flüchtlingsmädchen Reem (14). »Ich bin die Einzige in meiner
Klasse mit einer 1 in Deutsch«, *BILD.de*, 19.7.2015

247 Ulrike Scheffer: Das palästinensische Mädchen Reem wird nicht abgeschoben, *Der Tagesspiegel Online*, 17.7.2015